U0542085

本书受四川师范大学学术著作出版基金资助

# 大学学科组织化研究

赵智兴 著

社会科学文献出版社
SOCIAL SCIENCES ACADEMIC PRESS (CHINA)

# 前　言

　　自读博以来，笔者就聚焦大学治理，先后对大学外部治理中的政府与大学权责结构变迁的历程与逻辑、大学内部治理中的行政权力与学术权力的关系及其演变、人工智能视域下大学内部治理的变革等做了研究。进而，笔者逐渐意识到大学作为"底部沉重"的组织，其办学的活力和质量在根本上取决于基层学术组织的发展。同时，大学的基层学术组织又以学科为内核。也即人才培养、科学研究、社会服务和文化传承创新等大学职能的最终践行主体是基层学科组织。正是认识到这一点，笔者将个人学术兴趣锁定在学科组织建设上，对学科组织化展开探讨。需说明的是，当前我国正在实施的以学科为基础的"双一流"建设计划均以一级学科为单元展开。因此，本研究聚焦的学科是指一级学科组织。

　　本研究以提高学科组织知识生产力为目的，聚焦"如何提升学科组织的自组织程度"，遵循"问题提出—理论建构—实证考察—路径创新"的基本逻辑；以理论与实践融合、个体与整体结合、工具理性与价值理性平衡为研究方法选用和研究方案实施的认识论基础，采用"定性为主、定量为辅"的研究方式，选择系统分析、调查研究和内容分析等具体研究方法；基于组织理论对组织要素的建构和归类，结合对学科组织内在属性和本质特征的审视，从组织方向引领、组织结构、组织行为和组织环境四个维度，提炼学科组织的构成要素；以多元参与和协商共治为牵引，对学科组织的构成要素进行"个别考察"和"整体观照"，全景式呈现学科组织化的现状，由内及外地揭示学科组织化的困境及其深层诱因，并由外及内地提炼学科组织化的创新路径。

　　第一、二章以"学科组织化"这一命题为核心，基于对学科组织学术本性的尊重，观照国家宏观政治制度安排和社会现实需求，从理论和实践两个层面阐释研究的合法性、必要性和可行性。进而，根据学科组织的本质属性及其组织化的本质和功能，以关注组织构成要素的组织理论、强调多主体合作的治理理论、聚焦组织有序自为的自组织理论为理论工具，遵循由内及外和多主体合作的基本逻辑，从"方向引领—组织结构—组织行为—组织环境"角度构建学科组织化的分析框架，完成对学科组织化的理论建构。

第三、四、五、六章以学科组织内含的方向引领、结构设计、行为范式和外部环境四大要素为核心，对其进行"个别考察"和"整体观照"。在方向引领维度，对有关学科组织使命陈述、愿景表达的文本展开分析，结合访谈和问卷调查，揭示学科组织化的概况、问题及原因。在组织结构维度，根据学科组织的本质特征和基本构成，将学科组织结构具象为学科组织"位置—角色"结构和机制（简称"学科组织'结构—机制'"）。进而，在明确学科组织内部各"位置—角色"的价值和功能的基础上，将学科组织"结构—机制"进一步具象为学科带头人"位置—角色"结构和机制。据此，以权责配置及其践行为核心，审视学科带头人"位置—角色"结构和机制建设的现状、问题及原因。在组织行为维度，从学科组织的个体行为、群体行为、整体行为三位一体的角度，审视学科组织化的现状、束缚及诱因。需要强调的是，由于学科组织的行为是复杂的，以及学科组织化的本质在于通过提高学科组织的自组织程度彰显其学术本性，因此对学科组织行为的探讨，以学科组织的学术行为为具体聚焦对象，而非托尼·比彻和保罗·特罗勒尔的"面面观的学术生活"。在组织环境维度，以决策结构、权力分布和文化氛围为抓手，审视学科组织外部环境的当下表征和生成逻辑。

第七章遵循由外及内的基本逻辑，针对学科组织化在环境、方向引领、结构和行为四个要素维度面临的现实困境，以纵向的"校—院系—学科组织—学科组织成员个体"和横向的"政治—学术—行政"相结合为技术主线，提出改进策略，并在具体策略选择上既重视制度建构又虑及人性假设。同时，具体策略在四个要素维度上并非严格的一一对应，而是一种宽泛式的一一对应，如学科组织环境调适的某一具体策略，也可能是学科组织结构优化策略的一部分。其根本目的均在于提升学科组织的自组织程度，实现对学科组织学术本性的彰显。

# 目录 CONTENTS

1 绪 论 / 1
 1.1 问题的提出与研究意义 / 3
 1.2 文献综述 / 8
 1.3 研究的思路与方法 / 30
 1.4 研究的重点与创新点 / 55

2 概念厘定与理论建构 / 57
 2.1 基本概念界定及辨析 / 59
 2.2 理论基础及其适切性论证 / 75
 2.3 学科组织化的分析框架设计 / 86

3 使命—愿景—目标：大学学科组织的方向引领 / 101
 3.1 学科组织方向引领的学理拓补 / 104
 3.2 学科组织使命的概况与低位 / 108
 3.3 学科组织愿景的概貌与迟滞 / 125
 3.4 学科组织目标的范式与混沌 / 136

4 结构—机制：大学学科组织的设计面向 / 147
 4.1 学科组织"结构—机制"的证成理路 / 150
 4.2 学科组织"位置—角色"结构的指征与漏洞 / 157
 4.3 学科组织"位置—角色"机制的构成与缺陷 / 180
 4.4 学科组织"结构—机制"失范的深层桎梏 / 189

5 个体—群体—整体：大学学科组织的行为表征 / 197
 5.1 学科组织行为的循证理路 / 200
 5.2 学科组织个体行为的分类与异化 / 203
 5.3 学科组织群体行为的特征与冲突 / 225
 5.4 学科组织整体行为的格局与困厄 / 236

6 结构—权力—文化：大学学科组织的环境肖像 / 243
 6.1 学科组织环境的循证进路 / 246
 6.2 学科组织外部决策结构的特征与失衡 / 251
 6.3 学科组织外部权力关系的演变与限制 / 260
 6.4 学科组织外部多元文化的生成与束缚 / 268

7 破旧—立新：大学学科组织化的路径选择 / 277
 7.1 学科组织化的具象理路 / 280
 7.2 优化学科组织外部环境 / 282
 7.3 强化学科组织方向引领 / 290
 7.4 完善学科组织结构设计 / 294
 7.5 调节学科组织行为范式 / 300
 7.6 研究结论与展望 / 304

附　录 / 307

致　谢 / 330

绪论 1

## 1.1 问题的提出与研究意义

### 1.1.1 问题的提出

时代发展使然。自20世纪90年代末世界银行首次用"治理危机"（crisis in governance）来形容非洲国家的发展情形起，"治理"就跃然于世界政治、经济等领域，并开始得到世界各国的关注。在我国，2013年11月，《中共中央关于全面深化改革若干重大问题的决定》首次将"推进国家治理体系和治理能力现代化"提升到国家建设高度，并将其设定为全面深化改革的总目标的核心要素。2019年11月，《中共中央关于坚持和完善中国特色社会主义制度 推进国家治理体系和治理能力现代化若干重大问题的决定》对"推进国家治理体系和治理能力现代化"做了全面部署。2021年3月，《中华人民共和国国民经济和社会发展第十四个五年规划和2035年远景目标纲要》（以下简称《"十四五"规划纲要》）将"国家治理效能得到新提升"列为"十四五"时期经济社会发展要努力实现的目标之一。国家治理效能聚焦国家治理目标的达成度，对国家治理体系与治理能力现代化提出了更高的要求。国家治理体系与治理能力是治理效能的"两翼"，前者聚焦制度体系建设，后者强调制度执行，两者协同推进才能真正有效地达成既定治理目标，实现国家治理效能的提升。

在此背景下，作为国家治理体系与治理能力现代化重要组成部分的大学治理体系与治理能力现代化也就随之成为我国教育领域改革和发展的关键议题。《"十四五"规划纲要》对新发展阶段高等教育的发展提出了新的目标和任务，即建设高质量教育体系，提高高等教育质量，这对大学治理体系和治理能力现代化提出了更具针对性和更为明确的要求。"大学治理体系及治理能力的现代化不仅是高质量高等教育体系建设不可或缺的基础条件，而且是确保高等教育现代化亦即建设高等教育强国这一国家长远战略目标得以实现的基本要素。"① 大学作为一个"底部沉重"的组织，基层学术组织是其基本操作单位，对大学的生存与发展有决定性的影响。所以，大学基层学术组织治理体系和治理能力现代化也就成为大学治理体系和治理能力现代化的核心议题。学科组织作为大学的组成"细胞"，本身就是大学最核心的基层学术组织，其组织化以提高自身自组织程度为内核。从治理角度看，这就是学科组织治理体系与治理能力现代化的过程或结果。概言之，在国家治理体系和治理能力现代化，以及高质量高等教育体系建设背景下，大学学科组织化也就成为一个急需破解的时代命题。

现实困境必然。1983 年 5 月，教育部在武汉召开的全国高等教育工作会议明确提出了"重点学科建设"概念，讨论了重点学科建设的意义和办法，随即拉开了我国自上而下的学科建设大幕。"尽管'学科建设'的概念在刚开始提出时仅仅针对的是'重点学科'，但其意义却远远超出了'重点学科'的范畴而具有普适性，更重要的是，凸显了政府在学科建设中的主导地位，从而大大加速了中国高等学校学科建设的步伐。"② 1995 年启动的以重点学科建设为主要内容的"211 工程"、1998 年开启的以世界一流大学和高水平大学建设为核心的"985 工程"，到 2016 年将"211 工程"与"985 工程"统筹于一体的以学科为基础的世界一流大学和一流学科（以下简称"双一流"）建设工程的实施，进一步强化了高等学校学科建设的意识和行动。如今，"学科建设是龙头"已成为我国高等教育领域改革的共识。

2019 年 8 月，西安交通大学首创以学科建设为主题并以此命名的杂志《学科建设》。王小力在《主编寄语》中坦言："实践证明，不重视学科建设办不好大学，不研究学科建设办不出一流大学。"③ 2020 年 8 月，教育部

---

① 眭依凡、王改改：《大学治理体系与治理能力现代化：高质量高等教育体系建设的必然选择》，《中国高教研究》2021 年第 10 期。
② 谢桂华主编《高等学校学科建设论》，高等教育出版社，2011，第 19 页。
③ 王小力：《〈学科建设〉2019 年第 1 期（总第 1 期）：主编寄语》，西安交通大学学科规划与建设办公室，http://xkb.xjtu.edu.cn/info/1091/1852.htm，最后访问时间：2020 年 7 月 17 日。

学位与研究生教育发展中心、北京大学联合主办的学术杂志《大学与学科》正式发行。时任教育部党组书记、部长陈宝生发表首刊寄语,指出:"在党中央、国务院作出建设一流大学和一流学科的战略部署背景下,创办《大学与学科》杂志恰逢其时,有助于系统总结70多年来中国大学与学科改革发展和创新经验,主动建构中国特色大学发展与学科建设理论体系,逐渐形成中国特色大学发展与学科建设研究范式,服务于高等教育强国建设战略。"① 这一系列行动表明学科建设在高等教育改革领域占有极其重要的地位,受到政府、大学、学者等主体的高度关注。

与之形成鲜明反差的是,实践中的学科建设行动内嵌着"重政治经济取向,轻学术逻辑取向;重人财物等'硬'要素建设,轻组织、制度和文化'软'要素建设"两大基本特征,② 外显为对着指标建学科。即在学科建设中唯"课题""帽子""论文""奖项"等可量化的显性指标是瞻,而未深入学科内部对其组织、制度和文化等内在要素进行建设。致使投入到学科建设上的人、财、物等"硬"要素缺少一个健全的组织及与之匹配的制度安排进行"转化",使相应的资源投入未能产生"对等"的效益,甚至存在投入越大浪费越严重的现象。这种建设方式是一种典型的离散式的"硬"要素建设方式,背离了提升学科知识生产能力这一要旨,必然会引发学科建设的合法性危机。于此,以人、财、物等"硬"要素投入总量既定为基本前提,以提升学科组织的自组织程度为本质的学科组织化就成为破解当前学科建设遭遇的合法性危机的关键。

学术兴趣应然。自读博以来,笔者就聚焦大学治理,先后对大学外部治理中的政府与大学权责结构变迁的历程与逻辑、大学内部治理中的行政权力与学术权力的关系及其演变、人工智能视域下大学内部治理的变革等议题做了研究。进而,笔者逐渐意识到大学作为"底部沉重"的组织,其办学的活力和质量在根本上取决于基层学术组织的发展。同时,大学的基层学术组织以学科为内核。换言之,人才培养、科学研究、社会服务和文化传承创新等大学职能的最终践行主体是基层学科组织。正是认识到这几

---

① 陈宝生:《〈大学与学科〉首刊寄语》,《大学与学科》2020年第1期。
② 宣勇:《大学变革的逻辑》,人民出版社,2009,第77~87页。

点，笔者将个人学术兴趣锁定在学科组织建设上，以学科组织化为研究选题。

## 1.1.2 研究意义

（1）理论意义

其一，丰富"双一流"建设研究的理论谱系。以学科为基础的"双一流"建设方案的实施，显著提升了学科建设研究的显示度。但长期以来，学界对学科建设的关注，以人、财、物等"硬"要素的优化及学科间的交叉与融合为核心，较少对组织形态学科的建设问题进行分析和研究。据此，以学科组织化为研究对象，以提高学科组织的知识生产力为目的，聚焦学科组织自组织程度的提升，对学科组织的方向引领、结构、行为和环境等要素进行"个别考察"和"整体观照"，提炼学科组织化的具体策略。这将在一定程度上拓宽学科组织研究的学理视野，并进一步丰富和完善对以学科为基础的"双一流"建设进行研究的理论谱系。

其二，拓宽高质量高等教育体系建设研究的学理视角。学科组织作为高质量高等教育体系建设的核心主体——大学的构成"细胞"，其组织化以提高自身的自组织程度为核心。因此，学科组织化也就自然而然地成为大学治理体系和治理能力现代化的重要组成部分，对它的研究也就能在一定程度上为大学治理体系和治理能力现代化的学理建构提供新的思路，并将拓宽高质量高等教育体系建设研究的学理视角。

（2）实践意义

其一，拓新"双一流"建设的实践路径。从组织理论对组织构成要素的建构出发，结合对学科组织本质属性和典型特征的审视，具象学科组织的具体构成要素。进而，通过专项审视和系统分析，考察学科组织化面临的现实困境与深层桎梏，并就此提出改进策略。这将有利于完善相关政策和措施、拓展学科组织的话语空间，实现对学科组织自组织属性的彰显，为以学科为基础的"双一流"建设提供新的实践参考。

其二，推动高质量高等教育体系建设。学科组织作为大学的基层组织，是人才培养、科学研究、社会服务和文化传承创新等大学职能的最终践行单元。其组织化以提高自身知识生产能力为旨归，聚焦的是学科自组织建设，将有利于其充分践行自身承载的大学职能，实现对国家、政府和社会等利益主体的相关诉求的有效回应，进而会在一定程度上推动高质量高等教育体系建设。

## 1.2 文献综述

学科组织作为学科存在和发展的一种形态,处于学科范畴之下。因而,学科建设的相关研究也就相应成为与学科组织化直接相关的议题。但在国外,很少有研究将学科建设作为一个单独问题从大学建设中剥离出来进行研究,甚至找不到与学科建设相对应的词语。同时,从已有研究看,国内有研究直接聚焦学科组织建设,国外学界对学科组织的研究则散见于基层学术组织研究中,鲜有研究直接关注学科组织建设。因此,为确保全面和客观,以下从学科建设、学科组织两个方面展开文献梳理。其中,对学科组织研究的梳理,包括对国外基层学术组织研究的分析。

### 1.2.1 学科建设研究

学科组织化作为学科建设的组成部分,其合法性、具体内容、主体分布和实施流程等与学科建设紧密相关,明确学科建设研究的现状能为研究的开展提供基础性支撑。综观学科建设的已有研究,以下按照"学科建设的存在价值—学科建设是什么—学科建设建什么—学科建设怎么建—学科建设的模式"的理路对其进行回顾和梳理。

(1) 为什么——学科建设的存在价值研究

①学科建设与高等教育发展。学科作为大学场域的"寄居物",需以大学为中介才能与整个高等教育发展产生关联。正如尹新平所言:"学科建设是高等教育体系中一个极其关键的方面,也是大学赖以生存与发展的生命线。完全可以设想,如果一国大学的学科建设搞不上去,那么这个国家的高等教育就不会得到很好的发展。学科建设对高等教育发展的制约与

影响绝不能轻视。"① 廖湘阳和王战军认为，学科建设要夯实自身的合法性基础，兼顾自身、学校和社会等多方面的需求是关键。②

②大学职能视域下的学科建设存在价值研究。其一，学科建设与人才培养质量保障。在大学场域里，人才培养包括本科生和研究生培养。其中，本科生的培养与专业建设和课程建设直接相关，研究生培养与学科建设直接相关。因为，在实践中，本科生的培养按照专业目录进行，通过相关的课程来具体实施；研究生的培养则依据学科目录来开展，与科学研究互为一体。同时，学科建设与专业建设、课程建设也是相互关联的。刘贵富和朱俊义认为，大学的专业以人才培养而存在，其培养活动的开展以课程为载体，课程以实现专业的培养目标为旨归，课程的内容由学科生成的知识构成。因此，从本科人才培养角度看，学科建设与专业建设因课程建设而产生关联，即学科建设通过课程建设为专业建设提供知识支撑，专业建设以课程建设为平台为学科建设构建实践场所。③ 付八军认为学科建设与专业建设和课程建设是紧密相关的，构建"学科—专业—课程"一体化建设模式，是提升大学人才培养质量的关键选择。④ 林杰和洪晓楠认为一流学科建设是一流本科教育的根本支撑，一流本科教育是一流学科建设的基础目的，但在理论认识和政策安排上，因学科建设与科学研究间关系的直接对象化而出现疏离两者联系的问题。⑤

整体来看，学界对"学科建设与人才培养"的关注，以确保学科建设履行好自身所承担的人才培养职能为根本点，对学科建设、专业建设、课程建设三者间的关系做了探讨，并尝试构建"学科—专业—课程"一体化的建设模式；同时，也对学科建设与研究生教育的契合性和协同发展路径做了分析。在研究方法上，这部分研究以经验研究为主，对客观事实和数

---

① 尹新平：《学科建设与我国高等教育发展刍议》，《清华大学教育研究》1997年第2期。
② 廖湘阳、王战军：《大学学科建设：学术性、建构作用与公共绩效》，《学位与研究生教育》2006年第3期。
③ 刘贵富、朱俊义：《论学科建设与专业建设的辩证关系》，《黑龙江高教研究》2008年第3期。
④ 付八军：《论新建本科院校学科、专业与课程的一体化建设》，《国家教育行政学院学报》2010年第8期。
⑤ 林杰、洪晓楠：《论一流学科建设与一流本科教育的耦合整生——基于学科、课程、专业一体化的视角》，《教育科学》2019年第5期。

据的分析有待加强。

其二,学科建设与科学研究能力提升。自欧洲中世纪现代大学产生到19世纪前,人才培养是大学的唯一职能。直到19世纪威廉·冯·洪堡(Wilhelm von Humboldt)才将科学研究职能引入大学,他认为大学"立身之根本在于探究深邃博大之学术,并使之用于精神和道德的教育",进而将大学职能由单一的人才培养拓展为"科学研究和修养(人才培养)"。[1]学科作为大学职能的直接承载主体,其建设必不可脱离科学研究。换言之,科学研究是学科建设的重要组成部分。而从实践层面看,当前的学科建设存在明显的以科学研究为主的导向,具体表现为在高校教师职称评审方面赋予项目、论文等可量化的科研成果"唯一"式的权重。当然,这并不是否认学科建设重视科学研究的价值和意义,而只是想说明科学研究在学科建设中已经受到重视。从已有研究看,学界一致认同科学研究作为高等学校学科建设的重要组成部分,其良好发展是高等教育积极响应国家发展战略和回应行业与区域经济发展需求的关键因素之一,同时也是为高等学校学科建设赢得社会声誉的主要方面。因此,学界对"学科建设与科学研究能力提升"的研究主要是潜隐在有关高校科技成果转化研究之中。以"高校科技成果转化"为"篇名"、以"精确"为匹配类型,在CNKI数据库共检索出期刊文献1195篇、博士学位论文3篇、硕士学位论文80篇、会议文献31篇、报纸文献40篇。[2]可见,学界乃至整个社会都关注高校科技成果转化,进而也就从侧面推动了科学研究更好地支撑学科建设,同时也带动了相关主体在学科建设中适时调适引导和支撑科学研究的安排和行为。

学科作为大学的组成细胞,是人才培养、科学研究和社会服务等大学职能的直接承载主体,其建设也就需要在回应大学的这些基本职能的"框架"内进行。否则,其就会失去外在合法性,即只有"自为"而无"为他"的学科建设在现实中是没有生存空间的。因此,学界虽然主要是基于人才培养和科学研究两大职能视域探讨大学学科建设问题,但这并不意味

---

[1] 威廉·冯·洪堡:《论柏林高等学术机构的内部和外部组织》,转引自陈洪捷《德国古典大学观及其对中国的影响》(修订版),北京大学出版社,2006,第199页。

[2] 检索时间为2021年7月3日。

着学界不重视学科建设中的社会服务职能。因为，学科建设对人才培养和科学研究的关注，客观上也就直接或间接地关注了学科建设的社会服务职能。

（2）是什么——学科建设的内涵研究

王建华基于学科、学科制度与学科建制的内涵及其间的关系，将学科建设理解为"以学科、学科制度与学科建制为中心，其间配合学科划分、学科设置等过程进行的研究领域的学科化，以及单一学科的'学科群化'"。① 简言之，这里的学科建设就是围绕学科知识体系制度化和交叉融合而实施的策略。陆军等从系统论角度出发，认为学科建设是一个由人、财、物等基本要素组成的系统工程，是一个通过"投入"获得"产出"的过程。② 这一定义具有明显的工程思维，宽泛地将学科建设理解为"投入—产出"的线性过程，而未阐释"投入"如何转化为"产出"，进而也就留下了"投入—产出"的转化黑箱。罗云从"活动—目的"角度，将学科建设理解为学科主体根据社会发展的需要和学科发展的规律，结合自身实际，采取各种措施和手段促进学科发展和学科水平提高的一种社会实践活动。学科主体是指担负学科发展职责的某种社会机构或组织，且这种社会结构或组织是多元的，既包括高等学校、科研院所，还包括政府机构和民间组织等。学科发展同时包括学科的分化和学科的综合。学科水平的提高既指学科整体水平的提高，也指学科某一方向领域或方面水平的提高。而且，这里的学科建设并非只指大学场域的学科建设。③ 陈根来等基于科学研究成果转化视角，将高校学科建设诠释为以问题为导向的综合性科学研究。这种诠释强调了学科的本质——知识的生产与应用。④ 与此类似的是钟秉林的理解，他主张"学科建设的过程是知识的保护、传承与创新的过程，是知识体系的构建、维护与更新的过程"。⑤

不同视角下的"学科建设"有不同的表达和画像，这种表达和画像仅

---

① 王建华：《学科、学科制度、学科建制与学科建设》，《江苏高教》2003年第3期。
② 陆军等：《关于学科、学科建设等相关概念的讨论》，《清华大学教育研究》2004年第6期。
③ 罗云：《论大学学科建设》，《高等教育研究》2005年第7期。
④ 陈根来等：《高校学科建设的分析与思考——从成果转化视角》，《天津大学学报》（社会科学版）2013年第5期。
⑤ 钟秉林：《大学学科建设的若干思考》，《中国高教研究》2019年第9期。

仅涉及学科建设的内在，而未涉及其外延。而无论是从理论层面还是从实践层面看，"学科建设"都是一个复杂、系统的概念，对其内在和外延的把握是必要的。否则，对学科建设相关问题的探讨就是"悬浮半空"的，缺少基础支撑。因此，学界关于"学科建设"的探讨，大都在明确其"是什么"的基础上，对其基本原则和组成要素等外延问题做探讨和研究。王柯敏以推动学科建设可持续发展为最终目的，从内外结合角度论述了学科建设应坚持的基本原则：一是适应社会经济发展需要；二是遵循学科发展的内在规律。① 李晓群从学科生存和发展角度，由外及内地提出学科建设的基本原则——由外：适应性原则，即与社会经济发展相适应；可行性原则，即在既定学科建设资源投入范围内分梯度谋划学科建设。及内：创新性原则，即学科建制、学科理念等的创新；超前性原则，即紧跟或引领学科前沿；共生性原则，即相关学科互动共融。② 李化树以构建学科共生群为导向，将学科建设的原则限定为：立足学科创新、突出学科优势、优化学科结构、发展应用学科和扶持新兴学科。③ 比较而言，李化树对学科建设原则的阐释，倾向于从学科谈论学科建设，忽略了学科建设与社会经济发展间的关联。学科作为大学的组成细胞，是人才培养、科学研究、社会服务等大学职能的直接承载体，其建设也就不可避免地需对此做出充分的回应，否则其本身及其建设就失去了存在的合法性。同时，基本原则作为一种基础规范，不能太过于细化，否则就会限制事物多元化的发展。④ 进而，本研究认为学科建设需以遵循学科内在规律和适应社会经济发展为基本原则来进行。

（3）建什么——学科建设的内容研究

学科建设的内容是对学科建设建什么的回应和诠释。尚长春等认为学科建设包括提炼学科方向、汇聚学术队伍、构筑学科平台等几个方面。⑤ 刘献君从高校学科建设的三个主体——学校、学科群和学科点出发，认为

---

① 王柯敏：《对"十五"学科建设的几点思考》，《中国高等教育》2001年第9期。
② 李晓群：《学科建设的要素及原则》，《学位与研究生教育》2001年第9期。
③ 李化树：《大学学科建设》，《教育研究》2006年第4期。
④ 李可：《原则和规则的若干问题》，《法学研究》2001年第5期。
⑤ 尚长春等：《高校学科建设内涵三要素分析》，《技术与创新管理》2009年第2期。

学校层面应关注目标、结构、重点、资源、评估五个方面，学科点层面（院系）应抓住学科方向、队伍、项目、基地四个方面，学科群层面则介于两者之间。① 这些研究对学科建设内容的关注以学科建设的显性构成要素，如学科方向、人才队伍、学科基地等为核心，而忽略了学科组织和学科文化等学科内在要素的建设。宣勇将学科视为围绕知识体系而建立的组织，因此他主张学科建设"就是建组织，就是促进组织在知识生产、知识劳动能力上的提升"。② 王建华从大学发展角度出发，认为"学科建设，建设学术、生产系统性的高深知识。学科建设不是为学科而学科，为建设而建设；而是要'淡化'学科，强化知识的整合；某种意义上，今天大学学科建设中，'淡化'学科、强化知识整合的过程也就是19世纪以来的学科制度化完成其否定之否定的过程"。③ 陈运超基于生态学的视角，主张学科建设是构建学科生态系统的理性过程，需要合理选择与优化组合，最终才能形成大学生态系统的优势与特色。④ 整体来看，学界对大学学科建设到底建什么，有不同的认识。相较而言，本研究倾向于将学科组织建设定义为大学学科建设的内容。这是因为，大学学科组织建设，既需充分的资源投入，又需建设合理的吸收资源的组织结构、组织制度及组织文化，还需充分考虑各学科组织间的交流与互动。

（4）怎么建——学科建设的问题与路径研究

①经验视域下的学科建设问题及路径研究。谢桂华、陈传鸿和陈甬军、段红云等一批具有行政职务或在教育行政管理部门工作的研究者结合自身工作实践，在明确学科建设对学校发展的意义和作用的基础上，提纲挈领地从师资队伍、学科方向提炼等层面对学科建设存在的问题、主要抓手和改进路径做了探讨。⑤ 比较而言，这类基于工作实践的研究具有较强

---

① 刘献君：《论高校学科建设中的几个问题》，《中国地质大学学报》（社会科学版）2010年第4期。
② 宣勇：《大学学科建设应该建什么》，《探索与争鸣》2016年第7期。
③ 王建华：《学科建设新思维》，《学位与研究生教育》2007年第5期。
④ 陈运超：《论学科建设的高度与显示度》，《中国高校科技》2019年第3期。
⑤ 谢桂华：《关于学科建设的若干问题》，《高等教育研究》2002年第5期。陈传鸿、陈甬军：《切实加强学科建设构筑高校核心竞争力》，《学位与研究生教育》2003年第3期。段红云：《论学科建设的合力》，《学位与研究生教育》2012年第3期。

的实践指导性。

②不同类型高校视域下的学科建设问题及路径研究。张弛和黄欣从学科建设是高等师范院校发挥人才培养等大学职能的基础及学校办学水平和层次的集中体现的角度，对高等师范院校学科建设的现状和问题做了梳理，并从统筹规划、运行机制、竞争和创新机制、学术梯队、建设经费投入等方面提出优化策略。① 赵沁平主张学科建设是研究型大学发展和创新的重中之重，并依此对研究型大学学科建设的战略选择、规划设计、问题和对策等做了探讨。② 这类研究主要以学校这一行动者为聚焦对象，关注的问题和提出的对策都是从学校层面出发的。贾春水在明确学科建设对新建本科院校的作用、意义或重要性的基础上，对新建本科院校学科建设的问题和对策做了探讨。③ 张绪忠等基于"双一流"建设高校和建设学科名单以及教育部第四轮学科评估的结果，分析财经类高等学校学科建设的现状及存在的问题，并针对存在的问题从人才培养、高端智库和学科"特区"建设等方面提出改建策略。④ 整体来看，这部分研究以经验研究为主，在讨论学科建设的问题和对策时都是从学校层面出发的，较少涉及政府、学科成员等相关利益主体的责任。

地方高等学校在办学条件、办学水平和可支配教育资源等方面要普遍落后于教育部直属高等院校。基于此，杨超和徐天伟、周海涛和胡万山从学理层面分别分析"双一流"建设背景下地方高校学科建设存在的路径依赖及其破解策略，探讨地方高校学科建设的现实困境及改进策略。⑤ 整体而言，这部分研究主要是基于研究者自身经验的逻辑推演，具有强烈的追赶意识，提出的策略对发展较好的部属高等院校学科建设的借鉴意义略显不足。

③政策导向下学科建设的问题及路径研究。学科建设作为我国高等教

---

① 张弛、黄欣：《高等师范院校学科建设现状及对策》，《教育科学》2004年第1期。
② 赵沁平：《谈我国研究型大学的学科建设》，《中国高等教育》2004年第5期。
③ 贾春水：《新建本科院校学科建设探索》，《山西财经大学学报》2011年第S4期。
④ 张绪忠等：《"双一流"背景下财经类高校学科发展的现状与推进路径研究——基于财经类高校"十三五"规划文本的分析》，《高等教育评论》2018年第2期。
⑤ 杨超、徐天伟：《"双一流"建设背景下地方高校学科建设的路径依赖及其破解》，《学位与研究生教育》2019年第6期。周海涛、胡万山：《地方高校高水平学科建设的模式、难点与对策》，《高等教育研究》2020年第3期。

育改革的特色产物,从政策科学角度看,"其是以建设为中心的政治话语经由政策转换在高等教育领域中的投射。作为一种政策话语,其表面上反映了政府对大学科研工作的重视,但实质上其体现的则是政治和行政权力对于大学学科发展的控制"。①而且"学科建设"这一概念最先提出时仅仅是针对重点学科,即"学科建设"发轫于"重点学科建设"。1983年5月,教育部召开全国高等教育工作会议第一次提出"重点学科建设",引发了学界对重点学科建设这一主题的关注。同年6月,《高教战线》(后更名为《中国高等教育》)刊载的《我们是怎样加强重点学科建设的》,是笔者检索出的第一篇以重点学科建设为主题的论文,此后有关研究逐渐增多。1988年开始的高等学校重点学科点评选、1995年正式启动的"211工程"和1998年开启的"985工程"等一系列项目进一步推动了学界对重点学科建设的研究。如图1-1的实线所示,1983年到1988年有关重点学科建设研究的论文年度发文量均在5篇(含)以内;1988年到2003年发文量增幅明显,1995年的发文量就突破40篇;2003年到2016年发文量呈递减趋势,到2016年发文量跌破30篇;2016年以后年发文量总体呈下降趋势,2018年跌到20篇以内。2015年8月,中央全面深化改革领导小组第十五次会议审议通过的《统筹推进世界一流大学和一流学科建设总体方案》要求以学科为基础统筹推进建设"双一流",实现了对"211工程""985工程"的继承式创新,并引发学界逐渐由以"重点学科建设"为核心的研究转向以"一流学科建设"为核心的研究。如图1-1的虚线所示,1996年才有第1篇以一流学科建设为主题的论文,2015年以前有关一流学科建设的论文年度发文量均在6篇(含)以内;2016年,关于一流学科建设的年度发文量就突破100篇,较2015年增长了90篇;2016年之后有关一流学科建设的年发文量始终保持在170篇以上,并在2017年之后达到200篇以上。与之形成鲜明对比的是,自2015年起有关重点学科建设的年度发文量均在40篇(含)以内,并呈递减趋势。就具体研究内容而言,主要涉及几方面。

一是服务对象视阈下重点学科建设的问题及路径研究。实践中,重点

---

① 王建华:《学科建设话语的反思与批判》,《现代大学教育》2016年第4期。

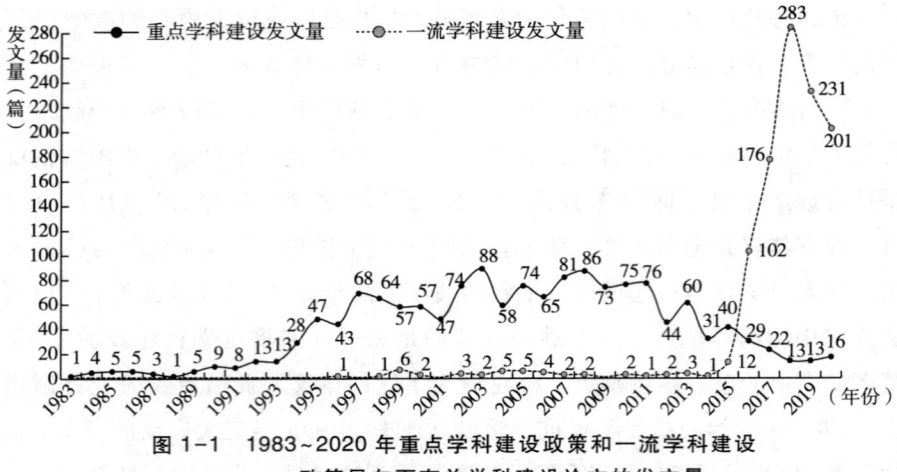

图 1-1　1983~2020 年重点学科建设政策和一流学科建设
政策导向下有关学科建设论文的发文量

资料来源：以"重点学科建设"为主题和关键词，以"精确"为匹配类型，时间范围不限，在 CNKI"学术期刊"库中检索获取文章数据；在此基础上，删除有关重点学科建设的新闻推介、会议信息等文章。以"一流学科建设"为主题、"一流学科"为关键词，以"精确"为匹配类型，时间范围不限，在 CNKI"学术期刊"库中检索获取相关文章数据；在此基础上，删除有关重点学科建设的新闻推介、会议信息等文章。需要说明的是，此处以"一流学科建设"为主题、"一流学科"为关键词，是因为笔者通过文献阅读发现以"一流学科"为关键词的论文，其落脚点都在一流学科建设上。所以，以"一流学科"为关键词，辅之以"一流学科建设"为主题，能全面、精确检索出有关一流学科建设的论文。检索时间为 2021 年 6 月 28 日。

学科建设的直接目的是促进自身发展，但最终都是以服务国家战略为旨归。唯有如此，重点学科建设才有现实合法性。当然，重点学科建设的直接目的到最终目的，需以学科"寄居"的组织或系统为链接"中介"，才能有机统一起来。从《"211 工程"总体建设规划》的规定和学科建设实践看，各组织或系统内的重点学科建设均以服务"科教兴国"战略为要旨。对此，学界对医院、高等院校等学科"寄居"的组织和高等教育系统发展视阈下的重点学科建设做了探讨。一是医院发展视角下的重点学科建设。向萍和邓奕祥、王英武等、陈兴华以推动医院发展为目的，结合自身所在医院重点学科建设的现状，对重点学科建设的改进策略做了探讨。[①]

---

① 向萍、邓奕祥：《加强重点学科建设　促进医院科技发展》，《中华医院管理杂志》1996 年第 4 期；王英武：《加强重点学科建设的做法》，《中华医院管理杂志》2000 年第 4 期；陈兴华：《重点学科建设若干问题的探讨》，《中华医院管理杂志》2003 年第 7 期。

整体来看，这一领域的每个研究都有明显的"个性"，在研究方式上以经验研究为主，对推动医院事业发展具有一定参考价值。

二是高等院校发展视阈下的重点学科建设问题及路径研究。张慧明阐释了重点学科建设的新原则、新思路和制度保证。新原则主要是指高等学校的学科建设跳出原有的"以校为本"指导思想，转而从整个行业、整个地区或国家角度统筹谋划学科建设，并要站在世界学科发展的前沿，逐渐走向自主创新。新思路即以与国家和地区社会经济共同发展为支撑，以学科带头人为核心建设学科梯队。制度保证指建立一个以政府为主，高校、行业与社会共同参与的学科建设委员会，实行学科带头人聘任制和责任制。① 张景华、孔斌和李举等对本校的重点学科建设的主要问题和改进策略等做了探讨。这些研究具有明显的问题意识和实践指向。②

三是高等教育系统发展视角下重点学科建设路径研究。高等院校作为高等教育系统的组成元素，其发展自然会推动高等教育系统的发展。因此，学界很少将"高等教育系统发展与重点学科建设"单列出来进行研究，大多是将其潜隐在"高等院校发展与重点学科建设"主题下进行阐释和论述。从检索出的文献看，在重点学科建设研究领域，以闫广芬为代表的学者专门对"高等教育系统发展与重点学科建设"做了阐释。郭新立在《以重点建设带动高等教育的整体发展》中，以如何建设重点学科为聚焦对象，提纲挈领地对重点学科建设充分有效地推动高等教育整体发展的思路和具体路径做了阐释。③ 闫广芬在《基于区域视角的重点学科建设研究：以天津市为例》中，基于天津市学科建设的相关数据，对当地政府如何以学科建设为抓手管理高等教育及提升区域整体发展水平做了探讨。④

四是管理视域下的"211工程"重点学科建设的问题及路径研究。

---

① 张慧明：《新一轮重点学科建设的理论思考》，《教育发展研究》1999年第8期。
② 张景华：《高校重点学科建设分析与实践》，《河南师范大学学报》（哲学社会科学版）2000年第4期。孔斌、李举：《以重点学科建设为突破口提高地方高校办学实力——宁夏大学重点学科建设若干问题的思考》，《科技进步与对策》2007年第3期。
③ 郭新立：《以重点建设带动高等教育的整体发展》，《学位与研究生教育》2003年第11期。
④ 闫广芬：《基于区域视角的重点学科建设研究：以天津市为例》，《学位与研究生教育》2012年第10期。

1995年，经国务院批准实施的《"211工程"总体建设规划》，正式开启了以面向21世纪、重点建设100所左右的高等学校和一批重点学科为总体目标的"211工程"。该工程以重点学科建设为核心。因此，随着"211工程"的实施和推进，"211工程"入选高校的学科建设相关管理职能部门的职业群体就结合自身工作实践，对"211工程"重点学科建设的管理问题做了探讨。王长峰基于自身工作实践，从学科带头人队伍建设、学校体制建设、机制运行、质量监控和权利分配等角度对"211工程"重点学科建设管理中存在的问题做了描述性分析，并提出改进策略。① 王长峰和王化兰跳出"校本"主义的范畴，从普适性的角度分析高校"九五"期间"211工程"重点学科建设管理存在的资源浪费、人员整合不充分、过程监督模式滞后、风险意识欠缺等问题，并在项目管理理论、组织行为理论和系统论等指引下探讨应对策略。② 比较而言，前者更具实践针对性，提出的改进策略具有较强的操作性，但不具普适性；后者则更具普适性，提出的问题和策略对大部分"211工程"重点学科建设有参考价值。因此，这两种研究因各自的出发点不同，都有其合理性和局限性，需辩证看待。另外，这两种研究有宏观的视野，关注的是"211工程"重点学科建设管理中存在的问题，而非管理中某一方面的问题。李爱彬和王鹏依据自身工作实践，对"211工程"重点学科建设的组织管理体制、管理组织结构和管理效能等做了探讨。③ 这部分研究大都具有明显的实践导向，在研究方式上以经验研究为主。

五是一流学科的生成机理与建设路径研究。就一流学科的生成机理而言。包水梅和常乔丽通过案例研究，分析香港1996年启动的"卓越学科领域计划"，并从建设理念、建设模式和方案设计等方面揭示世界一流学

---

① 王长峰：《高等学校"211工程"重点学科建设和管理中存在的问题及对策》，《学位与研究生教育》2000年第5期。
② 王长峰、王化兰：《高校"211工程"重点学科管理问题分析与对策探讨》，《学位与研究生教育》2004年第3期。
③ 李爱彬、王鹏：《高校"211工程"重点学科建设项目监理模型设计》，《科技管理研究》2011年第16期。

科建设的机理和经验。① 梁传杰以武汉理工大学材料科学与工程学科为聚焦对象,剖析该学科的成长历程和发展举措,进而从学科领域创新、学院科研基地二元协同、创新人才培养等维度提出一流学科建设的机理。② 李志峰和梁言以中美两所大学材料学科为聚焦对象,通过比较分析,发现一流学科组织化建设在要素投入的基础上,具有鲜明的文化浸入特征,进而从学科特色、学科投入产出效率、国际标准和本土特色相兼容三方面提出一流学科组织化建设的关键事项。③ 单捷飞等以学科的"组织"与"知识"二元属性为研究基础,探索发现学科组织管理与知识生产之间存在学科目标协同、学科信息共享、学科资源整合和学科文化耦合四种耦合机制。④ 这类研究从理论和实践角度,对一流学科建设的机理做了分析和探讨。整体来看,其既关注到学科建设"硬"要素,还涉及学科文化和组织建设等学科内在议题,只是对学科文化和学科组织建设等的关注尚不深入。就一流学科建设的路径而言。凌健认为高校的学科具有典型的组织属性,他从学理层面分析得出,学科"组织化"是一流学科建设的应然选择。⑤ 孟艳和刘志军从高等教育作为整个社会系统的组成成分角度出发,认为一流学科建设需要综合考量历史传统、学术和社会需要三重逻辑。⑥ 陆根书和胡文静认为一流学科建设不仅仅是要素的建设,还应重视培育学科文化。⑦ 龚放认为学科建设不但要重视要素建设,还要重视学科结构、学科文化和学科组织的建设,否则一流学科建设就会本末倒置。⑧ 显然,

---

① 包水梅、常乔丽:《从政府战略到院校行动:香港世界一流学科建设的经验及启示》,《高等工程教育研究》2017年第3期。
② 梁传杰:《"双一流"背景下高校一流学科建设个案研究》,《学位与研究生教育》2018年第7期。
③ 李志峰、梁言:《文化浸入与要素耦合:世界一流学科组织化建设策略——以中美两所大学材料学科为比较案例》,《江苏高教》2019年第3期。
④ 单捷飞等:《我国高校学科组织管理与知识生产耦合机理研究——兼论一流学科发展规律》,《学位与研究生教育》2020年第3期。
⑤ 凌健:《学科"组织化":介入世界一流学科建设的路径选择》,《中国高教研究》2016年第5期。
⑥ 孟艳、刘志军:《"双一流"背景下一流学科建设的三重逻辑——以河南大学学科建设为例》,《研究生教育研究》2017年第4期。
⑦ 陆根书、胡文静:《一流学科建设应重视培育学科文化》,《江苏高教》2017年第3期。
⑧ 龚放:《一流学科建设不应舍本逐末》,《高教发展与评估》2018年第3期。

随着以学科为基础的"双一流"建设计划的制定和实施,学界开始关注学科文化、学科组织等学科内在要素的建设,但关注的广度和深度亟待拓展。

④知识生产视域下学科建设的问题及路径研究。学科以知识为内核,以履行人才培养、科学研究和社会服务等大学职能为旨归,提高知识生产能力是其生存和发展的基础。因此,学界基于知识生产对学科建设进行审视和探索。王建华基于学科发展与知识积累和知识生产体制紧密相关这一基本事实,从知识规划角度审视学科建设,并主张在知识规划时代,学科建设既可能面临学术保守主义导致的知识孤岛挑战,又有可能遭遇学术泡沫危机,需通过避免政府或大学对知识的任意宰制来进行回应。① 这一研究视野较为宏观和系统,却未能结合大学的基本职能来审视以知识生产为内核的学科的建设的关键维度。瞿振元对此做了补充。他以知识生产为基本视角,从大学的人才培养、科学研究和社会服务三大基本职能维度,将学科对应着细分为知识简单再生产过程、知识扩大再生产过程和知识生产的外延过程。进而,他认为在学科建设中要基于这三种知识过程的区别和联系,来实现对自我的突破。② 瞿振元的研究虽实现了对王建华的研究的丰富,但两者都只聚焦知识生产本身,未能兼顾知识生产的外延,即栖附于知识生产的模式、制度规训、经济资本等。对此,张德祥与王晓玲、唐小媚以知识生产模式变革为背景,从不同角度对学科建设问题做了探讨。张德祥与王晓玲从人才培养、科学研究、学科组织和制度建设四个角度出发,阐释知识生产模式变革与"双一流"建设间的逻辑关系,并据此提出"双一流"建设的策略。③ 张德祥和王晓玲的这一研究从侧面为知识生产变革与学科建设间的逻辑关联及其调适提供了参考。唐小媚以《大学知识生产模式转型及其对学科建设的启示》为题,直接对大学知识生产模式变革背景下的学科建设转型做了探讨。其认为在知识产生模式转型背景下,学科建设要同时关注知识的创新性和知识的分散性,并依此对学科知识、学

---

① 王建华:《知识规划与学科建设》,《高等教育研究》2013 年第 5 期。
② 瞿振元:《知识生产视角下的学科建设》,《中国高教研究》2019 年第 9 期。
③ 张德祥、王晓玲:《学科知识生产模式变革与"双一流"建设》,《江苏高教》2019 年第 4 期。

科组织和学科研究范式进行改革。① 这一部分研究着重强调在知识生产模式变革背景下，学科建设应具有跨学科的思维和理念，不能被单一学科所束缚；在研究方式上，以思辨为主，缺少以案例为代表的实证研究。

⑤配套服务支撑学科建设的问题及路径研究。一是图书馆服务支撑学科建设的问题及路径研究。大学学科作为一个以知识生产为核心的组织，知识的创新、传承和转化是其必然的责任和功能。毋庸置疑的是，知识的创新、传承和转化离不开图书馆等专门储藏知识的组织的支撑。这在知识经济时代表现得尤为明显。基于此，学界对学科建设中图书馆服务的问题与策略、模式等做了探讨。李素娟结合自身工作实践，发现高校图书馆在为学科建设服务中存在内容简单、形式单调、品牌意识匮乏和人员服务素养不高等现实问题，并就此提出改进策略。② 这一研究具有明显的经验分析特征，在视角上较为系统，提出的问题和策略具有现实针对性。李慧和魏萍以搭建图书馆人才服务场景框架和明确场景服务内容为抓手，对提升图书馆服务功能的策略做了探讨。他们认为应借助VR、大数据和人工智能等前沿信息技术，模拟构建科研服务场景、教学服务场景和虚拟馆员场景等，实现对图书馆服务功能的提升和完善。③ 杨光宗和刘钰婧立足学术期刊与学科建设间的内在逻辑关系，对学术期刊服务学科建设的现实困境和优化策略做了探讨和研究。④ 整体来看，这部分研究具有较强的实践指导性，对学科建设实践中图书馆服务的优化有一定的参考价值。

（5）学科建设模式研究

学科建设模式是阐释大学场域各学科间相互关系的一种形式化结构，静态上描述了一所大学的学科规模、学科结构和学科水平，动态上反映了一所大学学科体系生成和演化的轨迹。⑤ 因此，学科建设模式与学科建设

---

① 唐小媚：《大学知识生产模式转型及其对学科建设的启示》，《高教探索》2020年第12期。
② 李素娟：《一流学科建设中高校图书馆学科服务策略研究》，《图书馆工作与研究》2018年第5期。
③ 李慧、魏萍：《高校图书馆一流学科人才服务场景构建研究》，《情报科学》2019年第7期。
④ 杨光宗、刘钰婧：《高校学术期刊与一流学科建设：引领、推动及发展》，《出版科学》2018年第3期。
⑤ 翟亚军：《大学学科建设模式研究》，博士学位论文，中国科学技术大学，2007，第40页。

相伴而生，学科建设的实践就是学科建设模式不断建构、调整和完善的过程，学科建设研究也必然包括学科建设模式研究。从已有研究看，对学科建设模式的研究，主要分布在三个领域：一是国外世界一流大学学科建设模式的引介；二是我国大学学科建设模式的现状描述、缺陷揭示和策略供给；三是知识生产模式变革背景下学科建设模式的创新。

翟亚军通过案例研究法，对哈佛大学、加州大学伯克利分校等8所世界排名前列的美国大学的学科建设模式进行分析，发现世界一流大学学科建设模式以主体学科、主干学科、支撑学科和特色学科间的有机统一为核心，外显为学科体系的完整。① 刘小强和蒋喜锋通过政策分析，发现德国、澳大利亚、日本、丹麦和瑞典五个发达国家以建设精英大学为旨归，在21世纪分别制订和实施了本国大学发展的"卓越计划"、"卓越中心计划"、"以卓越中心为基础的全球顶尖大学计划"、"大学科研投资资本计划"（UNIK）、"林奈中心计划"。这些计划具有明显的问题导向，强调跨学科、跨学校、跨类别和跨国界的交流与合作。其核心在于突破国界、学校和类别的限制，通过多学科间的交叉融合，来解决某一重大现实问题。② 基于此，该研究主张这类"学科建设"③ 模式具有明显的跨学科性和问题导向，对当前知识生产模式变革背景下我国的学科建设模式调整具有一定参考价值。

聚焦我国大学学科建设模式的现状描述、缺陷揭示与策略供给的研究中，具有代表性的是翟亚军的研究。翟亚军在《大学学科建设模式研究》一文中，以学科规模、学科结构和学科水平三要素为核心，构建大学学科建设模式的分析框架，并在此框架下，通过文献研究和案例研究，将我国大学学科建设模式变迁分为初创期（1949~1952）、跋涉期（1952~1980）、调适期（1980~2006）三个时期，"以点带面"地呈现了我国学科建设模

---

① 翟亚军：《大学学科建设模式新解——基于世界一流大学的分析》，《学位与研究生教育》2009年第3期。
② 刘小强、蒋喜锋：《论世界一流大学建设的"学科模式"和"中心模式"——"双一流"首轮建设期满之际的反思》，《中国高教研究》2020年第10期。
③ 国外世界一流大学在学科建设中，主要是以研究中心为核心进行建设的，所以这里以带引号的"学科建设"来表示国外世界一流大学的以研究中心为核心的学科建设模式，与我国现实语境下的学科建设有一定差别。

式的现状，揭示了我国学科建设模式存在的问题。进而，在生态学的战略思想指导下，从紧密贴合时代背景、有选择地布局优势学科、重视学科均衡发展等角度提出改进策略。① 这一研究领域的其他相关研究，主要集中在学科建设模式的应然改进策略方面。如范涛等认为，基于建设主体、建设对象和建设内容等多元混合的学科建设模式，是世界一流学科建设模式改革的目标愿景。②

对知识生产模式变革背景下学科建设模式创新的研究。无论是组织形态还是知识形态，又或是规制形态的学科，都以知识为内核。因此，知识生产模式变革必然会对学科建设模式产生不可忽视的影响；或者说，学科建设模式改革必须对知识生产模式变革做出回应。对此，马廷奇和许晶艳以知识生产模式与学科建设的内在逻辑关系为抓手，认为随着知识生产模式从模式Ⅰ（形成于19世纪初，以柏林洪堡大学为标志，以追求学术卓越为价值旨归，在"象牙塔"内进行，学者控制知识生产的内容、进程，科研生态呈现出"闭环"形态）、模式Ⅱ（形成于20世纪中后期，以斯坦福大学等大批创业型大学的崛起为标志，以推进应用为目的，大学开始走进社会，大学—产业—政府结成知识生产共同体，具有显著的应用特征和工具意义）到模式Ⅲ（诞生于21世纪初，以大批跨学科、超学科组织的诞生为标志，以协同解决国家和地区、国际和人类共同面临的复杂问题为旨归，形成大学—产业—政府—公众深度聚合的"无边界学术组织"，具有高度协同性、融合化特征）的转型，学科建设模式需从学科建设理念、学科体系、学科组织等方面进行创新，才能增强学科建设模式存在的合法性。③

---

① 翟亚军：《大学学科建设模式研究》，博士学位论文，中国科学技术大学，2007，第40、95~132页。
② 范涛等：《世界一流学科建设模式改革——目标愿景、内涵特征与实施路径》，《研究生教育研究》2021年第2期。
③ 马廷奇、许晶艳：《知识生产模式转型与学科建设模式创新》，《研究生教育研究》2019年第2期。

## 1.2.2 学科组织研究

学科组织是对组织形态学科的一种表达和概括，因此学界对学科组织概念的解读大多内嵌在对学科内涵的解读中。这将在"2.1.1 学科·学术·知识"部分专门论述，此处不再赘述。在这一认识的基础上，笔者概览相关文献，发现国内学界对学科组织的研究主要集中在学科组织创新方面，国外学界对学科组织的研究在大多"潜隐"在大学基层学术组织研究之下。以下对学科组织创新研究和国外大学基层学术组织研究进行梳理。

（1）学科组织创新研究

一是学科组织整体创新研究。这一领域有代表性的是邹晓东和宣勇的研究。邹晓东在《研究型大学学科组织创新研究》一文中，基于"学科组织是学科问题研究的本质"这一基本认知，以提升学科组织核心能力——卓越的知识生产能力、先进的学科组织文化和高效的学科组织结构为逻辑起点，着重从学科组织战略、学科组织结构和学科组织文化三个维度构建学科组织创新的理论范式，并通过案例分析和调查研究等方法对其进行实证检验。在此基础上，运用系统动力学的知识构建学科组织创新的动力学模型，实现对学科组织创新的理论模式的进一步提升和具象，旨在为实践中的学科组织创新提供学理参考。① 邹晓东对学科组织创新的研究，在视角上比较宏观和系统，聚焦的学科组织要素以战略目标、组织结构和组织文化为主，而未对学科组织使命、学科组织运行机制等进行分析。宣勇在《大学变革的逻辑》一书中，遵循"基于学科，重构大学"的深层逻辑，以"学科组织化"为切入点，主张"提高大学学科组织化程度就是指学科组织的使命与战略目标的具体化、明晰化，学科组织在大学组织结构中的实体化、建制化，学科建设者参与者（政府、学校、市场、学者）关系的模式化、规范化"，并据此按照"学科组织使命分析—学科组织体制设计—学科组织结构设计—学科组织运行—学科组织评价"的理路，勾勒学

---

① 邹晓东：《研究型大学学科组织创新研究》，博士学位论文，浙江大学，2003，第51~135页。

科组织化的具象路径。① 整体来看，宣勇的研究是对邹晓东的研究的提升和创新，尤为明显地表现在对学科组织使命、学科组织在大学组织结构中的显示度等的关注方面。

邹晓东和宣勇的研究在学科组织创新研究领域具有代表性和典型性，对研究的开展和实施具有重要参考价值。同时，需要指出的是，宣勇的研究在提炼学科组织化的进路时，对学科组织内部的构成要素，如学科组织内部学科带头人"位置—角色"权责安排及其相关机制的建设、学科组织的个体行为和群体行为等考察不充分。学科组织作为一个组织，其组织化程度的提升尤其是其在大学组织结构中的显存度的增加，必须要依靠学科组织内部相关"位置—角色"主体来承担，否则学科组织化的进程和程度就会大打折扣。另外，随着学科组织化命题的提出，陈金圣、王彦雷和车如山等学者呼吁要推动学科组织化，② 但这些研究对学科组织化的关注并未深入到学科组织内部，更多是一种宽泛的策略探讨。

二是学科组织结构创新研究。胡建雄教授领衔的教育部咨询研究项目课题组撰写的《学科组织创新——高等学校院系等学科结构的改革研究》聚焦院、系、所（研究所）等组织的设置和分布问题。院、系、所等组织作为学科组织的现实载体，三者共同形成了学科组织结构，这种结构是学科组织的外部结构。该书首先从信息时代的到来、知识经济的兴起、科学技术的发展等维度廓清学科组织结构创新的背景。其次以传统的"校—系—专业"三级学科组织结构的演化为逻辑起点，对由其演化而来的"校—院—系""校—系/系级研究所—研究室""校—系—研究所（室）""校—院/系/研究所—研究室/专业教研室""校—院—系—专业教研室"5种学科组织结构的特点和利弊进行分析，借此来呈现学科组织结构的现状，揭示学科组织结构创新的着力点。在此基础上，通过比较研究和案例分析，对美国麻省理工学院、哈佛大学、斯坦福大学、耶鲁大学，英国剑桥大学，日本东京大学等6所世界一流大学的传统学科组织结构向新型学

---

① 宣勇：《大学变革的逻辑》，人民出版社，2009，第679~680页。
② 陈金圣：《大学学科治理：现实语境、多元价值与推进路径》，《国家教育行政学院学报》2019年第1期。王彦雷、车如山：《基于自组织理论的一流学科组织生长机制研究》，《高教探索》2021年第10期。

科组织结构转型的缘由,以及这6所世界一流大学当前新型学科组织结构的典型特征进行梳理和分析,为我国学科组织结构创新提供参考。① 这一研究对学科组织结构的分析具有自上而下的直线式特征,对学科组织横向交叉与融合的考察尚不充分。茹宁和闫广芬、蔺亚琼和覃嘉玲、马永红和德吉夫等对其做了补充,他们强调要通过打破院系间的组织和体制壁垒等来推动学科组织间的交叉与融合。②

三是学科组织的历史演变与改革趋势研究。这部分研究主要是从两个维度展开:一是具体某一学科组织的维度,二是大学学科组织的整体维度。在前一个维度,比较有代表性的是石菲等的研究。石菲等聚焦1882~1982年MIT(麻省理工学院)电机系的百年变迁,揭示出其背后隐藏的从知识前沿发展到形成学科组织的核心要素和关键路径。③ 在后一个维度,比较有代表性的是刘宝存、张金磊的研究。刘宝存从较为宏观的视域出发,对第二次世界大战结束后到21世纪初期的国外大学学科组织的整体改革和发展的趋势做了梳理和分析。④ 张金磊从大学产生的历史出发,对世界整体学科组织发展的阶段区划及其内在特征、未来趋势等做了探讨。⑤ 这部分研究,在研究方法上以文献研究为主,聚焦以学院(学系)为代表的学科组织结构的历史变迁。

(2)大学基层学术组织研究

如前文所述,本部分对基层学术组织研究的梳理,以国外对大学基层学术组织的研究为核心。一是大学基层学术组织的基本形式研究。伯顿·R. 克拉克(B. R. Clark)认为大学基层学术组织的工作和任务围绕许多知识群类而结合,且这些知识群类的大小并非固定的而是可宽可窄的。但无

---

① 胡建雄等:《学科组织创新——高等学校院系等学科结构的改革研究》,浙江大学出版社,第1~8页。
② 茹宁、闫广芬:《大学跨学科组织变革与运行策略探究》,《高校教育管理》2018年第4期。蔺亚琼、覃嘉玲:《学科分类与跨学科发展:基于院系组织的分析》,《高等工程教育研究》2019年第3期。马永红、德吉夫:《"双一流"建设背景下大学跨学科组织的学科网络结构研究》,《学位与研究生教育》2020年第6期。
③ 石菲等:《学科组织的历史演进与创新——MIT电机系百年发展与崛起初探》,《高等工程教育研究》2016年第5期。
④ 刘宝存:《国外大学学科组织的改革与发展趋势》,《教育科学》2006年第2期。
⑤ 张金磊:《论大学学科组织的历史演变与发展趋势》,《黑龙江高教研究》2014年第2期。

论是宽还是窄,学科都是最重要的组织基础。稍狭窄的群落,即通常称为讲座、研究所和学系之类的群类,是基本的操作单位,[①] 也就是国内学界通常所言的基层学术组织。当然,由于文化背景和历史传统等的差异,不同国家的大学基层学术组织往往具有不同的表现形式,如美国的大学基层学术组织以学系为核心;德国、法国和意大利等国家的大学内部一般不设学系,其基层学术组织以讲座为核心;我国的大学基层学术组织与美国类似,以院系组织为核心。显然,这部分研究实质是对学科组织结构的研究,聚焦的是不同学科组织在大学组织基层以何种载体而存在的问题。

二是大学基层学术组织的功能与作用研究。罗杰·盖格(R. L. Geiger)认为美国大学传统的学系组织设置模式不能很好地推动跨学科研究,因此其强调大学学系组织在承担基本教学任务的同时,还需围绕理论或社会现实问题建立相应的松散耦合式的跨学科研究组织,以确保大学学系组织能更好地践行其承担的科学研究职能。[②] 杰拉尔德·斯塔勒(G. J. Stahler)和威廉·塔什(W. R. Tash)聚焦研究性大学中设置的研究中心的职责及其存在的问题,并就发现的问题从组织设置、组织结构和组织评价等维度提出改进建议。[③] 这部分对学系、研究中心等大学基层学术组织的功能与作用的研究,对学科组织化的职能导向具有重要参考价值。

三是大学基层学术组织的运行机制研究。在这一研究领域,比较有代表性的是罗伯特·伯恩鲍姆(R. Birnbaum)的研究。他在《大学运行模式:大学组织与领导的控制系统》一书中,基于对学会、官僚、政党和无政府四种组织模式的阐释和建构,结合对学院组织本质属性和独特结构的考察,设计出一种能将学会、官僚、政党和无政府四种组织模式融为一体的控制组织系统,以确保学院组织高效有序运行。[④] 维克多·鲍德里奇

---

① 伯顿·R. 克拉克:《高等教育系统——学术组织的跨国研究》,王承绪等译,杭州大学出版社,1994,第16~42页。
② R. L. Geiger, "Organized Research Units—Their Role in the Development of University Research", *Journal of Higher Education*, 1990, Vol. 61, No. 1, pp. 1-19.
③ G. J. Stahler, W. R. Tash, "Centers and Institutes in the Research University: Issues, Problems, and Prospects", *Journal of Higher Education*, 1994, Vol. 65, No. 5, pp. 540-554.
④ 罗伯特·伯恩鲍姆:《大学运行模式:大学组织与领导的控制系统》,别敦荣等译,中国海洋大学出版社,2003,原序第4~5页。

（J. V. Baldridge）将政治博弈模型应用于大学组织内部机制运行研究中，认为学院组织在大学场域中的运行时常处于科层权力与专业权力的不断博弈中。① 这些研究深入到以学科组织为内核的学院组织运行中，但仅关注到了学院组织，而较少将学科组织从学院组织中剥离出来进行单独研究。与鲍德里奇的研究相似的是亚伦·博尔顿（A. Bolton）的研究。亚伦·博尔顿在《高等院校学术组织管理》一书中以校院分权为基本逻辑，着重从组织管理的角度，对学院与大学间的权责配置以及学院内部具体事务管理的机制优化策略做了探讨。② 格莱姆（F. Gonaim）认为，基层学术组织的负责人是确保组织高效运转和快速发展的关键，在对负责人的聘任过程中既需考察其教学和科研能力，还需重视其组织领导力。③ 这一研究关注到了基层学术组织的负责人这一"位置—角色"的素质结构，却并未对学科组织内部的其他关键要素，如组织行为等做相应观照。

### 1.2.3 综合述评

相关研究围绕学科建设和学科组织两个子命题展开。具体而言，学界对学科建设做了多方面的研究。首先，从高等教育发展和大学职能践行两个维度对学科建设的存在价值做了探讨。其次，对学科建设的内容做了分析。这部分研究是学科建设研究的重中之重，主要以学科建设的人、财、物等"硬"要素为核心展开；在研究方法上，以经验研究和案例分析为主，较少借用相关理论来审视相关问题。再次，从个体经验、不同类型高校发展、政策导向、知识生产和配套服务支撑五个维度，对学科建设的问题和策略做了探讨。在这部分研究中，很明显的是自"双一流"建设计划实施以来，有关学科组织、学科制度等学科建设的"软"要素议题开始显现，只是其显示度较低。最后，对学科建设模式做了研究。这部分研究以

---

① J. V. Baldridge, "Academic Governance: Research on Institutional Politics and Decision Making", *Therapie Der Gegenwart*, 1971, Vol. 93, No. 3, pp. 97–100.
② 亚伦·博尔顿：《高等院校学术组织管理》，宋维红译，江苏教育出版社，2010，译者序第10~14页。
③ F. Gonaim, "Department Chair: A Life Guard without a Life Jacket", *Higher Education Policy*, 2016, Vol. 29, No. 2, pp. 272–286.

创新学科建设模式为核心，主要涉及国外世界一流大学的学科建设模式的引介、我国大学学科建设模式的现状与改进、知识生产模式变革背景下学科建设模式的创新三个主题。其中，前两者以案例分析为主，后者以思辨研究为主。

学界对学科组织创新的研究主要是从学科组织整体创新、学科组织结构创新、学科组织的历史变迁与改革趋势三方面展开。其中，学科组织结构创新研究最多，学科组织的历史变迁与改革趋势研究次之，最少的是学科组织整体创新研究。学科组织结构创新研究主要关注的是不同学科组织间的交叉与融合，对学科组织结构内部构成的考察稍显不足。学科组织的历史变迁与改革趋势研究，宏观、中观和微观视野皆有，却又均以学科组织整体为聚焦对象，未深入到学科组织内部。学科组织整体创新研究，以宏观和中观视野为主，虽涉及学科组织内部构成，但涉及的广度和深度仍有不足，并具体表现为：未对学科组织内部"位置—角色"的结构与机制建设等进行整体观照。国外对大学基层学术组织的研究，主要是关注的是基层学术组织的形式、功能与作用、运行机制等的改革，尚未触及院系组织的核心——学科组织的建构和创新。

比较而言，学界对前者的研究更为广泛和深入，并已形成多个子研究领域；对后者的研究则整体处于起步阶段，往往停留在宽泛的策略探讨层面，其中，对学科组织化的研究更为少见。同时，已有研究在视角上以宏观和中观为主，较少从系统角度对学科组织进行自外而内与由内及外结合式的考察。另外，在方法的选用上，缺少方法论的指引，使相关研究在理论与实践融合方面仍存在改进空间。尽管如此，不可否认的是，相关研究为本研究选题提供了基础，也为本研究的创新提供了可能，更为本研究的开展提供了经验。于此，以学科组织化为主题，根据学科组织的本质属性和典型特征，揭示学科组织化的本质及其核心要义，并遵循方法论的指引选用研究方法。进而，基于由外及内和由内及外相结合的逻辑，深入到学科组织内部"位置—角色"的权责设计、行为范式，以及学科组织的方向引领和外部环境等要素维度，对学科组织进行"麻雀式解剖"，提炼学科组织化的具体策略，以彰显学科组织的自组织属性和实现对学科组织知识生产力的提升。

## 1.3 研究的思路与方法

### 1.3.1 研究思路

如图1-2所示，本研究以提高学科组织知识生产力为目的，聚焦"如何提升学科组织的自组织程度"，遵循"问题提出—理论建构—实证考察与路径创新"的基本逻辑。以理论与实践融合、个体与整体结合、工具理性与价值理性平衡为研究方法选用和研究方案实施的方法论基础，采用"定性为主、定量为辅"的研究方式，选择系统分析、内容分析和调查研究等具体研究方法。基于组织理论对组织要素的建构和归类，结合对学科组织内在属性和本质特征的审视，从组织目标、组织结构、组织行为和组织环境四个维度，提炼学科组织的构成要素。以多元参与和协商共治为牵引，对学科组织的构成要素进行个别考察与整体观照，全景式呈现学科组织化的现状，由内及外地揭示学科组织化的现状、困境及原因，并由外及内地提炼学科组织化的创新路径。

### 1.3.2 研究方法

方法就是我们在探究世界过程中所采取的方式方法的总称。换言之，这里的"方法"并非一个单独"个体"，而是一个集合式的"整体"，内含多种多样的方法，这些方法在层次和类型上都存在一定的区别。[①] 正因

---

① 王洪才：《教育研究的基本方法论》，《北京师范大学学报》（社会科学版）2006年第6期。

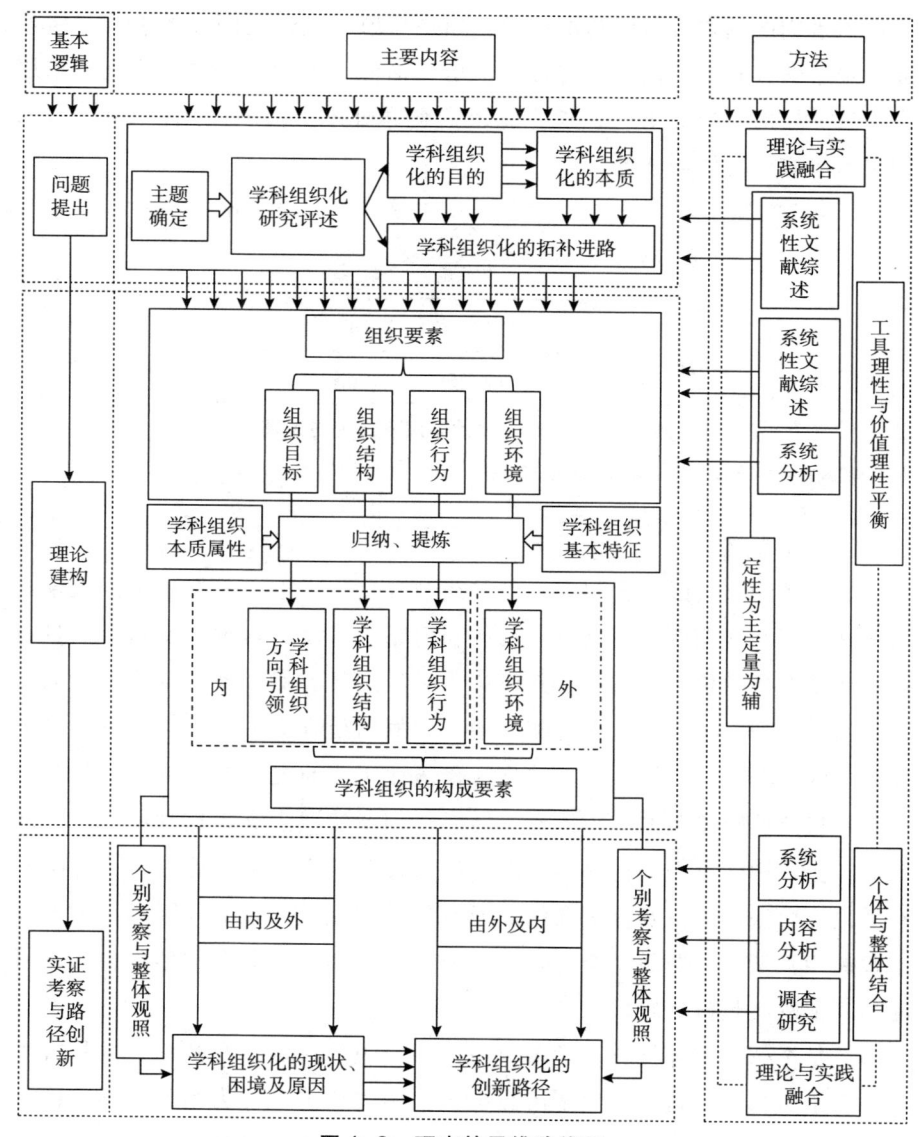

图 1-2 研究的思维路线图

资料来源：笔者基于文献梳理的创新设计。

如此，方法具有多层次属性和意涵（见图 1-3）。首先，是形而上的方法论层次。该层次指对一个事物的基本看法，展现了研究者的哲学视角，是最抽象、最具有普遍指导意义的方法。其次，是研究方式层次。这一层次指认识事物的基本策略或基本途径，如是采取直接还是间接的方式、定性或是定量的方式等，内含研究者的认识论信仰。最后，是具体研究方法层次。这一层次是形而下的，指为获得资料和处理资料所采用的具体方法，如文献研究法、访谈法等。

```
        方法论
     研究方式（如定性或定量）
  具体研究方法（如文献研究法、访谈法等）
```

图 1-3　"方法"的多层次属性与意涵

资料来源：笔者基于文献梳理的创新设计。

（1）方法论

一是理论与实践融合。理论与实践融合是马克思主义方法论四大基本命题之一。其强调理论因具有预见性和前瞻性，而对自觉的实践活动具有不可或缺的指导价值；同时，其还认为理论因具有概括性和普遍性，而时常被用作一种对感性经验进行深度加工和概括处理的形而上的工具，是将局部实践提升为规律性认识并转化为普遍性实践的关键方式。[①] 正因如此，理论不仅能反映实践的需求，而且能通过创新实践去满足这种需求。与之相应，实践则通自身的折射，审思理论预设及其观点的正确性，为维护原有理论的合法性，以及修正和创新原有理论提供实践依据。同时，理论和实践的相互依赖并非是完全对等的，但在理论和实践共存的范围内，两者的相互依赖又是毋庸置疑的。[②]

二是个体与整体结合。学科组织作为组织的一种，在基本要素构成上与普通组织具有一致性，主要由目标、结构与分工、行为和外部环境四个要素构成。从组织角度看，其就是一个由多种要素组成的系统。同时，学科组织作为一种以知识生产为内核的组织，学术性是其本质属性。而学术通常需要相对自由的组织结构，因此学科组织化本质上是学科自组织化的

---

[①] 侯惠勤：《马克思主义方法论的四大基本命题辨析》，《哲学研究》2010年第10期。
[②] 侯惠勤：《马克思主义方法论的四大基本命题辨析》，《哲学研究》2010年第10期。

一个过程或结果。这也就意味着,学科组织作为多要素构成,对其自组织程度的审视,就需从"个别"与"整体"双重维度出发,全方位考察学科组织化的现状、困境及原因。

三是工具理性与价值理性平衡。工具理性以科学性和标准化为原则,是一种追求形式化、统一化,轻视或忽视价值判断的思维方式,要求程序和手段的可计算性、形式的统一性和逻辑性。价值理性以对价值的坚守为核心,是一种重视事物个体本质特征与独特属性的思维方式,强调合法性与正当性。学科组织作为以知识生产为内核的组织,最深层的内核就是一套独特的知识体系。所以,每个学科组织都有自身的学科知识属性,并外显为不同的学科制度、学科文化和学科行为等。因此,学科组织化就需充分虑及每个学科组织的独特性和不同学科组织间的共通性,客观上要求学科组织化在遵守"共性"的基础上坚守"个性"。

(2) 研究方式

定性为主,定量为辅。定性和定量是两类不同性质的研究方式。从实际应用角度看,这两种研究方式的本质区别主要有五点。一是回答问题方面。定性研究主要关注和回答的是相对特殊的、侧重主观意义的,特别是有关具体情境之中的互动问题;定量研究主要关注和回答的侧重客观事实的,特别是有关变量之间关系的问题。二是具体目标方面。定性研究主要以诠释现象变化过程及其内在联系,研究对象的主观认知和行为意义,发展和建构新的理论假设为核心目标;定量研究主要是以描述样本的分布、结构、趋势及其相关特征,揭示变量间的关系,验证已有理论假设等为关键目标。三是研究程序方面。定性研究的程序相对灵活,定量研究的程序相对固定。四是研究策略方面。定性研究的核心是"化简为繁",即在尽可能现实的情境中,全方位、多角度、高还原度地审视和理解所研究的现象或问题;定量研究的核心是"化繁为简",即通过相关技术和工具将原本复杂的社会问题或社会现实"裁剪"为几个重要"变量",并以此来开展研究。五是研究工具方面。定性研究则更多是以研究者自身为工具;定量研究以可数据化和可量化的工具为主,如 SPSS、SAS 等统计软件。[①]

---

① 风笑天:《定性研究与定量研究的差别及其结合》,《江苏行政学院学报》2017 年第 2 期。

根据所选主题的本质属性和基本特征，本研究以质性研究方式为主。以研究者本人和 NVivo.11 质性分析软件为主要研究工具，深入到学科组织的现实和文本中，由内及外地梳理其组织化的现状，揭示其组织化的困境及原因；并通过问卷调查收集相关数据，从量化的角度印证质性方式的"发现"，为探索学科组织化的创新路径提供实证支撑。

（3）具体研究方法

①系统分析。系统分析源起于系统科学，是20世纪40年代以后迅速发展起来的一个横跨自然与社会科学的分析方法。它是在揭示还原论不足的基础上发展起来的，强调整体论和还原论、局部分析与整体描述的交互融合。应用在一般学科领域，就是指把要解决的问题作为一个系统，从"个体"和"整体"相结合的维度对系统要素进行综合分析，找出解决问题的可行方案的方法。本研究应用系统分析，将学科组织作为一个系统，对其方向引领、结构、行为和环境等组成要素进行"个别考察"和"系统审视"，考察学科组织化在这些要素的"个体"和"整体"维度面临的现实困境，并揭示其背后的深层诱因。

②系统性文献综述。系统性文献综述是在传统性文献综述基础上演化而来，源自医药学领域，实质是一种具有知识创新功能的综合性研究方法。这种方法以解决具体问题为最终指向；注重使用具体而科学的方法，包括明确的问题、确定文献搜索方法、规定纳入和排除的标准、在特定方法论支配下对文献进行质性评价，最广泛而有效地整合已出版和未出版的科研记录；[1] 通过批判的方式，审视所研究的文献，产生新的理论知识和挖掘新的问题。本研究遵循系统文献法的问题驱动、系统循环和标准化原理，[2] 按照"主题确立—文献检索—文献质量评估—数据抽取与整合—综述撰写或观点提炼"的逻辑理路，[3] 描绘学科组织化已有研究的知识图谱，

---

[1] R. L. Diekemper, B. K. Irwland, L. R. Merz, "Development of the Documentation and Appraisal Review Tool for Systematic Reviews", *World Journal of Meta-Analysis*, 2015, Vol. 3, No. 3, pp. 142-150.

[2] 游景如、黄甫全：《新兴系统性文献综述法：涵义、依据与原理》，《学术研究》2017年第3期。

[3] 黄甫全等：《系统性文献综述法：案例、步骤与价值》，《电化教育研究》2017年第11期。

明确学科组织化的相关概念和研究基础。具体操作流程如下。首先，以中文社会科学引文索引（CSSCI）、中国知网（CNKI）中的博士学位论文与报纸等数据库、Web of Science 中的 Social Sciences Citation Index（社会科学引文索引，SSCI）数据库、人大复印报刊资料数据库、典海民国文献资源平台、中国国家数字图书馆等为文献检索的主要来源，根据研究主题，在 CSSCI 文献检索时，以"学科建设"和"学科组织"作为"主题"和"关键词"，以"1983年至今"为检索时间；① 在 SSCI 文献检索时，以"University's academic unit"为主题，② 检索时间不限。其次，对检索出的文献，根据引用率、期刊级别，结合笔者研读，遴选重要文献资料。最后，通过同伴互检的方式，抽取和整合文献数据，形成已有研究的知识图谱，提炼与学科组织化相关的值得借鉴和参考的研究经验与研究智慧。

③内容分析。内容分析是对具体研究对象或研究样本的内容进行分析的一种方法，"研究问题"、"内容"和"分析建构"是其不可或缺的组成要素。其中，"研究问题"指内容分析的最终指向。换言之，内容分析不是漫无目的的，而是以具体问题为导向并据此形成相关结论为旨归。"内容"即研究者运用内容分析法作用的对象或样本。"分析建构"为前两种要素间的逻辑中介，一般采用"如果—则"的形式，即"如果内容怎样，则结论如何"。③ 20世纪中叶以后，内容分析将"文本"概念纳入其中，主张在文本的脉络中"推论"。

一是样本学科组织选择。

此为学科组织选择的深层次依据。"为有效开展知识传承和创新创造活动，大学往往基于一定知识门类设置学部、学院、系所等学科组织结构，这些组织结构在大学得以存在的理由就是学科，一旦主要依托学科被调整或撤销，相应组织机构就不复存在。"④ 而且，这些组织机构依托的学

---

① 以1983年为检索的起始时间，是因为1983年5月教育部在武汉召开的全国高等教育工作会议首次明确提出"重点学科建设"概念，因而有效推动了学科建设的实践和研究。
② 概览相关文献，发现国内外在学科建设实践和研究范式等方面存在明显差异，国外与本研究相关的研究主要"潜隐"在大学基层学术组织治理研究之中。因此，以"University's academic unit"为检索主题。
③ 刘伟：《内容分析法在公共管理学研究中的应用》，《中国行政管理》2014年第6期。
④ 朱永东：《研究型大学学科组织结构创新探析》，《高等工程教育研究》2021年第4期。

科具有一定的相关性。同时，这些组织结构的设置也为其所依托学科的生存和发展提供了基本的结构支撑和条件保障。简言之，在大学内部，学部、学院、系所等组织结构是学科的一种外显形式，学科则是其真正内涵。因此，学科与学部、学院、系所等组织结构"表—里"一体、交互融合，学部、学院、系所等组织结构的愿景和使命对其所依托学科有直接引领作用，并以此支撑和践行大学的使命与愿景。在我国，大学内部设置的学院①在权力配置、功能定位等方面类似于美国大学的"学系"，对学科的生存和发展有更为直接和极其重要的影响，进而也就与学科的交互融合更为紧密和直接。当然，这里的学科是指一级学科。因此，本研究对学科组织愿景与使命的分析聚焦于其内嵌的学院层面的使命陈述和愿景表达。

总体与抽样框。国务院学位委员会和教育部2018年4月颁布的《学位授予和人才培养学科目录》（以下简称《学科目录（2018）》）将我国高校的学科划分为哲学、经济学、法学、教育学、文学、历史学、理学、工学、农学、医学、军事学、管理学和艺术学13个学科门类，并于2021年1月增设"交叉学科"门类（设置"集成电路科学与工程"和"国家安全学"两个一级学科）。② 由于"交叉学科"门类是新设置的，以及军事学门类在人才培养和科学研究等方面具有特殊性和保密性，所以本研究关注的是《学科目录（2018）》中除军事学门类和"交叉学科"门类之外的其他12个学科门类内的学科。这12个学科门类分别设置一级学科1个、2个、6个、3个、3个、3个、14个、39个、9个、11个、5个、5个。教育部学位与研究生教育发展中心2016年到2017年开展的第四轮学科评估，将评估结果以"分档"方式呈现。其中，每个参评的一级学科A档（包括A+、A、A-档）学科数占比10%、B档（包括B+、B、B-档）和C档（包括C+、C、C-档）学科数均占比30%。简言之，每个参评的一级学科的A、B、C三档学科数量比等于或接近1∶3∶3。《学科目录（2018）》

---

① 这里的学院包括：大学下设的二级学院、基于多个相关一级学科交叉设置的学部中的实体运行的学院和学系（如北京大学人文学部的历史学系、艺术学院等）、基于某一级学科设置的学部（如北京师范大学教育学部）。后文又将其称为院系。
② 《我国增设交叉学科门类》，《人民日报》2021年1月14日，第12版。

中的 12 个学科门类及其一级学科分布和教育部学位与研究生教育发展中心第四轮学科评估结果也就构成了研究的抽样框。

抽样技术与样本分布。抽样框中的单个学科门类及其包含的一级学科，相较于其他学科门类及其包含的一级学科具有明显的"同质"性，且单个学科门类间具有明显的"异质"性。因此，在抽样一级学科时，对学科门类的选择采用分层抽样进行，即在每个学科门类按照相同的比例抽取一级学科。抽样框中的一级学科总数为 101 个，考虑到实际工作量，从每个学科门类中按照 30% 的比例进行一级学科抽样。其中，不足 1 个完整学科的，按照 1 个完整学科抽取。如哲学门类只有 1 个一级学科，若按照 30% 的比例抽取，就只有 0.3 个学科，不足 1 个完整的一级学科，但仍抽取该一级学科为样本学科。同时，抽样一级学科时，公安学、公安技术等与国家安全紧密相关的学科，考古学等较为冷门的学科，评估网络空间安全、生物工程等未参加第四轮学科评估的学科，不予考虑。照此标准抽样的结果如表 1-1 所示，哲学、经济学、法学、教育学、文学、历史学、理学、工学、农学、医学、管理学和艺术学 12 个学科门类分别抽样 1 个、1 个、2 个、1 个、1 个、1 个、5 个、12 个、3 个、4 个、2 个、2 个一级学科，共 35 个。

多级整群抽样。从第四轮学科评估结果看，这 35 个一级学科 A、B、C 档的学科数①之间的比例大致为 1∶3∶3。这也就意味着，为了确保抽样的代表性和减少可能的抽样误差，每个一级学科的选择都应关涉 A、B、C 三档学科，且三档学科抽样数的比例应为 1∶3∶3。如此，每个一级学科的抽样数为 7 或 7 的倍数，如 14、21……。根据专家意见和实际工作量，将每个一级学科的抽样数设定为 7 个，由 1 个 A 档、3 个 B 档和 3 个 C 档学科构成。每档学科选择时，首要是考虑"双一流"建设学科名单中的一级学科；其次是考虑笔者能有效开展实地调研的学科；最后是避免重复选择学院（当两个及以上的学科在同一大学同一学院时，就只选其中一个学科，另外的学科就选择其他学校的）。如此，对 35 个初步抽样选择的一级学科的进一步分档抽样结果见表 1-2。35 个一级学科分档分布在 102 所大

---

① 每档的学科数是指每个一级学科被评为相应档次的高校数。

表 1-1　按照学科门类进行一级学科初步分层抽样的结果分布

单位：个

| 学科门类 | 抽样学科 | 抽样学科数 | 抽样学科总数 |
|---|---|---|---|
| 哲学 | 哲学 | 1 | 35 |
| 经济学 | 理论经济学 | 1 | |
| 法学 | 法学、马克思主义理论 | 2 | |
| 教育学 | 教育学 | 1 | |
| 文学 | 中国语言文学 | 1 | |
| 历史学 | 中国史 | 1 | |
| 理学 | 数学、物理学、化学、地质学、生物学 | 5 | |
| 工学 | 力学、机械工程、仪器科学与技术、材料科学与工程、电子科学与技术、控制科学与工程、土木工程、测绘科学与技术、地质资源与地质工程、矿业工程、环境科学与工程、安全科学与工程 | 12 | |
| 农学 | 作物学、农业资源与环境、畜牧学 | 3 | |
| 医学 | 基础医学、公共卫生与预防医学、口腔医学、中药学 | 4 | |
| 管理学 | 工商管理、公共管理 | 2 | |
| 艺术学 | 艺术学理论、音乐与舞蹈学 | 2 | |

资料来源：笔者的抽样结果。

学（30 所为"世界一流大学"建设高校，32 所为"世界一流学科"建设高校，40 所为高水平教学研究型大学）中的 245 个学院，即样本学科组织数 N=245。其中，拥有博士学位授予权的学科 188 个，这 188 个学科中有 43 个是"双一流"建设学科，省级重点学科（省级优势学科/省"一流学科"建设学科）22 个，博士学位授权点培育学科 2 个；下设二级学科拥有博士学位授予权的学科 16 个，下设二级学科为省重点学科的学科 1 个；拥有专业学位博士授予权的学科 2 个，同学院内拥有相关一级学科博士学位授权点支撑的学科 2 个，拥有一级硕士学位授权的学科 12 个，且这些学科都分布在"双一流"建设高校和高水平教学研究型高校。如此抽样，充分契合了研究聚焦的学科组织专指"大学"的学科组织这一基本取向。

表1-2 35个一级学科分档抽样结果分布及其基本信息编码

| 一级学科 | 名称编码 | 学位授权点 | A、B、C档学科来源高校 | 一级学科 | 名称编码 | 学位授权点 | A、B、C档学科来源高校 | 一级学科 | 名称编码 | 学位授权点 | A、B、C档学科来源高校 |
|---|---|---|---|---|---|---|---|---|---|---|---|
| 01 哲学 | 01A | 一博双一 | BJDX（A+） | 03 法学 | 03A | 一博双一 | ZGZFDX（A+） | 05 教育学 | 05A | 一博双一 | HDSFDX（A+） |
| | 01B | 一博 | DNDX（B+） | | 03B | 一博 | NJSFDX（B+） | | 05B | 一博 | QHDX（B+） |
| | 01C | 一博 | SCDX（B） | | 03C | 一博 | XNCJDX（B） | | 05C | 一博 | BJLGDX（B） |
| | 01D | 一博 | SHSFDX（B-） | | 03D | 一博 | YNDX（B-） | | 05D | 一博 | SZDX（B-） |
| | 01E | 省重 | LZDX（C+） | | 03E | 一博 | BJLGDX（C+） | | 05E | 一博 | ZYMZDX（C+） |
| | 01F | 一博 | XNMZDX（C） | | 03F | 省重 | FJSFDX（C） | | 05F | 专博 | YZDX（C） |
| | 01G | 省重 | XNZFDX（C-） | | 03G | 省优 | HNSFDX（C-） | | 05G | 一硕 | JSDX（C-） |
| 02 理论经济学 | 02A | 一博双一 | ZGRMDX（A+） | 04 马克思主义理论 | 04A | 一博双一 | ZGRMDX（A+） | 06 中国语言文学 | 06A | 一博双一 | BJSFDX（A+） |
| | 02B | 一博 | XNCJDX（B+） | | 04B | 一博 | NJDX（B+） | | 06B | 一博 | XNDX（B+） |
| | 02C | 一博 | SCDX（B） | | 04C | 一博 | YZDX（B） | | 06C | 一博 | SHDX（B） |
| | 02D | 一博 | DBSFDX（B-） | | 04D | 一博 | ZGKYDX（B-） | | 06D | 一博 | LZDX（B-） |
| | 02E | 一博 | ZGZFDX（C+） | | 04E | 一博 | BJLGDX（C+） | | 06E | 一博 | XNMZDX（C+） |
| | 02F | 一博 | HZSFDX（C） | | 04F | 一博 | CQDX（C） | | 06F | 一博 | ZGHYDX（C） |
| | 02G | 一博 | LZDX（C-） | | 04G | 省重 | NJCJDX（C-） | | 06G | 博培 | NTDX（C-） |

续表

| 一级学科 | A、B、C档学科来源高校 | 学位授权点 | 名称编码 | 一级学科 | A、B、C档学科来源高校 | 学位授权点 | 名称编码 | 一级学科 | A、B、C档学科来源高校 | 学位授权点 | 名称编码 |
|---|---|---|---|---|---|---|---|---|---|---|---|
| 07 中国史 | FDDX（A+） | 一博 | 07A | 09 物理学 | JLDX（A+） | 一博双一 | 09A | 11 地质学 | ZGDZDX（A+） | 一博双一 | 11A |
| | SCDX（B+） | 一博 | 07B | | BJSFDX（B+） | 一博 | 09B | | XBDX（B+） | 一博双一 | 11B |
| | XNDX（B） | 一博 | 07C | | SZDX（B） | 一博 | 09C | | JLDX（B） | 一博双一 | 11C |
| | NJSFDX（B-） | 一博 | 07D | | NJSFDX（B-） | 一博 | 09D | | CDLGDX（B-） | 一博双一 | 11D |
| | QFSFDX（C+） | 一博 | 07E | | QFSFDX（C+） | 一博 | 09E | | ZGKYDX（C+） | 一博 | 11E |
| | YZDX（C） | 一博 | 07F | | SCSFDX（C） | 一博 | 09F | | ZNDX（C） | 一博双一 | 11F |
| | SCSFDX（C-） | 省重 | 07G | | JNDX（C-） | 一博 | 09G | | ZGHYDX（C-） | 一博 | 11G |
| 08 数学 | SDDX（A+） | 一博双一 | 08A | 10 化学 | SCDX（A-） | 一博双一 | 10A | 12 生物学 | BJDX（A+） | 一博双一 | 12A |
| | SZDX（B+） | 一博 | 08B | | SZDX（B+） | 一博 | 10B | | NJSFDX（B+） | 一博双一 | 12B |
| | XNDX（B） | 一博 | 08C | | NJSFDX（B） | 一博 | 10C | | XNDX（B） | 一博双一 | 12C |
| | QFSFDX（B-） | 一博 | 08D | | HNDX（B-） | 一博 | 10D | | SCNYDX（B-） | 一博 | 12D |
| | ZGHYDX（C+） | 一博 | 08E | | SHDX（C+） | 一博 | 10E | | YZDX（C+） | 一博 | 12E |
| | CDLGDX（C） | 二博 | 08F | | NJGYDX（C） | 一博 | 10F | | JSSFDX（C） | 一博 | 12F |
| | XNSYDX（C-） | 二重 | 08G | | ZGKYDX（C-） | 一博 | 10G | | KMLGDX（C-） | 一博 | 12G |

续表

| 一级学科 | A、B、C档学科来源高校 | 学位授权点 | 名称编码 |
|---|---|---|---|
| 13 力学 | NJHKHTDX (A−) | 一博双一 | 13A |
| | XBGYDX (B+) | 一博 | 13B |
| | DNDX (B−) | 一博 | 13C |
| | ZGKYDX (B) | 一博 | 13D |
| | WHDX (C+) | 一博 | 13E |
| | JSDX (C) | 一硕 | 13F |
| | XMDX (C−) | 一博 | 13G |
| 14 机械工程 | QHDX (A+) | 一博双一 | 14A |
| | ZGKYDX (B+) | 一博 | 14B |
| | XNSYDX (B) | 一博 | 14C |
| | XMDX (B−) | 一博 | 14D |
| | NJLYDX (C+) | 一博 | 14E |
| | SZDX (C) | 二博 | 14F |
| | JSKJDX (C−) | 省重 | 14G |
| 15 仪器科学与技术 | BJHKHTDX (A+) | 一博双一 | 15A |
| | JLDX (B+) | 一博 | 15B |
| | BJLGDX (B) | 一博 | 15C |
| | NJLGDX (B−) | 一博 | 15D |
| | JSDX (C+) | 一博 | 15E |
| | SHDX (C) | 博支 | 15F |
| | XNSYDX (C−) | 省重 | 15G |
| 16 材料科学与工程 | BJHKHTDX (A+) | 一博双一 | 16A |
| | SZDX (B+) | 一博 | 16B |
| | NJLGDX (B) | 一博 | 16C |
| | XADZKJDX (B−) | 一博 | 16D |
| | XNKJDX (C+) | 一博 | 16E |
| | ZGHYDX (C) | 二博 | 16F |
| | HNLGDX (C−) | 一博 | 16G |
| 17 电子科学与技术 | DZKJDX (A+) | 一博双一 | 17A |
| | NJYDDX (B+) | 一博 | 17B |
| | NJLGDX (B) | 一博 | 17C |
| | CQDX (B−) | 一博 | 17D |
| | ZNDX (C+) | 一博 | 17E |
| | SCDX (C) | 二博 | 17F |
| | SZDX (C−) | 二博 | 17G |
| 18 控制科学与工程 | DNDX (A) | 一博双一 | 18A |
| | NJLGDX (B+) | 一博 | 18B |
| | JSDX (B) | 一博 | 18C |
| | ZGKYDX (B−) | 一博 | 18D |
| | NJYDDX (C+) | 二博 | 18E |
| | QFSFDX (C) | 一博 | 18F |
| | NTDX (C−) | 省重 | 18G |

续表

| 一级学科 | A、B、C档学科来源高校 | 学位授权点 | 名称编码 | 一级学科 | A、B、C档学科来源高校 | 学位授权点 | 名称编码 | 一级学科 | A、B、C档学科来源高校 | 学位授权点 | 名称编码 |
|---|---|---|---|---|---|---|---|---|---|---|---|
| 19 土木工程 | DNDX（A+） | 一博双一 | 19A | 21 地质资源与地质工程 | ZGDZDX（A+） | 一博双一 | 21A | 23 环境科学与工程 | HHDX（A-） | 一博双一 | 23A |
| | ZGKYDX（B+） | 一博 | 19B | | CDLGDX（B+） | 一博 | 21B | | DNDX（B+） | 一博 | 23B |
| | NJGYDX（B） | 一博 | 19C | | XNSYDX（B） | 一博 | 21C | | ZGKYDX（B） | 一博 | 23C |
| | CDLGDX（B-） | 一博 | 19D | | SDKJDX（B-） | 一博 | 21D | | JNDX（B-） | 一博 | 23D |
| | BJHKHTDX（C+） | 二博 | 19E | | HNLGDX（C+） | 一博 | 21E | | NJNYDX（C+） | 一博 | 23E |
| | NJLYDX（C） | 省重 | 19F | | TYLGDX（C-） | 一博 | 21F | | ZZDX（C） | 省重 | 23F |
| | NJLGDX（C-） | 二博 | 19G | | ZGHYDX（C-） | 三博 | 21G | | XNDX（C-） | 省重 | 23G |
| 20 测绘科学与技术 | WHDX（A+） | 一博双一 | 20A | 22 矿业工程 | ZGKYDX（A+） | 一博双一 | 22A | 24 安全科学与工程 | ZGKYDX（A+） | 一博双一 | 24A |
| | ZNDX（B+） | 一博 | 20B | | CQDX（B+） | 一博 | 22B | | NJGYDX（B+） | 一博 | 24B |
| | ZGDZDX（B） | 一博 | 20C | | SDKJDX（B） | 一博 | 22C | | SDKJDX（B） | 一博 | 24C |
| | HHDX（B-） | 一博 | 20D | | AHLGDX（B-） | 一博 | 22D | | TYLGDX（B-） | 二博 | 24D |
| | DNDX（C+） | 二博 | 20E | | XAKJDX（C+） | 一博 | 22E | | NJLGDX（C+） | 一博 | 24E |
| | DBDX（C） | 二博 | 20F | | JXLGDX（C） | 一博 | 22F | | DLLGDX（C） | 二博 | 24F |
| | KMLGDX（C-） | 一博 | 20G | | NMGKJDX（C-） | 省重 | 22G | | ZZDX（C-） | 一博 | 24G |

续表

| 一级学科 | A、B、C档学科来源高校 | 学位授权点 | 名称编码 | 一级学科 | A、B、C档学科来源高校 | 学位授权点 | 名称编码 | 一级学科 | A、B、C档学科来源高校 | 学位授权点 | 名称编码 |
| --- | --- | --- | --- | --- | --- | --- | --- | --- | --- | --- | --- |
| 25 作物学 | NJNYDX（A+） | 一博双一 | 25A | 27 畜牧学 | ZGNYDX（A+） | 一博双一 | 27A | 29 公共卫生与预防医学 | HZKJDX（A+） | 一博双一 | 29A |
| | SCNYDX（B+） | 一博双一 | 25B | | NJNYDX（B+） | 一博 | 27B | | SDYKDX（B+） | 一博 | 29B |
| | XNDX（B） | 一博 | 25C | | YZDX（B） | 一博 | 27C | | ZGYKDX（B） | 一博 | 29C |
| | HBNYDX（B−） | 一博 | 25D | | JLDX（B−） | 一博 | 27D | | TJYKDX（B−） | 一博 | 29D |
| | SXNYDX（C+） | 一博 | 25E | | HNNYDX（C+） | 一博 | 27E | | SZDX（C+） | 一博 | 29E |
| | QHDX（C） | 一博 | 25F | | AHNYDX（C） | 省重 | 27F | | CQYKDX（C） | 省重 | 29F |
| | HNDX（C−） | 一博双一 | 25G | | SHJTDX（C−） | 二博 | 27G | | GZYKDX（C−） | 一博双一 | 29G |
| 26 农业资源与环境 | NJNYDX（A+） | 一博双一 | 26A | 28 基础医学 | BJDX（A+） | 一博双一 | 28A | 30 口腔医学 | SCDX（A+） | 一博 | 30A |
| | XNDX（B+） | 一博 | 26B | | SCDX（B+） | 一博 | 28B | | NJYKDX（B+） | 一博 | 30B |
| | SCNYDX（B） | 一博 | 26C | | JLDX（B） | 一博 | 28C | | SDDX（B） | 一博 | 30C |
| | SDNYDX（B−） | 一博 | 26D | | LZDX（B−） | 一博 | 28D | | JLDX（B−） | 一博 | 30D |
| | SXNYDX（C+） | 一博 | 26E | | XZYKDX（C+） | 省优 | 28E | | CQYKDX（C+） | 一博 | 30E |
| | NMGNYDX（C） | 一博 | 26F | | SXYKDX（C） | 一博 | 28F | | ZNDX（C） | 专重 | 30F |
| | AHNYDX（C−） | 一硕 | 26G | | JSDX（C−） | 省重 | 28G | | LZDX（C−） | 省重 | 30G |

续表

| 一级学科 | A、B、C档学科来源高校 | 学位授权点 | 名称编码 |
|---|---|---|---|
| 31 中药学 | NJZYYDX (A-) | 一博双一 | 31A |
| | CDZYYDX (B+) | 一博双一 | 31B |
| | GZZYYDX (B) | 一博 | 31C |
| | AHZYYDX (B-) | 一博 | 31D |
| | HNZYYDX (C+) | 一博 | 31E |
| | SXZYYDX (C) | 省一 | 31F |
| | FJZYYDX (C-) | 一博 | 31G |
| 32 工商管理 | ZGRMDX (A+) | 一博双一 | 32A |
| | CQDX (B+) | 一博 | 32B |
| | LZDX (B) | 一博 | 32C |
| | ZGKYDX (B-) | 一博 | 32D |
| | XNDX (C+) | 省重 | 32E |
| | XNZFDX (C) | 博培 | 32F |
| | KMLGDX (C-) | 省重 | 32G |
| 33 公共管理 | ZGRMDX (A+) | 一博双一 | 33A |
| | NJDX (B+) | 一博 | 33B |
| | ZGKYDX (B) | 一博 | 33C |
| | XNCJDX (B-) | 二博 | 33D |
| | ZGHYDX (C+) | 二博 | 33E |
| | SZDX (C) | 博支 | 33F |
| | NJZYYDX (C-) | 省重 | 33G |
| 34 艺术学理论 | DNDX (A+) | 一博双一 | 34A |
| | SHYYXY (B+) | 一博 | 34B |
| | SCDX (B) | 一博 | 34C |
| | ZGRMDX (B-) | 一博 | 34D |
| | SCMSXY (C+) | 一硕 | 34E |
| | FJSFDX (C) | 一硕 | 34F |
| | SZDX (C-) | 一硕 | 34G |
| 35 音乐与舞蹈学 | SHYYXY (A+) | 一博双一 | 35A |
| | SCYYXY (B+) | 一硕 | 35B |
| | NJSFDX (B) | 一博 | 35C |
| | SHSFDX (B-) | 一硕 | 35D |
| | XNDX (C+) | 一硕 | 35E |
| | QFSFDX (C) | 一硕 | 35F |
| | XNMZDX (C-) | | 35G |

注：字母串是大学名称的缩写，如"BJDX"就代表"北京大学"，"ZGRMDX"就代表"中国人民大学"。括号内带"+"或"-"的字母，代表该大学对应一级学科在第四轮学科评估中的档次分布。"一"代表该一级学科拥有博士学位授予权，"双一流"建设学科，"双一"代表该一级学科为"双一流"建设学科，"专博"代表该一级学科拥有博士专业学位授予权，"二重"代表该一级学科为省重点建设学科，"二博"代表该一级学科下设的二级学科拥有省重点学科，"省重"代表该一级学科为省重点建设学科，"博培"代表该一级学科为博士学位授权点培育学科，"博支"代表该一级学科在学院内拥有相关一级学科博士点的支撑，"省一"代表该一级学科为省"一流"建设学科，"二博"代表该一级学科下设的二级学科拥有博士学位授予权，"一硕"代表该一级学科拥有硕士学位授予权。

资料来源：笔者的实证调研。

二是建构文本数据库。

其一为学科组织使命与愿景文本数据库。通过浏览和收集 245 个样本学科组织所在学院网站中的学院简介、领导致辞（主任致辞/院长寄语）、学科简介等材料，形成由 245 份文本材料（每个学科 1 份，均转换成 Word 文档）组成的学科组织愿景与使命的文本数据库。需要说明的是，245 份文本材料中有 5 份是空白文本，因为这部分学科所在学院没有上述材料。每份文本材料以相应学科组织的名称编码命名，如 5A 学科组织的愿景与使命文本就命名为"5A"。

其二为学科带头人"位置—角色"文本数据库。通过浏览样本学科组织所在高校的信息公开处、人事处、学科建设处（发展规划处）等部门网页，获取与学科带头人素质结构认定、权责利分配、考核管理等相关的政策文本。在此基础上，运用电话访谈和微信访谈等"一对一"的方式，对通过网络爬梳未搜集到相关政策文本的学校的相关部门及其负责人展开调研，弥补因"内网"权限设置而导致的政策文本搜集缺失，尽可能全面地搜集相关政策文本。最终，获取 32 份政策文本（见附录 1）。其中，3 份政策文本由多个具体政策文本"合成"。这是因为这部分大学出台的与学科带头人"位置—角色"权责利安排等相关的政策文本不止 1 份，但在数据整理时这些政策文本均被"合成"1 份。随后将 32 份政策文本全部转化成 Word 文档，并以政策文本所在大学的名称的首字母小写命名。如北京大学制定的与学科带头人相关的政策文本，就被命名为《bjdx》。

其三为大学章程等文本数据库。通过浏览样本学科组织所在高校的信息公开处、人事处、学科建设处（发展规划处）等部门网页，收集样本学科组织所在的 102 所高校的校章程、校学术委员会章程等相关政策文本，形成以大学章程为核心的文本数据库。其中，大学章程 102 份、校学术委员会章程 98 份。

三是技术处理。以"开放性编码—主轴编码—选择性编码"为基本方式，利用 NVivo.11 质性分析软件对学科组织使命和愿景文本数据库中的文本进行编码。就学科组织愿景编码而言，通过文本初读，发现相对于使命的陈述，愿景在表达上更加简洁，甚至很多都以短语表示。因此，对学科组织愿景的编码，按照短语通用形式将一级编码设置为"动词""宾语"

"修饰语""其他"4项,对其中复杂的修饰语按照"范围""程度""特征""时间"进行二级编码。① 为保证编码的信度,特邀同研究方向的同门博士研究生(1人)对数据库文本同步进行独立编码。检验工具:R = 2M/(N1+N2),C = (n×R) / {1+ [ (n-1) ×R] }。其中,R 为平均同意度,M 为编码员间一致同意的编码数,N1 为编码员 1 得出的编码数,N2 为编码员 2 得出的编码数,C 为信度,n 为编码员总数。经检验,关于学科组织使命的编码,R = 0.86,C = 0.92(>0.8);关于学科组织愿景的编码,R = 0.79,C = 0.88(>0.8),说明对学科组织使命和愿景的编码具有可信性;关于学科带头人权、责、利的编码,R = 0.87,C = 0.93(>0.8)说明关于学科带头人"位置—角色"权责利的编码具有可信性。② 有关学科组织使命编码的举例如表 1-3 所示;有关学科组织愿景编码的举例如表 1-4 所示;有关学科带头人"位置—角色"权、责、利编码的举例如表 1-5 所示。

表 1-3 学科组织使命的编码举例

单位:份,个

| 一级编码 | | | 二级编码 | | | 编码的原始文本内容举例 |
| --- | --- | --- | --- | --- | --- | --- |
| 节点 | 材料来源 | 参考点 | 节点 | 材料来源 | 参考点 | |
| 人才培养 | 84 | 105 | 建设人才培养基地 | 9 | 9 | "使我院作为国家重要的经济学基础理论研究高级人才培养基地(02B)""教育科学人才培养基地(05D)"…… |
| 人才培养 | 84 | 105 | 创新人才培养模式 | 4 | 4 | "以构建具有创新性和适应性的人才培养模式为突破口的建设中去(01G)""积极探索适应经济社会发展的人才培养模式(07C)"…… |
| | | | …… | …… | …… | …… |

注:"材料来源"指包含该节点内容的文本数量。"参考点"指该节点下相关条款出现的次数。括号内为被编码材料的名称。

资料来源:笔者文本分析获得的一手数据。

---

① 王利平、何金露:《制度同构和组织身份视角下的最佳差异化选择——基于商学院使命愿景的文本分析》,《管理学报》2019 年第 6 期。

② 邓雪琳:《改革开放以来中国政府职能转变的测量——基于国务院政府工作报告(1978—2015)的文本分析》,《中国行政管理》2015 年第 8 期。

表 1-4　学科组织愿景的编码举例

单位：份，个

| 一级编码 | | | 二级编码 | | | 编码的原始文本内容举例 |
|---|---|---|---|---|---|---|
| 节点 | 材料来源 | 参考点 | 节点 | 材料来源 | 参考点 | |
| 动词 | 70 | 73 | 建成 | 35 | 35 | "建设成为（13D）""建设成为（17B）""努力建成（02B）""努力建设成为（33C）"…… |
| | | | 打造 | 6 | 6 | "努力打造（20B）""打造（09D）"…… |
| | | | …… | …… | …… | …… |

资料来源：笔者文本分析获得的一手数据。

对大学章程、校学术委员会章程、院系学术委员会章程等相关政策文本内容的分析，主要以内容提取及频次统计为核心。此操作以笔者"手动"编码为核心，并辅之以同门博士研究生的"手动"检验，尽可能降低内容提取及频次统计的失误率。

对文本数据库中的文本内容进行分析，为全面揭示学科组织化在学科组织使命、愿景与目标、学科带头人"位置—角色"结构和机制建设等方面的现状、困境及原因提供了支持，同时也为学科组织化的创新路径构建提供了实证依据。

④调查研究。调查研究指相关主体围绕某一主题，有目的、有意识地在具体理念和原则的指引下搜集材料，并对其进行分析和研究，实现对研究主题实证考察的一种方法或活动。其本质上是探索事物发展规律的一项活动。① 调查研究的途径主要有访谈调查和问卷调查两种。访谈调查按照访谈内容及过程划分为结构式访谈（严格按照预先拟定好的访谈问题结构和程序进行访谈）、无结构式访谈（按照非固定的访谈问题结构和程序进行的访谈）、半结构式访谈（介于结构式访谈和无结构式访谈之间的访谈形式）。根据现实可行性和操作性，本研究选择半结构式访谈方式进行访谈调研，以个人面访和电话访谈为主要访谈技术。问卷调查是指通过问卷

---

① 范伟达、范冰编著《社会调查研究方法》，复旦大学出版社，2010，第 2 页。

表1-5 学科带头人"位置—角色"权、责、利编码举例

单位：份、个

| 一级编码 | | | 二级编码 | | | 三级编码 | | | 编码的原始文本内容举例 |
|---|---|---|---|---|---|---|---|---|---|
| 节点 | 材料来源 | 参考点 | 节点 | 材料来源 | 参考点 | 节点 | 材料来源 | 参考点 | |
| 学科带头人"位置—角色"权力 | 8 | 33 | 学科建设经费分配权 | 7 | 9 | | | | "统筹安排使用重点学科的经费《njzyydx》" "负责学科建设经费的使用及管理，拥有学科建设经费分配和审批权《njcjdx》" …… |
| | | | 学科成员聘任与奖惩权 | 6 | 13 | 学科成员聘任建议权 | 4 | 5 | "对重点学科的学术带头人、学术骨干、学术梯队建设提出建议《njzyydx》" "参与决策学科人才培养《xzyydx》" …… |
| | | | | | | 学科成员聘任决策权 | 2 | 2 | "根据本学科建设和发展的需要聘任学科成员《njzyydx》" …… |
| | | | | | | 学科成员奖惩处 | 2 | 2 | "制定规章和考核制度，对有关人员进行奖励或惩处《njzyydx》" "根据规定对有关人员进行奖励或惩处《sxyykdx》" |
| | | | | | | 学科成员聘任知情权和参与权 | 1 | 1 | "对人才队伍建设和人才引进具有知情权和参与权《jxlgdx》" |
| | | | | | | …… | …… | …… | …… |
| | | | | | | 学科成员聘任投票权 | 1 | 1 | "对学院内教师职称评聘有投票权《xzyykdx》" |

资料来源：笔者文本分析获得的一手数据。

这一调查工具获取相关资料的一种途径和方法，其按照问题答案可划分为结构式（已确定问卷答案，被调查对象只需进行选择）、开放式（问卷不设置答案，被调研者自由作答）和半结构式（介于结构式与开放式之间，问题的答案既有固定的，又有开放的）三种基本类型。根据需要，本研究采用结构式问卷调查。

一是访谈调查。其一为调研提纲设计。在导师指导下，结合研究需要，梳理学科建设、学科组织和大学基层学术组织治理等已有研究经验，形成"大学学科组织化访谈提纲（预调研）"。通过专家咨询法，以电话和实地咨询两种途径向6所高校学科治理和大学治理领域的7位教授、院系学术治理领域的2位副教授（均为博士）和2位讲师（均为博士）以及3位学科带头人（教授、博导）共14人征求预调研访谈提纲修改建议。在此基础上，结合预调研实践，形成内含"大学学科组织化调研访谈提纲（校领导班子成员）""大学学科组织化调研访谈提纲（发展规划处）""大学学科组织化调研访谈提纲（学科建设处）""大学学科组织化调研访谈提纲（院系行政人员）""大学学科组织化调研访谈提纲（学科带头人）""大学学科组织化调研访谈提纲（学科成员和期刊编辑）"6个子访谈提纲的正式的"大学学科组织化调研访谈提纲"（见附录2）。

其二为抽样访谈对象。根据研究需要，采用分层抽样、随机抽样和滚雪球式抽样确定六大类访谈对象：校领导班子成员、学科带头人、发展规划处成员、学科建设处成员、院系行政人员、学科成员。对校领导班子成员、发展规划处成员和学科建设处成员的访谈，以了解学校如何理解和建构校发展规划与校学科建设规划之间的关系，怎么推进校学科建设规划的制定和实施，以及怎么处理与二级学院和基层学科之间的关系为核心展开（见附录2-1、2-2、2-3），旨在客观考察学科组织化的顶层设计环境。对院系行政人员的访谈，主要围绕大学与院系的关系、大学与院系间的学科权责分配、院系学科规划的制定与实施、学科组织使命与愿景和目标的制定、院系与学科组织及其带头人之间的权责分配展开（见附录2-4），以挖掘学科组织化在院系层面面临的现实境遇。对学科带头人的访谈，聚焦学科带头人"位置—角色"的权责利配置和运行机制建设（见附录2-5），以揭示学科组织化建设面临的外部束缚和内在困境。对学科成员的访谈，以学科组织的使命和愿景传播及目标制定、学科组织内部氛围和行为为重点（见附录2-6），挖掘学科组织化在组织行为、使命和愿景等建设方面的困境。同时，在对学科成员访谈时，包括CSSCI期刊编辑。当然，不同类访谈对象的具体访谈提纲并非完全"独立"，存在相互交叉的情况，通过多元互证可以提高访谈的信度和效度。六大类访谈对象均在样本学科组织所在高校选择。本研究坚持和遵守保密、匿名伦理的要求和规范，受访者同意录音的才进行录音，不同意录音的以笔录代替。同时，对48位受访者的基本信息进行匿名编码（见表1-6）。受访者平均访谈时间为47分钟。

表1-6 受访者的基本信息及其匿名编码（N=48）

| 编号 | 导师类型 | 职称 | 职务 | 学科带头人 | 编号 | 导师类型 | 职称 | 职务 | 学科带头人 |
|---|---|---|---|---|---|---|---|---|---|
| SYL01 | 博导 | 教授 | 国务院学位委员会公共管理学科评议组成员 | 一级 | SYL12 | 博导 | 教授 | 副校长 | 否 |
| SYL02 | 博导 | 教授 | 无 | 一级 | SYL13 | 硕导 | 讲师 | 无 | 否 |
| SYL03 | 博导 | 教授 | 校长 | 否 | SYL14 | 博导 | 教授 | 无 | 一级 |
| SYL04 | 博导 | 教授 | 院长 | 否 | SYL15 | 硕导 | 副教授 | 教学督导 | 否 |
| SYL05 | 博导 | 教授 | 无 | 一级 | SYL16 | 博导 | 教授 | 院长 | 否 |
| SYL06 | 硕导 | 教授 | 副院长 | 否 | SYL17 | 无 | 讲师 | 无 | 否 |
| SYL07 | 博导 | 教授 | 副院长 | 否 | SYL18 | 无 | 教授 | 院党委书记 | 否 |
| SYL08 | 博导 | 教授 | 副院长 | 否 | SYL19 | 人力资源部副部长 | | | |
| SYL09 | 博导 | 教授 | 副校长 | 否 | SYL20 | 高端人才办公室科长 | | | |
| SYL10 | 无 | 研究员 | 校党委书记 | 否 | SYL21 | 发展规划处处长 | | | |
| SYL11 | 博导 | 教授 | 校党委书记 | 一级 | SYL22 | 学科管理与规划办公室主任 | | | |

续表

| 编号 | 导师类型 | 职称 | 职务 | 学科带头人 | 编号 | 导师类型 | 职称 | 职务 | 学科带头人 |
|---|---|---|---|---|---|---|---|---|---|
| SYL23 | 一流学科建设办公室主任 | | | | SYL36 | 博导 | 教授 | 学科建设处处长/院教授委员会委员 | 否 |
| SYL24 | 博导 | 教授 | 校学术委员会副主任 | 无 | SYL37 | 博导 | 教授 | 院党委书记 | 否 |
| SYL25 | 博导 | 教授 | 无 | 否 | SYL38 | 博导 | 教授 | 院教授委员会委员 | 一级 |
| SYL26 | 博导 | 教授 | 院长 | 一级 | SYL39 | 硕导 | 讲师 | 无 | 否 |
| SYL27 | 博导 | 教授 | 无 | 一级 | SYL40 | 无 | 讲师 | 无 | 否 |
| SYL28 | 博导 | 教授 | 院长 | 否 | FSYL41 | 硕导 | 教授 | 副院长 | 否 |
| SYL29 | 博导 | 教授 | 院教授委员会副主任 | 否 | FSYL42 | 硕导 | 教授 | 无 | 一级 |
| SYL30 | 博导 | 教授 | 院长 | 否 | FSYL43 | 硕导 | 教授 | 无 | 否 |
| SYL31 | 硕导 | 教授 | 院长 | 否 | FSYL44 | 硕导 | 教授 | 副院长 | 否 |
| SYL32 | 博导 | 教授 | 无 | 一级 | FSYL45 | 硕导 | 教授 | 无 | 否 |
| SYL33 | 博导 | 教授 | 无 | 二级 | FSYL46 | 硕导 | 教授 | 无 | 否 |
| SYL34 | 博导 | 教授 | 院教授委员会委员 | 一级 | QKBJ47 | CSSCI 期刊编辑 | | | |
| SYL35 | 博导 | 教授 | 院教授委员会副主任 | 否 | QKBJ48 | CSSCI 期刊编辑 | | | |

注:"双一流"建设高校(第一轮"双一流"建设高校)的受访者编码为"SYL+序号"。非"双一流"建设高校的受访者编码为"FSYL+序号"。受访的期刊编辑编码为"QKBJ+序号"。

资料来源:笔者的访谈调查。

访谈获得的资料均由笔者进行转录和二次校对,并以微信或纸质送递的方式将整理后的访谈记录发给受访者进行检验,以确保访谈记录的真实性。其中,有9位受访者对访谈记录提出修改意见。随后,根据受访者的修改意见对记录内容进行修改,直至所有受访者对访谈记录无异议,最终形成 13 万字左右的访谈记录。48 位访谈对象中，校领导班子成员 5 人，学科带头人 12 人［一级 11 人（其中 1 人为国务院学位委员会公共管理学科评议组成员），二级 1 人］，校学科规划处、发展规划处、人力资源部行政人员和教学督导共 7 人，院党政人员 13 人，6 人为校学术委员会/院教授委员会成员。从职称角度看，教授 34 人，副教授 1 人，研究员 1 人，讲师 4 人。此外，CSSCI 期刊编辑 2 人。

  问卷调查的具体流程。首先，是问卷设计。问卷设计方式与访谈提纲制定方式一致，最终形成的"大学学科组织化调研问卷"共 35 个具体题项，包括基本信息、学科组织使命与愿景、学科建设规划、学科带头人和学科组织行为 5 部分。其中，基本信息部分 9 个题项、学科组织使命与愿景部分 6 个题项、学科建设规划部分 12 个题项、学科带头人部分 3 个题项、学科组织行为部分 5 个题项（见附录 3）。其次，是问卷调研对象选择。基于笔者及笔者导师能接触到的不同大学的教师的范围，将样本学科组织所在的 102 所大学中位于江苏、北京和四川 3 个地区的大学（共 40 所，其中，"世界一流大学"建设高校 10 所，"世界一流学科"建设高校 17 所，高水平教学研究型高校 13 所）的样本学科组织（131 个，其中，A 类 26 个、B 类 57 个、C 类 48 个）的成员列为问卷调研具体对象（见附录 4），按照"点对点"和滚雪球的方式，通过问卷星实施问卷调研。问卷调研从 2021 年 6 月到 2021 年 11 月，历时 5 个月，共获取 713 份问卷。并将在"您所在的学科在第四轮学科评估中的表现"题项选择"D. 不知道"的问卷视为无效问卷。因为不知道本学科第四轮评估结果的调研对象，对学科事项要么是漠不关心，要么就是其所在学科没有参加第四轮学科评估（这就意味着其所在学科组织不在问卷调研对象范畴内）。据此，筛选出 43 份无效问卷。在此基础上，根据问卷中相互验证题项设计，剔除无效问卷 13 份。最终获取有效问卷 657 份。接受问卷调查的具体对象的人口学基本信息如表 1-7 所示。调查获取的数据通过 Excel 进行统计分析，问卷调查获取的数据经过人工编码处理，两类数据相互印证、相互支撑，从"个别"和"整体"双重维度展示学科组织化的现状和困境，揭示其深层诱因，实现对学科组织化由浅及深式的全面考察。

表 1-7 接受问卷调查的对象的人口学基本信息（N=657）

| 序号 | 题项 | 基本信息 | 频数 | 占比 | 序号 | 题项 | 基本信息 | 频数 | 占比 |
|---|---|---|---|---|---|---|---|---|---|
| 1 | 性别 | 女 | 251 | 38.20% | 5 | 学科带头人 | 一级 | 39 | 5.94% |
| | | 男 | 406 | 61.80% | | | 二级 | 54 | 8.22% |
| | | | | | | | 其他 | 564 | 85.84% |
| 2 | 高校性质 | "世界一流大学"建设高校 | 186 | 28.31% | 6 | 学科档类 | A | 206 | 31.35% |
| | | "世界一流学科"建设高校 | 276 | 42.01% | | | B | 260 | 39.57% |
| | | 其他 | 195 | 29.68% | | | C | 148 | 22.53% |
| 3 | 职称 | 教授 | 148 | 22.53% | | | 不知道 | 43 | 6.54% |
| | | 研究员 | 11 | 1.67% | 7 | 学科类别 | "世界一流学科"建设学科 | 98 | 14.92% |
| | | 副教授 | 184 | 28.00% | | | | | |
| | | 副研究员 | 27 | 4.11% | | | | | |
| | | 讲师 | 199 | 30.29% | | | | | |
| | | 其他 | 88 | 13.39% | | | | | |
| 4 | 职务 | 校正（副）职 | 11 | 1.67% | | | 省重点/优势学科 | 283 | 43.07% |
| | | 校（院）学术职务 | 20 | 3.04% | | | | | |
| | | 二级学院（系）正（副）职 | 88 | 13.39% | | | 校重点/优势学科 | 95 | 14.46% |
| | | （副）处长 | 18 | 2.74% | | | 其他 | 181 | 27.55% |
| | | 其他 | 520 | 79.15% | | | | | |

资料来源：笔者的访谈调查。

## 1.4 研究的重点与创新点

### 1.4.1 研究重点

（1）以人、财、物资源投入总量既定为基本前提，依据组织理论对组织构成要素的建构，结合对学科组织本质属性和典型特征的审视，具象学科组织的要素构成。在此基础上，遵循以理论与实践融合、个体与整体结合、工具理性与价值理性平衡为内核的认识论的指引，以学科组织的构成要素及其间的相互关系为抓手，构建学科组织化的整体分析框架，为系统考察学科组织化的现实状况提供基本支撑。

（2）从系统角度准确把握"个别考察"与"整体观照"的内在逻辑关系，科学构建学科组织各要素维度实证考察的分析框架。进而，按照由内及外的逻辑，审视学科组织化在各个要素维度的现状、困境及原因。在此基础上，遵照学科组织化的最终指向，由外及内地构建学科组织化的新路径。旨在通过彰显学科组织的自组织属性，提升其知识生产力。

### 1.4.2 研究创新点

（1）研究内容创新

摆脱学科建设"硬"要素式分析范式和建设模式的惯性束缚，以人、财、物资源投入总量既定为基本前提，以提高学科组织的资源转化效益为目的，对学科组织化展开研究。就此，基于学科组织的本质属性和典型特征，对其方向引领、组织结构、组织行为和组织环境四要素进行个别考察与整体观照。以挖掘学科组织化的具体策略、提升学科组织的知识生产力，为学科建设研究和实践提供新的内容基础。

（2）框架建构创新

以学科组织总的要素构成为核心，虑及学科组织的本质属性与典型特征，搭建学科组织化的整体分析框架。在此基础上，从学科组织方向引领、组织结构、组织行为和组织环境四个要素维度"分"别探讨学科组织化在对应维度上的现状、困境及原因，并从"总"的角度构建学科组织化的新路径。同时，在从学科组织的单一要素维度"分"别考察学科组织化的现状、困境及原因时，首先构建"总"的具体分析框架，然后从具体分析框架的具体维度"分"别进行研究，最后再从"总"的角度提炼总结。因此，框架创新之处表现为：以学科组织的要素为核心构建复嵌式的"总—分—总"行文框架。

（3）研究视角创新

学科组织建设作为学科建设的核心要件，在学科建设实践和研究领域具有较低的显示度，尤其是在实践领域常常处于被忽略的状态。于此，从组织学角度出发，结合对学科组织本质属性和典型特征的考察，以提升学科组织的自组织程度为核心。通过专项审视和系统分析，挖掘学科组织化在各个要素维度的实践困境与深层桎梏，建构学科组织化的有效路径，为学理和实践层面的学科建设提供新视角。

# 2 概念厘定与理论建构

## 2.1 基本概念界定及辨析

### 2.1.1 学科·学术·知识

(1) 学科

"学科"是一个非固定概念,从词源角度看,存在多种历史渊源,既有学者主张其"源自一印欧字根……希腊文的教学辞 didasko(教)和拉丁文(di) disco(学)均同",[①] 也有学者认为其源起于拉丁文中的动词 discers(学习),以及由它所派生出的名词 discipulus(学习者)。[②] 显而易见的是,无论"学科"一词源起何处,其含义都与学习相关。而学习作为一个动词,最终指向的是学习的内容,即对什么进行学习。从广义角度看,任何个体学习的任何内容都是属于知识范畴,只是这种知识在不同个体和相关社会背景下有不同的解读而已。因此,从词源看,学科一开始就以学习(知识)为逻辑原点。随后,在不同社会语境下,中文"学科"对应的词有不同的表达和内涵。古拉丁文中的 disciplina 蕴含知识与权力双重含义。英文中的 discipline 则沿袭了古拉丁文中 disciplina 的双重意蕴,主张学科一是基于普遍接受的方法和真理,且为门徒和学者所属,[③] 而这种基于普遍接受的方法和真理完全可以理解为一种"知识";二是内含纪律、规训、惩罚之义。[④] 我国在北宋时期开始提及和注解"学科"一词,并以

---

① K. W. Hoskin, R. H. Macve, "Accounting and the Examniation: A Genealogy of Disciplinary Power", *Accounting, Organizations and Society*, 1986, Vol. 11, No. 2, pp. 105-136.
② 薛天祥主编《高等教育学》,广西师范大学出版社,2001,第 29 页。
③ 杨天平:《学科概念的沿演与指谓》,《大学教育科学》2004 年第 1 期。
④ 肖楠、杨连生:《学科及其"两态"互动的本质》,《中国高教研究》2010 年第 7 期。

知识为内核，外显为学问的科目分类和科举考试科目两种表达。

在此基础上，国内外学界对学科做了更为深入的解读。德国学者黑克豪森（H. Heckhausen）将学科视为以实现知识新旧更替为目的，对同类问题进行的专门科学研究。法国学者布瓦索（M. Biosot）认为学科是一种结构，由三种成分组成：可观察（或已经形式化）的且受方法和程序制约的客体、客体间具体化的相互作用、用一组公理表达或阐述的定律来解释和预测现象的作用方式。其中的定律构成了学科的基本框架。比利时学者阿玻斯特尔认为，学科是一群人的产物，也是一个历史的、能动的体系，能以特定方式更新自己。① 由此，他认为 P（一群人）、A（这群人进行的活动）、I（这群人内部及其与外部个体或群体的相互作用与交流）、E（不断更新的方法）、L（历史性学习方法）是学科组成的关键要素。《辞海》将学科解释为：①学术的分类。指一定学科领域或一门科学的分支。②"教学科目"的简称。② 孙绵涛认为："学科是主体为了教育或发展需求，通过自身认知结构与客体结构（包括原结构与次级结构）的互动而形成的一种具有一定知识范畴的逻辑体系。"③ 这些定义虽表达各异，但本质上都以知识体系为内核。

关于"学科"的原初解释和基本性的延展阐释表明，学科概念并非大学所独有，一般意义上的学科主要是指作为知识分类的单位。④ 简言之，知识体系作为学科的基本内涵，已获各界广泛认可。就本研究而言，关注的学科主要是大学场域中的学科。于此，在明确社会一般"学科"基本内涵的基础上，对大学场域的"学科"进行分析。克拉克主张高等教育领域的学科是"一种联结化学家与化学家、心理学家与心理学家、历史学家与历史学家的专门化组织方式"。⑤ 这里的化学家、心理学家、历史学家主要是知识的"化身"。他在《高等教育新论——多学科的研究》中将学科界

---

① 刘仲林：《国外"学科"与"跨学科"概念介绍》，《科学学与科学技术管理》1988年第9期。
② 《辞海》第7版缩印本，上海辞书出版社，2022，第2583页。
③ 孙绵涛：《学科论》，《教育研究》2004年第6期。
④ 别敦荣：《论大学学科概念》，《中国高教研究》2019年第9期。
⑤ 伯顿·R. 克拉克：《高等教育系统——学术组织的跨国研究》，王承绪等译，杭州大学出版社，1994，第34页。

定为专业学者研究的一门门知识就是例证。① 孔寒冰等认为，从知识传递角度看，学科是一种教学科目；从知识生产角度看，学科是一种学问分支以及为提高学问的生产效率而形成的一种学术组织。而无论是教学科目还是学问分支，均以知识分类为内核和本质，学术组织则以生产知识和传递知识为旨归。所以，学科本质上只有知识分类和学术组织两重意蕴。② 宣勇将学科界分为知识形态的学科和组织形态的学科。他认为知识形态的学科是"形而上"的，是关于知识或教学科目的分类；组织形态的学科是"形而下"的，是由学者、知识信息和学术物质资料等所构成的组织机构，也就是大学最基本的学术组织单位。③ 与宣勇的观点类似的是胡建华，他认为大学中的学科以知识为基础，学科是体系化的知识在大学中的存在形式。据此，他主张大学中的学科整体上是知识学科和组织学科的结合体，两者是"里"与"表"、"内在"与"外在"的关系。④ 于此，可以归纳出大学场域中的学科以知识为内核，外显为知识体系及围绕其形成的知识劳动组织的结合体。同时，还有学者对学科做了社会学方面的解读。米歇尔·福柯认为，权力和知识互为一体，权力关系离不开知识域的支撑，知识生产则依赖权力关系的规训和维护。⑤ 这意味着以知识为逻辑原点的学科具有权力意蕴，能对知识的拥有者和传递对象产生约束作用。

上述研究为学界更全面地阐释大学场域的学科做了铺垫。万力维、申天恩在参考已有研究的基础上，一致认为学科具有知识的分类体系、组织机构、规训制度三重内涵。同时，万力维、申天恩对这三重内涵间的关系做了大致相似的解读，都将组织机构与规训制度视作以知识的分类体系为"圆心"的衍生物。⑥ 由于本研究关注的学科是大学场域的，具有更强的组

---

① 伯顿·克拉克主编《高等教育新论——多学科的研究》，王承绪等译，浙江教育出版社，2001，第107页。
② 孔寒冰、邹碧金、王沛民：《高等学校学术结构重建的动因探析》，《清华大学教育研究》2001年第2期。
③ 宣勇：《论大学学科组织》，《科学学与科学技术管理》2002年第5期。
④ 胡建华：《知识学科与组织学科的关系分析》，《高等教育研究》2020年第5期。
⑤ 米歇尔·福柯：《规训与惩罚》，刘北成、杨远婴译，生活·读书·新知三联书店，1999，第29页。
⑥ 万力维：《学科：原指、延指、隐指》，《现代大学教育》2005年第2期。申天恩：《论学科本质及其三态表现形式》，《中国高教研究》2013年第10期。

织属性和目标指向，因此将学科理解为以知识生产为核心的劳动组织。当前我国正在实施的以学科为基础的"双一流"建设计划，在遴选和建设"世界一流学科"时均以一级学科为单元展开。简言之，我国的"双一流"建设以"一级学科为平台、以一流学科为基础"。正因如此，本研究聚焦的学科是教育部学位与研究生教育发展中心颁布的《授予博士、硕士学位和培养研究生的学科、专业目录》中的集科学研究、人才培养和社会服务等为一体的一级学科，而且这里的一级学科主要是指形而上的一级学科，即一级学科组织。

（2）学术

大部分的字词会因地域特色、文化传统、历史背景、时代境遇、主体的个性与背景的不同，而具有独特的时空特性，"学术"也不例外。

首先，是中文语境下的"学术"。从词源学角度看，"学"与"术"最早是各自独立出现，且具有不同的意涵；然后由分而合，成为"学术"。到近代以后，"学术"逐渐被赋予新的意蕴。《说文解字》曰："敩，觉悟也。从教、冂。冂，尚蒙也。臼声。學，篆文敩省。"[1] "学"通常以学习行为为基本内涵，逐渐引申为学校、学者（学人）、学问（学识）、学说（学派）等含义。[2] "术"原意为"道路"。《说文解字》曰："術，邑中道也。从行术声。"[3] 而后，"术"的内涵逐渐脱离"道路"本义，引申为方法、技艺（技能）、谋略、权术、学问（学术）等义。[4] 显然，最初的"学"与"术"以二分形式为主要存在形态，但历经多维度的衍变后，当前"学"与"术"都已具备"学术"的整体性意义。

尽管如此，"学"与"术"结合为并列结构的"学术"非一蹴而就，而是先后经历四个阶段：先秦两汉时期"术学"先行于"学术"、魏晋至唐宋时期"术学"与"学术"同时并行、宋元以降"学术"逐步替代

---

[1] 王宏源新勘《说文解字（现代版）》，社会科学文献出版社，2005，第172页。
[2] 梅新林、俞樟华：《"学术"考释》，《浙江师范大学学报》（社会科学版）2013年第6期。
[3] 王宏源新勘《说文解字（现代版）》，社会科学文献出版社，2005，第102页。
[4] 梅新林、俞樟华：《"学术"考释》，《浙江师范大学学报》（社会科学版）2013年第6期。

"术学"而独行于世、晚清以来"学术"的新旧转型与中西接轨。① 此处，对晚清以来"学术"的新旧转型与中西接轨做一说明。这一阶段"学术"内涵的衍变是在西学东渐、西学中用的时代背景下进行的，我国传统的"学术"概念开始被打上西方印记。1901年，严复论述了"学术"中"学"与"术"的区别："盖学与术异，学者考自然之理，立必然之例。术者据既已知之理，求可成之功。学主知，术主行。"② 1911年，梁启超撰文专门论述了"学"与"术"的区别以及二者相混相离所造成的弊病，并在参考西学的基础上，主张"学者术之体，术者学之用。二者如辅车相依而不可离。学而不足以应用于术者，无益之学也；术而不以科学上之真理为基础者，欺世误人之术也"。③ 严复和梁启超均主张"学"与"术"含义有异，两者只有交融为整体意义上的"学术"时才能在实践和研究中充分发挥各自的功效。正因如此，学界一致认为这一阶段是中国"学术"从传统向现代转型的阶段。需要强调的是，我国传统意义上的"学术"在实践中大都指向外在的目的，即为经世济民服务，而非为了自我的成长。这是我国传统"学术"的独特烙印。

从"学"与"术"二分存在形态逐渐衍化到"学"与"术"相交融的整合形态——"学术"，标志着"学术"逐渐成为一种常用表达和专业术语，但其具体内涵却也变得更加多样和复杂。《辞海》认为"学术"与"学问"同义，亦指"较为专门、有系统的学问"。④ 梁漱溟在《东方学术概观》中将"学术"解释为"解决问题的知识和方法"，且认为"问题穷尽，学术无穷尽"。这里的"问题"以改造和提升个体生命为核心。据此，梁漱溟先生将问题界分为人对物的问题、人对人的问题、人对自己的问题，进而将其划分为科学（指各专门化系统化的知识及其相应技术）、哲学（人们的种种思想和观念）、文艺（能发乎人们情感意志的一种创造表现活动所蕴含的知识和思想，如文学和艺术）、修养（能导致个人身心生

---

① 梅新林、俞樟华：《"学术"考释》，《浙江师范大学学报》（社会科学版）2013年第6期。
② 严复：《原富按语》，载王栻主编《严复集》第4册，中华书局，1986，第885页。
③ 梁启超：《学与术》，《国风报》第2卷第15期，1911年。
④ 《辞海》第7版缩印本，上海辞书出版社，2022，第2584页。

活近于自觉而自主，使整个生命有所变化提高的一类知识）。① "学术"意蕴随着时代而衍变，且后一个时代的意蕴是通常是在继承前一个时代意蕴的基础上的一种螺旋式的衍生。同时，不可忽视的是，受历史因素的影响，当前我国经常论及的"学术"实际上是一种舶来品。其主要特点表现在三方面：一是将学术与大学紧密相连，二是强调学术的非实用性，三是重视学术的知识理性。

其次，是西文语境下的"学术"。在英语里，"academy"是"学术"最初的表达，源自公元前387年柏拉图在雅典创办的学园。② 随后，"学术"逐渐衍变为以"academic"为主。显然，从"学术"的源起和早期发展看，学术与大学及其职能紧密相关。中世纪大学被誉为"象牙塔"，强调"为学术而学术"，就是最好例证。随着社会经济的发展，21世纪的大学已成为社会的"轴心"机构，其职能从当初"以学术为本，为知识而知识"演进到集人才培养、科学研究、社会服务等职能为一体的阶段，进而也就赋予了学术新的意蕴。欧内斯特·L.博耶超越大学教学与科研二元对立的思维，认为学术本质上是一种"集合"，包括发现知识（探索和创新知识）、综合知识（破除学科领域间的知识"界限"）、应用知识和传授知识（传播知识）四种"元素"。显然，这样一种学术与大学承担的教学、科研和社会服务"三位一体"的职能相融合。③

如上所述，无论是中文语境下的传统"学术"和现代"学术"，还是西文语境下的"学术"都以知识为核心，本质上都是围绕知识开展的一系列专门性的、有目的的活动及其产生的结果。这种理解是广义层面的，没有场域的限制。比较而言，现在更倾向于将这种活动及其产生的结果理解为：在以大学为代表的承担着教学、科研和社会服务等职能的特定组织场域内的活动及其产生的结果。这种理解是狭义层面的。

（3）知识

学科和学术都以知识体系为内核，并以此而发生关联。知识体系作为

---

① 梁漱溟：《东方学术概观》（增订本），上海人民出版社，2014，第43~51页。
② 滕大春主编《外国教育通史》第1卷，山东教育出版社，1989，第260~261页。
③ E.L.波伊尔：《学术水平反思——教授工作的重点领域》，载吕达、周满生主编《当代外国教育改革著名文献 美国卷》第3册，人民教育出版社，2004，第17~24页。

知识的一种表现形式，本质上仍是知识，只是如其所字面表述一样，这种知识是体系化的、系统化的。因此，深入而全面地理解"学科"和"学术"，"知识"是落脚点。《辞海》将"知识"解释为：①人类认识的成果或结晶；②相知、相识者。① 显然，《辞海》和《现代汉语大词典》中的"知识"既有差异又有共性。共性在于两者都认为"知识"内含"人们认识的成果"和"熟悉的人"之意，差异在于后者认为"知识"具有形容词和名词属性，即内含"有关文化学术的"和"知道，懂得"之意。在现实社会中，人们谈及的"知识"往往偏向于"认识的成果"。但正如《辞海》对知识的"认识的成果"意涵的阐释一样，现实社会中的知识在"认识的成果"这一内在意涵框架下仍具有多维度多层次的内涵要素。

尼科·斯特尔从社会学的角度，将知识界定为一种社会行为的能力，并主张这种行为能力并非与生俱来，而是以获取的认识成果为基础和载体，能使人们重视知识对社会多方面的结果。② R.K. 默顿从知识的存在基础及其所处的社会环境角度，将其粗略地理解为一种观念类型和思想方式，并且这些观念类型和思想方式都"位于"民间信仰到实证科学之间。③ 这种理解比较泛化，主要关注的是知识的存在对社会发展的作用，而非知识本身的含义。这种倾向在学界较普遍。马克斯·H. 布瓦索根据知识的编码化程度、抽象化程度和扩散化程度将知识分为秘密知识、科学知识、局部知识、主题知识、个人知识、常识知识、专有知识和公共知识等八类。而作为学科与学术"链接"的知识，通常是指马克斯·H. 布瓦索分类中的科学知识。④ 因为，学科与学术中的知识具有理性，需经过实证检验或是经验认证，比普通知识更凝练、准确和抽象。当然，这里的科学知识并非狭义层面的，而是广义层面的，具体是指在一定认知条件下经过经验认证或实证检验过的，以特定个体或组织为载体，具有特定时空边界的

---

① 《辞海》第 7 版缩印本，上海辞书出版社，2022，第 2913 页。
② 尼科·斯特尔：《知识社会》，殷晓蓉译，上海译文出版社，1998，第 151 页。
③ R.K. 默顿：《科学社会学》，鲁旭东、林聚任译，商务印书馆，2003，第 7~24 页。
④ 马克斯·H. 布瓦索：《信息空间：认识组织、制度和文化的一种框架》，王寅通译，上海译文出版社，2000，第 169~204 页。

专门知识。①

(4) 学科、学术、知识三者的联系与区别

通过分析学科和学术的本质与内涵,可以清晰地发现知识是两者的"链接点"。学科作为一种围绕知识分类体系及以其为逻辑起点形成的组织结构与规训制度的组合体,其组织结构和规训制度皆围绕知识分类体系的创建、维护、更新和扩散等活动而产生,而这些活动从本质来看就是一种广义的学术,是围绕知识而展开的一系列专门性的、有目的的活动及其产生的结果。就两者的区别而言,学科是一种有组织的和有制度规训的学术,并以此载体与外界进行对话。② 换言之,学科是相关学术的"集群体现",也就是说,学科包含学术。同时,两者都以(科学)知识为内核。

## 2.1.2 专业·课程

(1) 专业

综合已有解释看,"专业"是一个富有历史、文化含义而又变动不居的概念。《辞海》中"专业"有三层含义:一是指高等学校或中等专业学校根据社会专业分工的需要设立的学业类别;二是产业部门中根据产品产生的不同过程而分成的各业务部分;三是专门从事某项职业的,如养蜂专业户、专业文艺工作者。③ 周川认为专业有广义、狭义和特指之分。广义的专业指某种职业所具有的不同于其他职业的特征,与社会分工的出现相伴而生。狭义的专业指某些特定社会职业。这种社会职业的实践需要较高的专门知识和专业能力来支撑,是一种较高级的脑力劳动。特指的专业也即高等教育意义上的专业。这种专业与《辞海》和中的"学业类别"解释同义,并与狭义和广义的专业紧密相关,且具体表现为高等(中等)学校中学业类别的划分和设置需以广义和狭义的专业为基本依据。当然,这种专业因其所处的场域以育人为最终指向,就不可避免地要回应育人这一现

---

① 李正风:《科学知识生产方式及其演变》,清华大学出版社,2006,第60页。
② 刘小强:《论交叉学科组织建制的悖论和建设策略》,《大学与学科》2021年第3期。
③ 《辞海》第7版缩印本,上海辞书出版社,2022,第3017页。

实议题。因而，周川将特指的专业理解为依据确定的人才培养目标设置于高等学校（及其相应的教育机构）的基本教育单位或教育基本组织形式，并以课程为核心组成要素。① 卢晓东、陈孝戴对"专业"的理解也主要是高等教育学层面的，② 与周川特指的专业类似。

赵康从专业社会学角度对"专业"做了阐释，认为"作为一个科学术语，专业被看成一个富有历史、文化含义而又变化的概念，主要指一部分知识含量极高的特殊职业"。③ 布朗德士（Brandeis）从相同角度出发，主张专业是一个正式的职业，并认为要从事这一职业，必要的岗前训练是必须的，且这种岗前训练以智能为特质。④

无论是高等教育层面的理解还是专业社会学角度的阐释，专业这两个角度的内涵并非完全割裂，而是存在逻辑关联的。高等教育学视角下的专业，本质上是一种有边界约束的学业门类，且这种边界约束的范围的划分往往依据专业社会学领域的专业对从事职业的人员的具体要求；专业社会学领域中的专业顺利履行本专业领域的职责，则离不开高等教育层面的专业对专业从业者的教育和培训。⑤ 本研究聚焦的是高等教育场域的学科，对专业的理解也就相应地"对位"于高等教育学层面的理解。据此，本研究认为专业是指高等学校依据社会对各类专业性职业的需求，结合自身承担的基本职能，对学科知识的一种再组合。同时，高等学校中的任何一个专业都离不开专业培养目标、专业课程体系和专业中的"人"三大要素的支撑。因为，高等学校中专业的存在和设置必须以特定的培养目标为指引，否则对学科知识的再组合就如"大海捞针"，不具现实操作性，并不能及时回应社会需求和履行高等学校的基本职能。但专业培养目标只是专业的一部分，具有规范引领作用，其具体落实和实践需要特定的载体来实施，而这一载体通常就是高等学校的课程体系。课程体系依据培养目标设置，将培养目标通过一门门课程具体化，并由此将培养目标落实到具体教

---

① 周川：《"专业"散论》，《高等教育研究》1992 年第 1 期。
② 卢晓东、陈孝戴：《高等学校"专业"内涵研究》，《教育研究》2002 年第 7 期。
③ 赵康：《专业、专业属性及判断成熟专业的六条标准》，《社会学研究》2000 年第 5 期。
④ A. Carr-Saunders, P. A. Wilson, *The Professions*, Oxford: Oxford University Press, 1933, p. 2.
⑤ 罗肖泉：《专业的伦理属性与专业伦理》，《学海》2010 年第 6 期。

学内容和教学环节中。所以，课程体系建设是落实人才培养目标的现实载体。另外，就"人"的因素而言，专业培养目标的设置是回应培养什么样的专业人才，最终指向受教育者的成长成才；课程体系建设是回应如何培养专业人才，对教育者有明确的知识类别要求，同时也决定着专业人才获得的具体知识组合。因而，"人"的存在将专业培养目标设置和课程体系建设有机联系起来，使专业成为一个有序运转的鲜活生命体。所以，专业培养目标、专业课程体系和专业中的"人"是高等学校中任何一个专业都有的构成要素。[1]

（2）课程

《辞海》将"课程"解释为：①功课的进程；②广义指为实现各级各类学校的培养目标而确定的教育内容的范围、结构和进程安排，狭义指教学计划中设置的一门学科（亦称教学科目）。[2] 从学者的定义看，比较有代表性的有李秉德和李定仁的定义。他们认为，理解"课程"需注意几点：其一，正式的课堂教学的内容和学生课外学习的内容都是课程内容的组成部分，两者是有机统一的；其二，在特殊情形下，有计划的自学内容也是一种课程；其三，课程既要注重书本知识的传授，也要关注各种实践活动的安排；其四，与教学过程相对应，是课程顺序编排在逻辑上和实践上的应然诉求；其五，课程的设计和安排需内嵌于教学目标体系的范式框架内；其六，促进知识与经验的融合创新，强化各科知识间的联系，引导学生解决学科和跨学科问题，是课程实施过程的关键抓手。[3] 显然，李秉德和李定仁的"课程"包含教学的范围、科目及其实施的顺序和进程安排，与《辞海》中广义的"课程"类似。据此，本研究将课程理解为高等学校依据培养目标，确定的教育内容的范围、结构和进度安排。

（3）学科与课程和专业间的关系

课程的核心是教育内容，而教育内容本质上就是一种学科知识，只是这种学科知识是一种"集合"。这个集合的元素的选取既遵循学科区划逻辑，也需回应社会对专业的需求。因为，课程体系作为专业的构成要素之

---

[1] 周川：《"专业"散论》，《高等教育研究》1992年第1期。
[2] 《辞海》第7版缩印本，上海辞书出版社，2022，第1091、1243页。
[3] 李秉德、李定仁主编《教学论》，人民教育出版社，2000，第149页。

一，实践着专业的培养目标。从实践情况看，高等学校的课程都需多门学科知识的支撑，才能有效回应社会对专业的需求。专业在本质上就是课程的组合，一定的课程体系与课程内容安排组成课程计划，而贯穿其始终的是学科知识，且这种学科知识是一种"集合"，其对组成元素的选择所遵循的逻辑与课程选择学科知识所遵循的逻辑一致。从构成要素上看，学科、专业、课程因学科知识而紧密相关。在实践中，学科承载着人才培养等大学职能，专业、课程存在的合法性则在于其为人才培养服务，因而现实领域的学科、专业、课程因人才培养互依互存。总体而言，学科、课程、专业三者在理论和实践中存在一体化的关系。

## 2.1.3 学科组织·组织化·学科组织化

（1）学科组织

学科组织作为组织的一种，也是对组织形态学科的一种直接表达，是指以知识生产为核心的劳动组织。正因如此，学术性是学科组织的本质属性。同时，学科组织也具有一般组织所具有的特征。其一，是一种基本社会单元。学科组织是由一个个学科成员构成的集合，且这些学科成员在行为上相互关联、相互影响。透过社会结构看，其就是一种基本社会单元。其二，是实现目标的实体。学科组织是践行人才培养、科学研究和社会服务等大学职能的最终载体。其三，内含契约关系。学科组织为了实现共同目标，都会通过权责分配来构建一套稳定的内部结构和层级关系。在此之上，学科组织成员间会逐渐形成各种有形或无形的契约关系，进而会在成员中形成隐性或显性的契约规范并对成员行为产生潜移默化的规范和引导作用。其四，是一个开放的系统。组织的生产和发展离不开物资、信息、宏观制度和社会结构等的支持，与之对应的是，学科组织也需要对外界做出相应的"产品"输出。①

（2）组织化

"组织化"作为"组织"与"化"两者的组合体，在内涵上是对两者

---

① 曹威麟、洪进编著《组织行为学》，北京大学出版社，2015，第4~5页。

意蕴的融合。《辞海》对"化"有12种阐释：①变、改；②感化、转移人心风俗；③溶解、消化；④死；⑤烧；⑥化生、化生之物；⑦造化、自然的功能；⑧表示转变成某种性质或状态；⑨风俗、风气；⑩求讨、募化；⑪化学的简称；⑫姓。① 本研究中"组织化"中的"化"取第一种阐释，即"变、改"。因此，从"组织"和"化"的内涵相融合的角度看，"组织化"就是让组织发生改变，且这种改变以推动组织更有效地完成自身承载的责任和使命为引领，外显为对组织本质属性的维护。由此，可以提炼出组织化的五个关键"节点"。其一，组织化是一个动态过程，即在组织目标的引领下，对组织各个要素进行系统建设的一个过程。② 其二，组织化的动力既来自组织内部也来自外部，两者往往是不平衡的。③ 其三，组织化以践行组织目标和完成组织使命为最终目标，自身只是一种手段。④ 其四，组织化是组织复杂性增长的过程，即组织化意味着组织纵向层次或同一横向水平维度的复杂性增加。这标志着组织结构和功能的复杂化。其五，组织化是一个非线性的过程。组织化中各行为主体间的联系既有正式合法性的一面，也有潜在适当性的一面，也即组织理论学家拉尔夫·D. 斯泰西所言的合法网络与影子网络并存于组织各主体间的互动中。⑤

（3）学科组织化

一是学科组织化的内涵。本研究理解的组织化是动词，学科是名词。作为"学科"和"组织化"的组合体的"学科组织化"也就可以粗线条地理解为对学科的组织化。同时，由于本研究聚焦的是学科中的一级学科。因此，参照学界已有的对学科组织化的定义，将学科组织化具体阐释为：在学科组织使命、愿景和目标的牵引下，以提升学科组织的知识生产能力为核心，政府、大学、市场、学院和学科成员等利益主体按照组织的

---

① 《辞海》第7版缩印本，上海辞书出版社，2022，第921页。
② K. E. Weick, K. M. Sutcliffe, D. Obstfeld, "Organizing and the Process of Sensemaking", *Organization Science*, 2005, Vol. 16, No. 4, pp. 409–421.
③ J. W. Meyer, B. Rowan, "Institutionalized Organizations: Formal Structure as Myth and Ceremony", *American Journal of Sociology*, 1977, Vol. 83, No. 2, pp. 340–363.
④ 吴支奎、魏文静：《从"他组织"走向"自组织"：论技术嵌入背景下课堂教学形式变革的路向》，《中国教育学刊》2018年第10期。
⑤ R. D. Stacey, *Complexity and Creativity in Organizations*, San Francisco: Berrett-Koehler Publishers, 1996, pp. 20–23.

构成元素对大学场域中的一级学科组织进行建设,使之逐渐成为一个有序、开放的组织系统的一个过程。①

二是学科组织化的本质属性。从历史演变角度看,学科②是早于大学产生的。而且,任何学科都会经历前学科时期,即知识向学科演化的时期。前学科时期的知识演化,经历着"问题研究形态→研究领域形态→基本研究范畴形态→学科形态"的转化过程。③ 这个转换过程产生和蝶变的动力既有社会需求,也有学术需求和个体的好奇心与兴趣。简言之,学科的形成既有学科自身的内部自觉,也受外部社会因素的驱动。同时,学科形成之后的运行也非完全自主的,往往会受各种外部力量的制约。正如龚怡祖教授所言:"人们早就发现,就像学科的形成不是研究者随意而为的结果一样,学科的知识运行也不是研究者可以随意而为的结果。早期,在学科的发源地欧洲,学科的知识运行至少须面对各种外部力量的干预,比如可能会受到教会干涉、君主敕令管制或政府审查。"④ 大学学科作为学科的组成部分,其组织形态的学科必然受内外两种因素的影响。但毋庸置疑的是,任何类型学科"长盛不衰"的根本在于学科自身拥有的自发自觉的"基因",外部环境只是提供基础性的支持。

任何学科拥有自发自觉的"基因",关键都在于其内部拥有一套稳定有序的运行系统。因此,作为学科组成部分的大学场域中的组织形态学科拥有的自发自觉"基因",自然也就源自其内部拥有相应支撑系统。这种支撑系统具体表现为:学科组织内部始终存在非线性的复杂矛盾,其组织成员因而始终处于合作与竞争辩证统一中;学科组织成员间存在层次分布的永恒态势,会自然衍生出本学科的旗舰人物,并引领本学科的发展;任何一门学科自形成之时起,就拥有本学科的独特的行为范式、价值理念,即学科范式,并据此潜移默化地规范着学科成员的认知和行为,确保学科能在不同环境中按照自身规律自发有序地运行。正因如此,学科组织才拥有自发自觉的"基因"。从自组织理论角度看,学科组织内部的这种系统

---

① 宣勇:《大学变革的逻辑》,人民出版社,2009,第101页。
② 这里的学科指的是没有场域限制的广义学科,即一种基于内在范式而形成的知识体系。
③ 龚怡祖:《学科的内在建构路径与知识运行机制》,《教育研究》2013年第9期。
④ 龚怡祖:《学科的内在建构路径与知识运行机制》,《教育研究》2013年第9期。

就是一种自组织系统。这就意味着，学科组织内嵌明显的自组织性，即作为一种组织的学科具有自我调节的能力和对外部环境的适应能力。当外部环境发生变化时，其往往能自发地、自动地反应，以适应变化的环境，进而获得生存和发展的合法性。① 因此，学科组织化的本质是学科自组织化，即以提升学科组织知识生产能力为基点，通过调适学科组织的构成要素，实现学科组织系统有序、开放和包容的发展，以便更自发有为地应对外部环境挑战。

三是学科组织化的功能特质。具体分为四个方面。第一方面，及时回应国家和社会需求。国家需要和社会需求是大学生存的合法基础和发展的重要动力。大学的价值也正是在回应国家和社会的需要的过程中实现的。正如马克思所言，"没有生产，就没有消费；但是，没有消费，也就没有生产，因为如果没有消费，生产就没有目的"。② 因此，在知识经济时代和社会主义市场经济条件下，如何更有效、更主动地回应国家和社会需求，是大学必须明确应答的问题。学科作为大学的基层组织，在一线承担大学回应国家和社会需求的职责。学科组织化作为在开放社会系统中对学科组织结构和形态的一种调适，核心是激活学科组织的生命力，能提升学科组织对国家战略、社会发展需求等的敏感性和适应性。这是因为单个个体和非组织化的学科往往形成不了"团队合力"，聚焦的问题具有明显的分散性和碎片化特征，对于国家和社会需求尤其是重大需求不能快速、有效地识别和回应，即使能识别，在回应时也摆脱不了个体或非组织化的无力态势，导致对国家或社会需求回应的低效。另外，从微观层面看，国家和社会的成员们更多地希望从大学中学习和掌握直面复杂问题所必需的专门的高深知识。而学科组织化之后，会更加高效地创新、扩散和应用这类知识，客观上会推动学科组织更有效地回应国家和社会的需求。③

第二方面，有效履行大学职能。学科作为大学的组成细胞，承载着人

---

① 杨岭、毕宪顺：《自组织理论视野下学科治理的推进路径》，《研究生教育研究》2020 年第 4 期。
② 《马克思恩格斯文集》第 8 卷，人民出版社，2009，第 15 页。
③ 凌健：《大学学科组织化研究：多学科的审视》，《教育发展研究》2009 年第 5 期。

才培养、科学研究和社会服务等大学基本职能。这些基本职能投射到知识上，表现为知识的传播、生产和应用的一体化。但知识的传播和应用以知识的生产为前提，即先有知识然后才能进行知识的传播和应用，且传播和应用的知识应是历史的和前沿的知识的高度融合，否则知识的传播和应用就不能"反哺"知识的生产（即知识创新）。简言之，学科要履行好人才培养、科学研究和社会服务等大学基本职能，有序推进知识生产是前提和根本。这也就要求学科在发展过程中要遵循自身的本质规律，但这种规律是由科学自身的规律决定的。"在科学与学科的相互关系和矛盾运动中，科学是第一性的、决定的方面；学科则是第二性的、被决定的方面。……我们只能按照科学自身的规律来考虑学科体制建设的问题。"[①] 科学作为一种生产性活动和生产性制度，科学知识是这种社会劳动的直接产品。因而，科学知识的生产方式也就成为科学自身的规律组成要素之一，并决定着学科的发展。从科学知识的生产方式演变来看，其已从古代的"经验试错式"和"哲学思辨式"演化到当前的"科学体制化"，并诱使科学知识生产活动发展成群体的组织行为。这种科学知识生产方式渗透进学科组织，既要求学科组织内部成员间进行分工与协作，也要求不同学科组织间的学科成员或学科团队进行分工与协作。因此，学科组织化是学科遵循自身的本质规律、有序推进知识生产的应然选择，更是履行好自身承载的人才培养、科学研究和社会服务等大学职能的基本路径。

第三方面，维护学科本真价值。学科组织作为特定使命和目标"概括"下的将学科成员凝聚在一起的具有一定自主性的组织，同时也是一种学术资本团体。对其进行组织化，就是按照学科组织的使命和目标，通过知识分工与协作的方式组织学科成员，实现学科成员之间的"同频共振"，减少学科组织内部成员之间的"零和博弈"行为，提升整个学科组织的凝聚力。正如埃米尔·涂尔干所言："事实上，分工所产生的道德影响，要比它的经济作用显得更重要些；在两人或多人之间建立一种团结感，才是它真正的功能。"[②] 正因如此，组织化的学科为维护和提升自身生存和发展

---

[①] 蔡曙山：《科学与学科的关系及我国的学科制度建设》，《中国社会科学》2002年第3期。
[②] 埃米尔·涂尔干：《社会分工论》，渠敬东译，生活·读书·新知三联书店，2017，第20页。

的合法性，相比学科成员个体或非组织化的学科更能保持自身对外部环境变化的敏感性。首先，学科组织化使学科组织在大学内部逐渐成为合格的政治参与主体，能更有序、更准确地识别政治参与机会，在学校和学院治理框架内合理"表达"自己的诉求、维护自己的合法权益和争取应得的发展资源，进而能避免学校整体学科发展的"马太效应"愈演愈烈，实现对学校整体学科生态的优化和改善。其次，组织化的学科通过内部分工与协作，能在定量的资源投入条件下确保资源更高效率地被使用，进而提升自身的知识生产效益。

第四方面，快速提升学科成员能力。在当代社会，人是组织性的存在，人的社会关系的具体和现实的重要体现是组织关系。同时，组织与个人又互为主客体，两者互依互存。具体表现为："组织制约个人活动的客观条件，组织是客体，个人是主体；同时，组织中的个人在某种程度上又是组织活动的产物，当他接受组织的创造性活动，即组织实践的成果并内化为他自己的主体能力时，他的能力在本质上是由组织创造的，在这个意义上说，组织成了主体，组织中的个人成为客体。"[①] 这也就意味着，学科组织作为一个由学科成员个体组成的集合，对其进行组织化必然会对学科成员个体产生影响；反之，学科成员个体也会对学科组织化有不可忽视的影响。此处主要关注学科组织化对学科成员个体的影响。具体而言，学科组织化是在学科组织使命引领下，围绕学科组织目标而展开的提高组织运行效率和凝聚力的活动。在这个过程中，会提升新老学科成员个体的组织归属感；也会在新老学科成员个体间建立起沟通的平台，推动新老成员个体间相互交流和学习、共同进步；还会为学科成员个体争取更多的资源和对外交流的机会，进而能开阔学科个体成员的视野，推动其紧跟甚至引领学术前沿。这将有利于学科成员个体作为一个社会人、组织人的自我价值的实现。

---

① 辛本禄：《组织、权力与制度新论》，中国社会科学出版社，2014，第46页。

## 2.2 理论基础及其适切性论证

### 2.2.1 组织：多要素构物

（1）组织理论及其发展

组织理论自产生以来就处于不断演变之中。因此，要运用组织理论阐释现实生活中的组织现象或组织活动，从历史变迁的角度审视其主要观点和本质特征就显得尤为重要。于此，从时间和内容相结合的角度，对组织理论发展做一个呈现（见表2-1）。需要说明的是，这种呈现以相关学派的代表人物及其主要观点为逻辑主线。另外，对组织理论发展阶段的划分，并非完全按照每一完整阶段的时间先后顺序进行，会存在某一阶段的起始时间节点与其前一阶段的结束时间节点交叠的现象。这是因为新的阶段的产生和发展都是在批判或是选择继承前一阶段的主要观点的基础上进行的。简言之，同一时段可能会存在两个或两个以上的组织理论发展阶段。

表2-1 组织理论的历史流变与阶段特征

| 阶段划分 | 代表事件 | 关键人物 | 核心观点 |
| --- | --- | --- | --- |
| 古典时期（20世纪初至30年代） | 1911年《科学管理原理》的出版 | 泰勒、亨利·法约尔、马克斯·韦伯、厄威克和古利克 | 以提升组织生产效率为旨归，聚焦组织内部结构的调整、分工的明确、自上而下的等级控制和权威，内含"理性经济人"假设，将人看成"工具人"，而无视人的社会性和主观能动性 |

续表

| 阶段划分 | 代表事件 | 关键人物 | 核心观点 |
| --- | --- | --- | --- |
| 行为科学时期（20世纪30年代至50年代） | 1927~1932年进行的霍桑实验 | 梅奥、亚布拉罕·马斯洛、赫兹伯格、麦格雷戈、阿吉里斯 | 关注如何激活组织成员的行动力，并在此指引下主张组织中的人具有多重属性——既有理性人的一面，又有社会人的一面。进而，强调在组织管理中要充分考虑组织成员的多样需求 |
| 科学决策时期（20世纪40年代末至50年代末） | 1947年《管理行为》的出版 | 赫伯特·西蒙 | 不否定统一命令、专业化、特殊化等原则在组织设计与管理中的重要性，但需要对这些原则做一些"补救"。进而，从组织设计、组织影响等维度阐释哪些因素左右着组织的决策。具体而言，组织影响个人决策行为的因素有：权威、沟通、组织归属、培训和效率。组织设计对组织中决策行为的影响主要涉及组织的结构、分工、工作重心、权力配置等方面。简言之，这一阶段的组织理论主张通过优化决策过程来"补救"古典的组织设计与管理，并强调组织的任何一项决策都是有限理性的，寻求的是满意而非最优；决策分为程序性决策和非程序性决策两类 |
| 系统科学时期（20世纪30年代末至80年代） | 1938年《行政的功能》的出版 | 切斯特·巴纳德、菲德勒、卡斯特和罗森茨韦克 | 强调组织中的人和非正式组织的重要性，认为其能对组织生存和发展产生重要影响；组织的正式结构和领导权威在组织发展中有重要作用；组织的可持续发展，离不开与外界环境的互动和交流，需对外界环境要求做出相应回应 |

资料来源：笔者基于文献梳理的创新选择。

如表 2-1 所示，古典时期的组织理论基于"理性人"假设，将组织成员看成"工具人"，强调通过明确的任务分工、严格的自上而下的等级控制、组织结构调整等推动组织的发展。行为科学时期的组织理论基于对古典时期的组织理论的"理性人"假设的批判，认为组织成员并不是只有经济利益需求的"工具人"，而是除了经济利益需求之外还有其他非物质需求（如尊重、友情等）的"社会人"。同时，这时期的组织理论强调组织中由"社会人"组成的非正式组织对组织生存和发展有重要影响。尽管如此，这时期的组织理论也未否认组织正式结构和等级性等的重要性。科学决策时期的组织理论主要聚焦的是组织中的决策过程，强调组织成员对组织的认知，非正式组织、组织结构和组织目标等对组织决策行为的作用和影响。整体来看，古典时期的组织理论、行为科学时期的组织理论、科学决策时期的组织更多的是将组织当作一个封闭的系统，而忽略了组织与外界环境的互动。系统科学时期的组织理论将组织看作一个开放的系统，既关注组织与外界环境的互动，又关注组织成员和组织内部非正式组织对组织的影响，还关注组织的正式结构和权威的重要性。简言之，系统科学时期的组织理论是对另外三个时期的组织理论的系统化和综合化。在此基础上，W. 理查德·斯科特和拉杰尔德·F. 戴维斯将古典时期组织理论中的组织当作"理性系统的组织"，将行为科学和科学决策时期组织理论中的组织理解为"自然系统的组织"，将系统科学时期组织理论中的组织阐释为"开放系统的组织"。①

（2）组织的要素构成

从组织理论的流变历史和阶段特征来看，正式结构、任务分工、权威领导和人四大要素贯穿组织理论演变的始终。当然，对人的认知，在不同阶段有不同的看法。但演变至今，将人看作既有"理性"又有"社会性"的"复杂人"已成为共识。正因如此，在组织内部存在的非正式组织也就成为组织生存和发展的重要影响因素之一。同时，当前学界对组织的认识，以"开放系统的组织"为主，关注组织与外界环境的互动。这种互动主要关注的是组织对环境的适应和环境对组织的影响。这里的环境是指组织所处的环境。另外，任何阶段的组织理论中的组织或任何视角下的组织，其最终目的都是更好地实现组织目标。相关研究对组织的构成要素做了分析和阐释。理查德·L. 达夫特从组织设计的角度，认为目标和战略、规模、技术、结构、文化、环境是组织的构成要素。② 其中，"目标和战略决定着一个组织区别于其他组织的目的和竞争性技巧。目标常以书面方式

---

① W. 理查德·斯科特、拉杰尔德·F. 戴维斯：《组织理论》，高俊山译，中国人民大学出版社，2015，第31~35页。
② 理查德·L. 达夫特：《组织理论与设计》第10版，王凤彬等译，清华大学出版社，2011，第17页。

陈述，是组织目的的一种持久不变的说明。战略是行动计划，是组织应该对环境和达成组织目标而需要的资源分配和活动方案的描述"。① 规模是指组织成员的人数所反映的组织的大小。技术是指组织将投入转换为产出所用的工艺方法和机械设置。文化是指隐藏在组织中的由组织成员共享的一套核心价值观、信念、认知和规范等，这种文化包括通常所说的组织中部分成员共享的"圈子文化"。环境是任何组织生存的关键因素，组织与其时刻发生着物质、能量和信息交换的关系。结构是组织唯一的结构变量，描述的是组织内部特征，主要关涉组织的任务分工、正规化、专业化和职权层级等。海尔·G.瑞尼认为组织是目标、结构、技术和文化等要素的整合物。② 关于组织构成要素的分析和阐释不胜枚举，但总体都是以组织目标为基本点，从组织架构和任务分工、成员行为、组织环境等维度进行发散式创新，往往需具体情境具体分析。需要强调的是，从已有的关于组织构成要素的阐释看，大都包括非正式组织、组织文化等"非正式"要素，而这些"非正式"要素的产生都以组织成员间的互动行为为基础。简言之，组织成员间的互动行为决定着非正式组织和组织文化等的产生和发展。因此，此处的组织成员的行为囊括非正式组织和组织文化等要素。

（3）组织理论的适切性

学科组织化的本质就是将学科当作一个自组织进行建设，以彰显其学术本性。而当把学科当作自组织来进行建设时，学科的组织要素就成为关键。因为，任何组织都是由相应的要素构成的。也即从组织建设角度看，学科组织化就是对学科的组织要素进行建设，以彰显其学术本性。这也就为组织理论的运用提供了可能。

## 2.2.2　治理：多主体合作

冷战末期以来，全球化悄然兴起，强烈冲击了原有的国际政治结构。

---

① 理查德·L.达夫特：《组织理论与设计》第10版，王凤彬等译，清华大学出版社，2011，第19页。
② 海尔·G.瑞尼：《理解和管理公共组织》第2版，王孙禹、达飞译，清华大学出版社，2002，序第Ⅻ页。

同时，区域一体化运动开始兴起和加速，部分国家陷入混乱和无序之中，难以稳定地提供必要的公共服务。这一系列变化暗含部分国家的政府权威正在或将要遭遇合法性危机，并对国际调节机制提出了质疑，同时还动摇了政治科学以前过于关注国家作用的理论范式。[1] 在此背景下，"治理"研究活跃于政治、经济、公共管理等领域，并得到学术界的高度关注。其标志性事件是 1989 年世界银行在《撒哈拉以南的非洲：从危机到增长》中首次提及"治理"。以此为界，掀起了治理研究和改革的热潮。

(1) 西方语境下的治理

整体来看，西方学界对治理的研究有多种视角，既包括全球化[2]和国家内部行政改革[3]的视角，又包括功能主义[4]和作为一种理论的视角。本研究关注的是作为一种理论的治理。将治理作为一种理论进行分析和探讨，最具典型性和代表性的是格里·斯托克（G. Stoker）的观点。他围绕五个论点对治理展开了讨论，以期对进一步探讨治理的若干方面提供参考。五个论点是互补的而不是竞争和冲突的，且每一个论点都涉及某种困难或关键问题。五个论点及其对应的关键问题为：

论点一：治理意味行动者既包括政府又包括政府之外的社会公共机构或个人。

对应的关键问题：政府不是国家唯一的权力中心，各种公共的和私人的机构或组织行使的权力只要拥有广泛的合法性就可能成为相应层面的权力中心。

论点二：通过治理寻求社会和经济问题的解决方案时，相关主体的界限和责任比较模糊。

对应的关键问题：以多主体参与为核心的治理，发生问题时就会出现

---

[1] 彼埃尔·德·塞纳克伦斯：《治理与国际调节机制的危机》，冯炳昆译，《国际社会科学杂志》（中文版）1999 年第 1 期。

[2] J. N. Rosenau, E-O. Czempiel, *Governance without Government: Order and Change in World Politics*, Cambridge: Cambridge University Press, 1992, pp. 4–5.

[3] R. Rhodes, "The New Governance: Governing without Government", *Political Studies*, 1996, Vol. 44, No. 4, pp. 652–667.

[4] H. R. Rhodes, "Governance and Public Administration", in Jon Pierre, ed. *Debating Governance: Authority, Steering, and Democracy*, Oxford: Oxford University Press, 2000, pp. 54–90.

互相推诿、互不担责的问题。

论点三：治理明确肯定涉及集体行为的各个社会公共机构之间存在权力依赖，即致力于集体行动的组织必须依靠其他组织，因此各个组织会为了达到目的而交换资源和谈判共同的目标。

对应的关键问题：在治理中，谈判协商是关键。但谈判协商的相关主体都以维护和实现本群体的利益为根本追求，这便规定了该过程的基本属性。因此，参与谈判协商的各方对可能由此引发的问题都有自己的说辞，进而会加剧治理过程中的不确定性和模糊性，致使并非原来所求的，而于政府影响不良的结果等问题愈加严重。

论点四：治理意味着行为者网络的自主自治。

对应的关键问题：治理的参与者最终会形成自治的网络。这种网络将各类政策群体和按功能或问题而形成的其他形式的群体联系起来，不仅给政府的政策提供资金，还接收政府的相关职能任务。但网络却并不是广泛公共利益的代表。由此，引发了如何对网络中的单个成员和被排除在网络之外的个体或机构负责的问题。破解这一问题的关键是把政府请回来，但如何划定政府的责任范围却是一个难题。

论点五：治理意味着政府的权力或权威不是办好事情的关键。政府有责任运用新的工具和技术来控制和引导公共事务的发展。

对应的关键问题：即使政府以灵活的方式引导、控制和参与集体行为，治理仍然有可能失败。①

格里·斯托克从辩证角度，论述治理五个层面的意蕴及其对应的关键问题，让我们认识到：治理并不是完全成功的或好的，失败的或坏的治理也是存在的；治理否定的是国家和政府的"一家独大"的权威，而未否定作为公共利益代表的国家和政府的应有权威和参与权利，只是政府参与的方式和程度难以把控；治理强调多元利益主体的参与和协商谈判，却也面临责任模糊、不能兼顾广泛层面的个体利益和公共利益（尤其是公共利益）等现实悖论。

---

① 格里·斯托克：《作为理论的治理：五个论点》，华夏风译，《国际社会科学杂志》（中文版）2019年第3期。

(2) 中文语境下的治理

20世纪90年代"治理"及其研究在西方的兴起和传播，很快就扩散到中国、日本等亚洲国家。从词源上讲，"治理"不是舶来品，早在魏晋时期就被使用。《老子注·五章》有"天地任自然，无为无造，万物自相治理，故不仁也"。① 但现在所讨论的"治理"无疑引自西方。国内最早论及此的是署名为"智贤"的长篇译介文章——《GOVERNANCE：现代"治道"新概念》。该文将"governance"译为"治道"，认为"治道"是"为实现经济发展，在管理一国的经济和社会资源过程中运用公共权力的方式"。② 对"governance"的这一翻译，徐勇认为是值得商榷的。他从中国传统文化的角度审视"道"，认为"道"一般指事务运行的内在依据和基本规律，而"governance"是指在管理某一地区社会和经济资源过程运用公共权力的方式。因此，他认为将"governance"译为"治理"更为妥帖。③ 2000年，中央编译局俞可平主持译介的由西方治理研究的前沿学术论文汇编而成的《治理与善治》一书将"governance"译为"治理"，并在综合这些学术论文关于"治理"的解读的基础上，将"治理"定义为以最大限度地增进公共利益为目的，在特定范围内运用权力去引导和规范公民的各种活动。④ 这一定义的独特之处有三点。一是明确了治理以增进公共利益为旨归，而非只是服务于参与者的利益。简言之，这里的治理以维护和增进广泛意义上的公共利益为最终目的。因此，这里的"治理"主要是国家行政改革领域的治理，而非私人领域或全球领域的治理。二是强调用权威维持秩序，同时也并未将政府权威排除在外。三是强调制度和权力的合理"搭配"。俞可平对治理的定义，在国内具有典型性和代表性。

国内后续的相关研究大都以此为轮廓，对"治理"做了各种各样的分析和解读。陈振明从合作网络途径的角度将治理理解为：以实现和增进公共利益为目的，政府部门、非政府政府组织和公民个人等利益主体相互合

---

① 王弼：《老子注》，中华书局，1954，第3页。
② 智贤：《GOVERNANCE：现代"治道"新概念》，载刘军宁等编《市场逻辑与国家观念》，生活·读书·新知三联书店，1995，第55~78页。
③ 徐勇：《GOVERNANCE：治理的阐释》，《政治学研究》1997年第1期。
④ 俞可平：《治理和善治引论》，《马克思主义与现实》1999年第5期。

作，在相互依存的环境中共享公共权力，共同参与公共事务决策的过程。①同时，有学者主张现在的"治理"在中国的兴起和广泛使用具有本土传统基础。② 对此，任剑涛认为："治理，是一个可以用来定位古今中外的治国理政的一般词汇；'治理'，则是一个用来专指成熟现代国家中国家权力与社会组织共治的专门辞藻。""只有在国家权力与社会组织双方的现代发展进展到一个需要相互积极磨合的阶段，'治理'才足以浮现出来，并成为'良政'（优良政体）基础上的'善治'，即国家得到很好治理的相互促进的实际动力。"③ 传统治理不具备"治理"的起码要素、操作条件、客观需要和任一结果，传统治理只能被视为"治理"的历史前史、经验摸索和现代参照，而不能将两种治理人为地联系在一起。否则，就是对传统治理的一种透支。

从西方到中国，"治理"成为时代的"宠儿"，在绝大多数学科领域都能见到其身影，但这并不意味着"治理""放之四海而皆一样"。一般用的"治理"概念虽源自西方，但国内对它的理解和实践并不需要和西方完全一致。西方关于"治理"的研究和实践，形成了根植于其文化、政治、经济运行基础和模式的独特范式：以各个社会单元高度自治为基本前提，强调通过平等协商解决问题或回应需求，排斥以政府为核心的治理结构，拥护政府仅仅扮演协调角色的多中心治理结构。④ 而在我国，党和政府尤其是党在国家经济社会发展中的领导地位是西方国家所不能比拟的。福山指出，现有的关于"治理"的文献过于关注国家是否以一种符合西方价值理念的方式来推动政府改革和优化政府服务，却忽视了国家有没有能力来推动和优化这个更根本的问题。为此，他将"治理"定义为"政府制定和执行规则的能力以及提供服务的能力，与政府是否民主无关"。⑤ 王绍光认为这样一种定义和阐释才真正回到了"治理"的本源，据此，他认为"治

---

① 陈振明主编《公共管理学》，中国人民大学出版社，2005，第82页。
② 李龙、任颖：《"治理"一词的沿革考略——以语义分析与语用分析为方法》，《法制与社会发展》2014年第4期。
③ 任剑涛：《奢侈的话语："治理"的中国适用性问题》，《行政论坛》2021年第2期。
④ 曾庆捷：《"治理"概念的兴起及其在中国公共管理中的应用》，《复旦学报》（社会科学版）2017年第3期。
⑤ 弗兰西斯·福山：《什么是治理?》，郑寰译，《国家行政学院学报》2013年第6期。

理"不是弱化政府的作用，而是强调"多一些治理，少一些统治"。①

（3）治理中国化

全面深化改革的总目标，是完善和发展中国特色社会主义制度、推进国家治理体系和治理能力现代化。基于这一总目标，本研究认为适合我国现实语境的治理的关键要素为：

一是坚持党委领导和政府宏观引导为基本前提。党的十九大报告明确提出："坚持党对一切工作的领导。党政军民学，东西南北中，党是领导一切的。""确保党始终总揽全局、协调各方。"② 同时，党在治国理政之中肩负领导与执政两项职能，这两项职能的行使形成了中国特色的党政关系模式：党政统筹，即把党和国家政权诸系统纳入党全面领导的整体格局，统一职能配置、人事配置和机构设置，形成党总揽全局、协调各方的领导体系，进而理顺权力运行逻辑和权责关系。这是我国包括治理在内的一切社会经济活动开展的政治基础和首要条件。

二是各利益主体就某项共同事务做充分的协商谈判。党和政府的在提供治理的基本框架时，要畅通各利益主体参与的渠道，并在框架内引导和支持各利益主体（包括政府）就某项共同事务的决策和执行展开对话，在最大程度上确保治理的合法性。同时，在某些具有较强专业性和自组织性质的领域，应以坚持党委领导和政府宏观引导为前提，充分赋予领域内的相关利益组织或机构自主决策权，确保治理专业有效。

三是治理的结果没有放之四海而皆准的标准。治理的结果没有统一的检验标准，往往需具体情境具体分析。即辛西娅·休伊特·德·阿尔坎塔拉所说的治理必须要鼓励特定社会环境下的人民发挥创造力和首创精神。③

（4）治理理论的适切性

学科组织化的本质是彰显学科组织的学术本性，关键是提升学科组织的自组织程度。这也就意味着，学科组织化是有关学科组织利益事项决策

---

① 王绍光：《治理研究：正本清源》，《开放时代》2018年第2期。
② 习近平：《决胜全面建成小康社会 夺取新时代中国特色社会主义伟大胜利——在中国共产党第十九次全国代表大会上的报告》，中国政府网，http://www.gov.cn/zhuanti/2017-10/27/content_5234876.htm，最后访问时间：2021年4月15日。
③ 辛西娅·休伊特·德·阿尔坎塔拉：《"治理"概念的运用与滥用》，黄语生译，《国际社会科学杂志》（中文版）1999年第1期。

权责重新分配的一个过程，以强调多主体合作为核心的治理理论与其存在直接的逻辑关联，能充分诠释学科组织化中相关权责重新分配的合法性和最优路径。

## 2.2.3 自组织：有序自为

（1）自组织的本质内涵

从不同角度看，自组织有不同的表述。哲学视域下的自组织，最早由康德提出。他认为自组织的自然事物的各部分是相互依存的，并因彼此间的因果关联而产生整体，且只有在这样的条件下按照这样的规定，一个产物才能是自组织的物。① 这个物也才能被称为一个自然目的。同时，他还通过钟表指针的具体运行、钟表的维修等事务都依靠外界而不能自行"处置"，来反衬自组织应该在某一方面能够自主自决。② 当代自组织理论中最有代表性的自组织概念，是协同学创始人哈肯（H. Haken）提出的。他主张"如果一个体系在获得空间的、时间的或功能的结构过程中，没有外界的特定干涉，我们便说该体系是自组织的。这里的'特定'一词是指，那种结构或功能并非外界强加给体系的，而是外界以非特定的方式作用于体系"。③ 显然，哈肯认为自组织的发生和维持不排斥组织自身接受外部因素的影响，只是这种影响不涉及组织序（组织运行的秩序）的结构和功能。由此，可以推论出自组织主要指一个组织在运行过程中，会受外界因素的影响，但这种影响不涉及组织内部秩序的具体构建和运行。④ 在此基础上，吴彤根据演化的程度和起点，认为自组织包括三类过程：其一，从非组织到组织的演化；其二，低组织程度向高组织程度的演变；其三，组织程度由简单到复杂。⑤ 这三个过程构成了自组织化的连续统一体，在本

---

① 吴彤：《自组织方法论研究》，清华大学出版社，2001，第4页。
② Kant, *Critique of Teleological Judgment* (*English Edition*), trans. by Werner S. Pluhar, Indianapolis IN: Hackett Publishing Company, 1987, p. 253.
③ H. Haken, *Information and Self-Organization: A Macroscopic Approach to Complex Systems* (3rd Ed), Berlin: Spring-Verlag, 1988, p. 11.
④ 宋爱忠：《走向深入：自组织与他组织内涵判明》，《自然辩证法研究》2015年第10期。
⑤ 吴彤：《自组织方法论研究》，清华大学出版社，2001，第10页。

质上都是对组织构成要素的调配，只是其重心和方式存在差异而已。

（2）自组织的基本原理

自组织在演化过程中，存在多种形态和模式，但也存在普适性的原理。一是开放原理。自组织并不意味组织系统是封闭的，不与外界环境交互。相反，与外界环境进行物质、能量和信息等的交互的系统才可能产生自组织运动。但开放性只是自组织的必要条件，而非充分条件；错误的开放将导致系统有序结构更快的瓦解，正确且充分的开放才能保证系统出现自组织。二是非线性原理。系统组成部分之间，以及系统与环境之间的互动是非线性的，且这种互动以合作和竞争为主要形式。三是反馈和不稳定性原理。组织系统现在的行为结果会对组织系统未来的行为产生好的或坏的影响，且无论是好的还是坏的影响都是一种反馈。自组织系统的结构并非稳定不变的，但也不是经常变动的，通常是一种稳定与不稳定的辩证统一。其具体表现为，自组织新结构的出现，是在原有系统结构上的一种创新，且这种创新是一种继承式的创新，即新的结构会有旧结构的"印迹"。四是分层原理。自组织系统的不同要素、组分等之间存在分层，系统才会形成有序结构；只有形成少数趋势或核心力量等去引导和规范其他组分的行为，使它们协同动作才能形成组织的内部有序。[①]

（3）自组织理论的适切性

学科组织化以提升学科组织的知识生产能力为旨归，本质上彰显了学科组织的自组织属性。因此，按照自组织的基本原理审视学科组织化的现状、困境及原因，并探索其新路径，也就成为一种必然。这为自组织理论的运用提供了合法性基础。

---

① 苗东升：《系统科学精要》第2版，中国人民大学出版社，2006，第134~137页。

## 2.3 学科组织化的分析框架设计

### 2.3.1 学科组织的要素证成

学科组织在本质上作为一个学术性组织，提升其自组织程度是维护和彰显其学术性的核心。要提升学科组织的自组织程度，需以其组成要素为抓手。任何一个组织的建设都需以组织的内部建设及其与外界的互动为核心，只是不同的组织在具体要素架构上有所差别。简言之，不同的组织，其不同之处并不在于要素的不同，而在于要素的组合方式不同。学科组织作为以知识生产为核心的组织，在知识生产、传播和引用等方面既有内部自发作用，也存在政府、大学和社会等引起的外部他发作用，但对其组织要素的有序化起主导作用的是学科知识演化生长的力量，即内部自发作用。[1] 正如德鲁克所言，以知识为基础的组织，更倾向于采用专家型结构。这些组织"以知识为基础，由各种各样的专家组成。专家根据来自同事、客户和上级的大量信息，自主决策、自我管理，其组织类型更像是医院或者交响乐队，而非典型的制造企业"。[2] 以下从组织理论及其对组织构成要素的建构出发，结合对学科组织本质属性的考察和关于学科组织化的实地调研，从方向引领、组织结构、组织行为和组织环境四个组成要素着手，具象学科组织的构成要素，并据此构建学科组织化的分析框架。

（1）学科组织方向引领

其一，组织方向引领的多层要素及其间的内在联系和本质区别。组织

---

[1] 武建鑫：《走向自组织：世界一流学科建设模式的反思与重构》，《湖北社会科学》2016年第11期。

[2] P. F. Drucker, "The Coming of the New Organization", *Harvard Business Review*, 1988, Vol. 66, No. 1, pp. 45–53.

方向引领与组织目标整体对应，即组织目标并非一个独立"个体"，而是一个多层次的"集合体"。具体而言，"组织目标"的第一层次是组织使命。其存在的价值在于明确组织在整个社会经济发展中应承担的职责和任务，并借此阐释和表达组织存在的价值及意义，对组织目标具有最高层次的价值引领作用。第二层次是组织愿景。其作为对组织未来所能达到的"地方"的一种展望，依托于组织使命而存在。换言之，组织未来所能达到的"地方"必须以组织使命为指引，背离组织使命的愿景是不合法的。第三层次是组织目标。组织目标是对组织使命的进一步阐述和细化，指向性更明确、操作性更强，对组织使命的践行至关重要；[①] 同时，也是追求组织愿景过程的一个具体结果。概言之，组织目标是实现组织愿景和践行组织使命过程中的一个具体过程和结果。因此，组织使命、组织愿景和组织目标三者间存在逻辑关联、相互影响、相互依存。据此，为避免表述模糊，将"组织目标"具象为"组织方向引领"。进而，组织方向引领也就内含组织使命、组织愿景和组织目标三个要素，且这三个要素是相互关联的。尽管如此，组织使命、组织愿景与组织目标在内容、特征、时限和表现形式等方面仍存在差异。具体如表2-2所示。

表2-2 组织方向引领内在要素间的本质区别

| 组织方向引领 | 内容 | 特征 | 时限 | 表现形式 |
| --- | --- | --- | --- | --- |
| 组织使命 | 组织的内在价值和外在责任，表达着组织"是什么"和"应该做什么"的问题 | 长远性、概括性和时代性，与社会经济发展紧密相关 | 长期 | 一般用"使命"或者"使命陈述"来界定组织的"使命"，或用"……定位""……宗旨"等陈述 |
| 组织愿景 | 呈现组织未来"走向何处"的景象 | 立足组织现实基础、具有前瞻性 | 长期 | 以"努力建成……组织""将朝……方向努力"等来表述 |
| 组织目标 | 组织在一定时期内要取得的结果 | 层次性、网络性、多样性、可测量性 | 中短期 | 一般以"年度目标""短期（1~3年）目标""中期目标（3~5年）"等来呈现 |

资料来源：笔者基于文献梳理的创新选择。

---

① 何红中、刘志民：《印度高等农业教育的使命、目标与管理模式的分析与评价——以旁遮普农业大学、中央农业大学和印度农业研究院为例》，《比较教育研究》2013年第3期。

其二，学科组织方向引领的多层要素及其间的联系与区别。学科组织作为组织的一种，其在基本特征、职责任务、运行机制等方面具有独特性和典型性，但其愿景、使命和目标的本质内涵及三者间的逻辑关系与所有组织在这方面具有一致性，与其他组织的使命、愿景和目标及这三者间的关系的不同之处则只是在于其多了"学科"的限定。因此，学科组织使命在内容方面由其内在价值和外在责任构成，表达着学科组织"是什么"和"应该做什么"的问题；学科组织愿景在内容方面描绘了学科组织"走向何处"的全面景象；组织目标在内容上呈现了学科组织在一定时期内要取得的结果。所以，学科组织使命、学科组织愿景、学科组织目标也都统归于"学科组织方向引领"，而外显为"学科组织方向引领"的三层次组成要素，其相互间的内在联系与本质区别（见表2-3），与组织使命、组织愿景与组织目标间的内在逻辑关联和本质区别类似。

表 2-3 学科组织方向引领构成要素间的本质区别

| 学科组织方向引领 | 内容 | 特征 | 时限 | 表现形式 |
| --- | --- | --- | --- | --- |
| 学科组织使命 | 学科组织的内在价值和外在责任，表达着组织"是什么"和"应该做什么"的问题 | 长远性、概括性和时代性，与社会经济发展紧密相关 | 长期 | 一般用"使命"或者"使命陈述"来界定学科组织的"使命"，或用"……定位""……宗旨"等陈述 |
| 学科组织愿景 | 呈现学科组织未来"走向何处"的全面景象 | 立足组织现实基础、具有前瞻性 | 长期 | 以"努力建成……学科""将朝……方向努力""远景目标"等来表述 |
| 学科组织目标 | 学科组织在一定时期内要取得的结果 | 层次性、网络性、多样性、可测量性 | 中短期 | 一般以"年度目标""短期（1~3年）目标""中期（3~5年）目标"等来呈现 |

资料来源：笔者基于文献梳理的创新选择。

（2）学科组织结构

其一，组织结构是组织功能实现的重要"技术"保障，确保着组织目标的践行。从已有研究看，学界对组织结构的理解，就如对组织的理解一样，仁者见仁智者见智，没有一个统一的界定。罗宾斯主张"组织结构是明确任务如何分配，谁向谁报告，正式的协调机制和相互关系的模式"。①同时，其还主张组织结构由复杂程度、正规化和集权化三个要素组成。其中，复杂程度是关于组织划分的程度，正规化主要关注组织依靠规则和程序指导人们行为的程度，集权化聚焦决策权力的分布。② 刘群慧等认为，组织结构以实现组织目标为指引，本质上是组织内部各要素间相互作用的方式或形式，涉及管理幅度、管理层次、管理权责的安排、各部门间的沟通方式等。③ 虽然学界对组织结构的界定多种多样，却普遍认为组织结构是组织内部各组成要素及其相互联系的方式或框架。尽管如此，组织结构既不能也不可能囊括组织的方方面面，组织中的非正式关系、文化氛围等就难以在组织结构中有所体现。④ 由于组织结构内嵌任务的结构分工，为避免表述歧义，本研究论及的组织设计即是指组织结构设计。

其二，学科组织结构的要素及其内在关系。依据对组织结构本质内涵的梳理，可知组织结构由基本结构、素质结构和运行机制设计三要素构成。⑤ 如图 2-1 所示，基本结构主要涉及组织内部"位置—角色"的权责安排，其中的"位置—角色"是组织结构分析的基本单位。素质结构主要关注的是占据组织相应"位置"的个体或群体在践行与"位置"相对应的"角色"期待时所具备的一种能力结构。因此，基本结构和素质结构可以统归于"位置—角色"结构之下。运行机制主要关涉组织内部各个"位置—角色"间及其与外界进行相互作用的过程和方式，本质上是一个过程范畴。⑥

---

① Stephen P. Robbins, *Organization Theory: Structure, Design, and Applications*, Englewood Cliffs, New Jersey: Prentice-Hall Inc., 1987, p. 4.
② 季诚钧：《大学组织属性与结构研究》，博士学位论文，华东师范大学，2004，第 59 页。
③ 刘群慧等：《组织结构、创新气氛与时基绩效关系的实证研究》，《研究与发展管理》2009 年第 5 期。
④ 方统法：《组织设计的知识基础论》，博士学位论文，复旦大学，2003，第 102 页。
⑤ 季诚钧：《大学组织属性与结构研究》，博士学位论文，华东师范大学，2004，第 59~60 页。
⑥ 孔伟艳：《制度、体制、机制辨析》，《重庆社会科学》2010 年第 2 期。

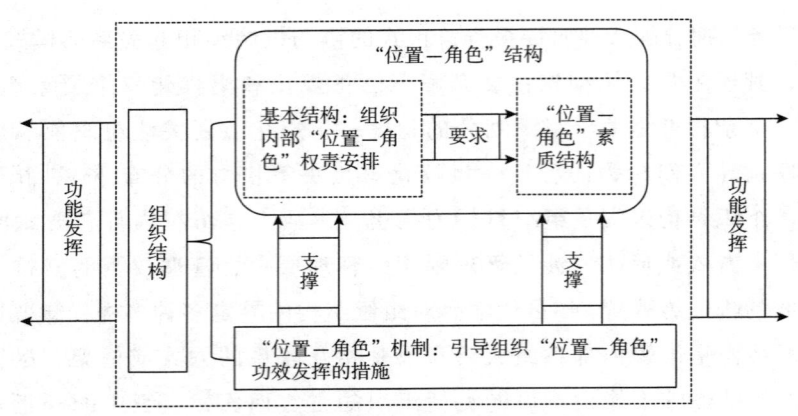

图 2-1 组织结构的构成要素及其逻辑关系

资料来源：笔者基于文献梳理的创新选择。

"位置—角色"作为组织结构系统最基本的分析单位，其"位置"为系统内参与行动的个体所处的结构位置，"角色"则体现社会对该位置所应承担的责任或义务的期待，两者互为一体，不可割裂，是实现个体与系统联系的枢纽。① 要让组织结构的"位置—角色"发挥应有的功用，前提条件是按照对等原则赋予"位置"权力，并明确与"位置"相对应的"角色"的职责。这里的对等原则主要是指赋予"位置"的权力不能超过与之对应的"角色"的职责，同时也不能低于履行"角色"职责需要的权力支撑。当"位置"的权力高于与之对应的"角色"的职责要求时，能保障"角色"职责的完成，但会引发权力滥用问题。当没有明确的权力或是权力小于与"位置"对应的"角色"的职责要求时，就会导致"角色"职责无法被有效履行。在此基础上，还需赋予"位置—角色"相应的利益，如此才能确保"位置—角色"践行好自身承担的权责。

当然，"位置—角色"权责是一种显性存在，素质结构则往往是内隐的，会因为"位置—角色"的不同而具有不同的特征和要求。但整体来看，"位置—角色"结构及附着其下的素质结构始终是一种静态的关系结构安排，就像人的各个组成器官一样，离开了"经脉"和"血液"的

---

① 吕童：《网格化治理结构优化路径探讨——以结构功能主义为视角》，《北京社会科学》2021年第4期。

"串联"，自身的功能就不可能有效发挥出来。这里的"经脉"和"血液"也就是组织结构中的运行机制。简言之，组织结构中的"位置—角色"结构是组织构成的"躯干"，为组织运行提供"硬件"支撑；运行机制是组织构成的"软件"，起着调动"位置—角色"的积极性和优化"潜隐"在"位置—角色"之下的素质结构的作用。当然，任何组织"位置—角色"的结构构建和运行机制设计都以实现组织的功能为目的，而非为了结构和机制本身。这里的功能主要是指组织结构各组成要素与外部情境相互作用所表现出的特性和能力。也即"组织结构是为功能而存在的，是由功能而表达其意义、体现其价值的，它们的最终作用都要体现在功能上"。① 由此可知，组织结构功能的发挥，既取决于组织内部"位置—角色"的权责安排及附着其上的素质结构，又取决于以确保"位置—角色"功效充分发挥为核心的运行机制的设计。学科组织作为组织的一种，其组织结构的构成也就与通常所言的组织结构的构成一致，以内部"位置—角色"的结构（基本结构和素质结构）和机制设计为核心。其间的逻辑关系如图 2-1 所示。

（3）学科组织行为

其一，行为及其核心特征。著名社会心理学家勒温（K. Lewin）认为行为是生活空间的函数：$B=f(P \cdot E)$。B 表示人的行为，f 是函数，P 表示人，E 表示环境。即人的行为由人的需求与动机及其所处环境决定。在相同环境中，不同的人会因为动机和需求的不同而表现出不一样的行为；在人的动机和需求相同的情况下，环境的不同也会诱发不同的行为表现。② 同时，人的行为也具有如下典型特征。①目的性。人的任何行为都是有目的的，且这种目的是先于行动之前存在的。②能动性。人的行为与人所处的环境是相互作用的，环境能形塑人的行为，人则能凭借自身的主观能动性去适应周围的环境或是改变所处的环境。③社会性。人自诞生以来就作为一个自然机体而存在，会受到社会各种因素的影响，而且人也只有适应这种影响才能更好生存于这个社会。这是人与动物在社会生活中的重要区

---

① 刘润忠：《试析结构功能主义及其社会理论》，《天津社会科学》2005 年第 5 期。
② 田文生：《大众传播媚俗化倾向评析——以勒温"$B=f(P \cdot E)$"为视角》，《新闻与传播研究》2000 年第 3 期。

别,也是人的行为的社会性的一种表现。正因如此,动物的行为的演化遵循的是生物演化逻辑,人的行为的发展遵从的是社会演变规律。④变动性。人的行为并非固定不变,会随着环境和内在需求与动机的变化而变化。①

其二,组织行为及其本质规律。组织行为从字面意思看,是指个体作为组织成员时所表现出的行为。但并非组织成员的所有行为都属于组织行为,组织成员在组织之外进行的与组织任务分工和发展等毫无关系的行为,如组织成员在组织正式工作安排之外进行的健身、购物等就不属于组织行为。也即组织行为是指在组织成员在组织内外表现出的与组织任务分工和发展密切相关的行为。进而,组织行为可分为微观组织行为和宏观组织行为两类。微观组织行为指组织内某一个体或群体的行为,具体包括个体行为和群体行为两类:个体行为主要是指个体的态度、能力、压力、学习等,群体行为主要涉及群体动力、工作团队等。宏观组织行为指所有组织成员作为一个整体进行活动时表现出的行为,如组织结构、组织文化、组织学习等。② 这也就意味着组织行为是一个属概念,内含个体行为、群体行为和整体行为三个核心要素(见图2-2)。其中,个体行为聚焦的是组织成员的个体行为,视野较为微观;群体行为观照的是组织成员在组织内部构成的非正式或正式群体的行为,视野较为中观;整体行为关注的是组织成员以组织整体名义进行活动时表现出的行为,视野较为宏观。三者以组织成员为"链接点"而存在逻辑关联,并具体表现为:个体行为影响群体行为或组织整体行为,组织整体行为或群体行为塑造或改变个体行为。

组织行为以"属"的形式存在,内含多层行为要素。这些行为要素因组织成员个体这一"节点"而存在逻辑关联,并与组织环境发生着交互关系。因此,组织行为的发生和演变存在四种内在规律。①目标导向性。任何组织行为的发生都受预期目标的牵引,也即组织行为都指向相关目标。②动机驱动性。组织行为都因动机的驱动而启动,并借此查找预期目标"前进"。③遗传和环境关联性。组织成员个体、组织内部群体及组织整体

---

① 胡宇辰等编著《组织行为学》,复旦大学出版社,2012,第3~4页。
② E. Autio, S. Pathak, K. Wennberg, "Consequences of Cultural Practices for Entre-Preneurial Behaviors", *Journal of International Business Studies*, 2013, Vol. 44, No. 4, pp. 334-362.

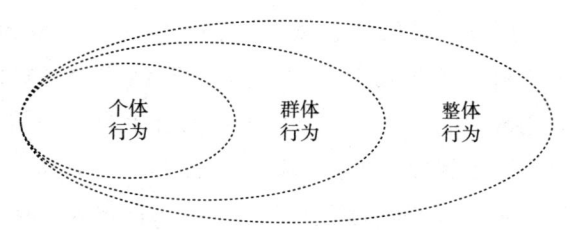

**图 2-2 组织行为的意涵要素**

资料来源：E. Autio, S. Pathak, K. Wennberg, "Consequences of Cultural Practices for Entrepreneurial Behaviors", *Journal of International Business Studies*, 2013, Vol. 44, No. 4, pp. 334-362。

大都"镶嵌"于遗传和环境之中，三者的行为也就不可避免地带有遗传和环境的"印迹"。这里的遗传和环境内含文化基因。所以，从这个维度看，组织行为是对组织文化的一种客观表达，组织文化则会形塑组织行为，两者本质上是同一事物的两面，不可分离。④"本我"自利性。"本我"蕴藏着个体的本能冲动，以无意识的非理性冲动为特征，按照"快乐"原则操作，不顾后果，寻求即刻的满足。当其投射到组织行为上时，就意味着任何层面的组织行为的发生都存在无意识的非理性冲动特征，内含功利的价值倾向，外显为对自身利益的追求。

其三，学科组织行为及其典型特征。学科组织与组织间是"种"与"属"的关系，即学科组织包含于组织之中。据此，立足学科组织的本质属性，参照组织行为的要素构成和内在规律，审视学科组织行为及其典型特征。首先，就学科组织行为而言，其与"属"类组织行为的意涵要素一致，内含个体①行为、群体行为和整体行为三大要素（见图 2-3）。其次，就学科组织行为的特征而言，其与组织行为的本质规律有一定的交叉或重复，但又有自身的独特性。这种独特性源自学科作为一种以知识生产为内核的组织，享有基于学术自律的学术自由。② 这里的学术自由既包括学科组织的外在自由，又包括学科组织的内在自由。外在自由是学科组织走向学术自由的第一步，为学科组织学术自由的真正实现提供条件，外显为学科组织需要自我以外的主体（主要是政府和大学）为自身的学术活动提供

---

① 学科组织成员个体均指在大学组织中获得正式工作职位的教师，而不包括博士研究生和硕士研究生。
② 姚荣：《重申学术自由的内在与外在界限》，《高校教育管理》2019 年第 2 期。

空间。① 内在自由特指学科组织成员根据自己的智力、兴趣和学术标准，自由地开展教学和科研等相关工作。② 它是学科组织外在自由诉求的源泉和合法性基础。正因如此，学科组织行为在具有组织行为的内在规律的基础上，还具有自身的独特性。①以知识生产为核心。如前文所述，学科组织作为一种以知识生产为核心的组织，其个体、群体和整体层面的行为都脱离不了这一核心，这是由学科组织的本质属性所决定的，与外部环境无关。②独立性。学科组织的本质属性决定着其成员、群体及本身的行为互动，具有明显的松散耦合性，而不具有公司企业组织的统整性，直接映射为学科组织各个层面的行为具有相应的独立性。

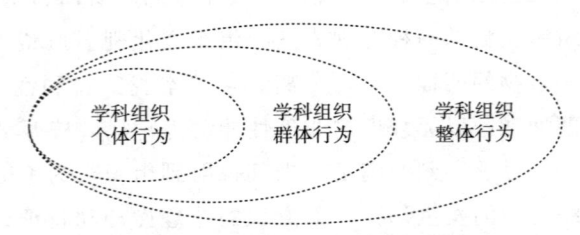

**图 2-3　学科组织行为的意涵要素**

说明：虚线既表示这些行为间并非完全割裂或"非此即彼"的关系，也表示这些行为都会与组织环境具有交互性（即行为适应或改变环境，环境塑造行为）。

资料来源：笔者基于文献梳理的创新选择。

**（4）学科组织环境**

一般而言，组织都是一个开放的系统，与外界环境不断进行着物质、能量、信息的交换，并需要对环境的相关需求及时做出回应。学科组织作为一个以学术性为深层本质的自组织，更具有开放性。其所处的环境，对其生存和发展有不可忽视的影响，甚至是决定性的影响。

首先，是学科组织环境的浅层镜像。《辞海》中的"环境"有两层含义：一是环绕所辖的区域，周匝；二是指围绕人类生存和发展的各种外部条件和要素的总体，在时间与空间上是无限的，分为自然环境和社会环境。研究本书关注的环境主要是指社会环境。当然，这里的社会环境本质

---

① 周光礼：《学术自由的实现与现代大学制度的建构》，《高等教育研究》2003年第1期。
② 爱德华·希尔斯：《论学术自由》，林杰译，《北京大学教育评论》2005年第1期。

上是"社会环境"这一符号的浅层镜像，而不具有以学科组织建设为核心的深层次的意象呈现。换言之，社会环境仍是一个宽泛的所指，其只具有相对于自然环境的明确的意义表达。

其次，是学科组织环境的深层意象。符号的存在价值不在于其本身，而在于附着其身的事物及其意义。因此，符号意指是对符号能指和所指的超越，本质上是对附着其身的事物的深层意象的呈现和表达。同时，符号意指的重点不在于意义的最终表达，而在于最终意义的构建。当尝试领略其言外之意时，就是意指发挥建构作用的起点，领略意义的"成型"之时也就是意指建构作用停止之时，但这一停止并非永久的停止，而是动态往复循环过程中一个阶段的结束，当再次领略其言外之意时便是新的意指的开始。显然，这一深层次意义的领略过程及其结果本身就是意指。如此，根据前文从组织方向引领、组织结构和组织行为等维度对学科组织本身进行的"解剖"式分析，梳理出学科组织"置身"的外部环境主要涉及决策结构、权力关系和文化氛围三方面。

具体而言，学科组织作为大学组织的组成细胞，以知识的创新、传播和应用为核心，内含自组织属性。学科组织化的本质就是彰显学科组织自组织属性的一个过程，从实践层面看这一过程就是学科组织及其成员表达和维护自身利益的过程。学科组织自身所嵌入的决策结构，则是学科组织及其成员表达和实现利益诉求的"结构"通道。学科组织自组织属性的彰显是学科组织化的核心，同时也是学术权力回归学术组织的本质表现。在学科组织学术权力回归过程中，回归程度取决于对其行为选择有明显规训效力的决策权的分布方式。因此，从治理角度看，这也就是治理学科组织的过程。治理作为一项多主体参与的活动，必然会受到治理文化的影响。因为，治理文化是相关利益主体在学科组织化中逐步形成的相关思想观念、价值体系和行为规范等，其在形成过程及形成之后就会对学科组织化的相关利益主体产生规训作用。也即治理文化及其对相关利益主体的影响是相辅相成的，两者间存在耦合的张力。限于本部分是在学科组织化的外部环境这一框架范式下展开，所以本部分对治理文化的关注以对学科组织化相关利益主体行为产生重要影响的治理观念和治理价值为核心。当然，学科组织化外部的决策结构、权力关系和治理文化三方面不是完全"独立"存在的。决策结构与权力关系密切相关,决策结构是权力关系附着和呈现的载体,决策权力的分布则是决策结构的内在属性。治理文化悄无声息地弥散在决策结构和权力关系的各个角落。因此,本研究从这三个并非完全"割裂"的维度去分析,是为了更好地揭示学科组织化面临的真实外部环境。

(5) 学科组织要素间的逻辑关系

学科组织的方向引领、组织结构、组织行为和组织环境四个要素,整体来看可划分为内部要素和外部要素两个大类。内部要素包括方向引领、组织结构、组织行为;外部要素只含组织环境。其间的逻辑关系如图2-4所示,方向引领对学科组织化具有价值引领作用,决定着学科组织化的功能和目的,在所有内部要素"元素"中居于领导地位。组织结构形塑学科组织"位置—角色"的结构和机制,决定着学科组织内部的正式关系,是学科组织化的关键支撑,在整个学科组织内部要素中居于"承上启下"的地位。组织行为是最微观的,在方向引领、组织结构、人性等因素的综合作用下,建构着学科组织内部的非正式关系,对学科组织化有着潜移默化的影响。同时,学科组织的内部要素与外部要素又是相互作用的,内部要素能在一定程度上改变外部要素,外部要素则能对内部要素产生相应的规训影响,两者共同影响着学科组织化的进程。

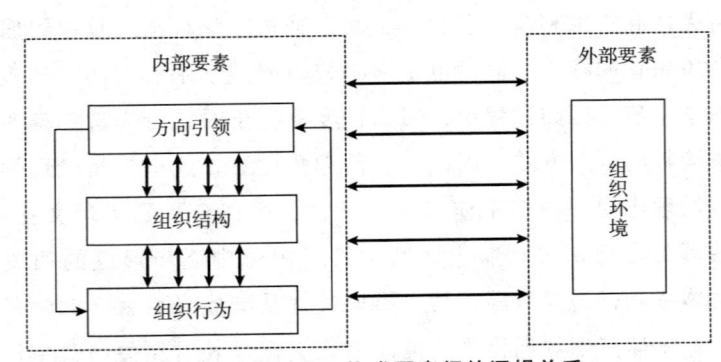

图 2-4 学科组织构成要素间的逻辑关系

说明:图中箭头线的粗细代表对应要素间的互动强度,线越粗表示互动强度越大、越细表示互动强度越小。

资料来源:笔者基于文献梳理的创新选择。

## 2.3.2 学科组织化的多主体协作

（1）政党·政府·社会·大学

学科组织化的直接对象是大学的学科组织。这也就意味着，大学是学科组织化的主体，但并非唯一主体。从历史发展看，"早期阶段，无论是东方还是西方，人类的知识是一体化的，没有分科的观念，无所谓科学，也无所谓哲学。学科只是近代以来，人类发明的用以认识世界的一个工具，学科是一个地地道道的人造物"。① 其能否进入大学取决于社会发展需求、国家战略的选择和大学的实践行为。2018年12月，第二次修正的《中华人民共和国高等教育法》规定："高等学校依法自主设置和调整学科、专业。"从实践来看，这里的"依法"依的是国务院学位委员会和教育部下发的《学位授予和人才培养学科目录》。2017年的《学位与研究生教育发展"十三五"规划》则只下放了高校自主设置目录中一级学科之下的二级学科的权力。日本、英国等国均有指导学科分类的目录。如日本文部科学省每年发布的"学科代码表"，② 英国先后开发的学科编码系统JACS3.0和高等教育学科分类系统HECoS（The Higher Education Classification of Subjects）。③ 这些国家的学科分类目录，都对本国大学学科的调整和建设具有不同程度的引导和规范作用。同时，各个国家的学科分类目录都不是固定不变的，通常会根据社会发展需要而进行调整。2021年国务院学位委员会、教育部发布的《关于设置"交叉学科"门类、"集成电路科学与工程"和"国家安全学"一级学科的通知》就是最好例证。国家和社会在学科准入大学场域上的作用，客观上影响甚至决定着学科组织化的生存空间。因为，如果大学没有学科，学科组织化就失去了组织化的对象，成为没有价值和意义的事项。

当然，国家和社会对学科的影响并不止于学科的准入，还会涉及学科

---

① 王建华：《学科建设新思维》，《学位与研究生教育》2007年第5期。
② 张庆玲：《重审学科分类及其建设》，《学位与研究生教育》2021年第5期。
③ The Higher Education Statistics Agency，*HECoS*，HESA，https：//www.hesa.ac.uk/innovation/hecos，最后访问时间：2021年6月22日。

的发展方向、建设范式等。如我国学科建设从"重点"向"一流"的转换，是由国家出台的政策所引发的。德国2005年开始实施的以"加强德国顶级研究水平，增强国际竞争力"为核心的"卓越计划"正在引领其学科建设的发展和改革。另外，学科组织化作为学科建设的内容之一，是其所栖身的大学发展和建设的重要组成部分。任何大学的发展都需遵循本国的政治选择，这也是高等教育政治论存在哲学的直接表现。在我国，学科组织化需以坚持党的全面领导为根本前提。

（2）学院·学科·学人

学科在大学有多种载体，如学院、学系、科研中心等，这些载体本质上都是学科生存和发展所依托的平台。我国大学的内部架构以学院为核心，因此本研究主要关注学院这一学科载体。大学作为一个多学科的机构，不可能对每个学科的特征和发展规律都非常了解。相较而言，各个学院更加了解和熟悉本学院学科的本质特征和发展规律。因此，在学科建设中，学院与大学间就形成了一种"委托—代理"关系——大学将学科建设的具体任务委托给学院。同时，学科作为一个以知识生产为核心的组织，由一个个学科成员（学人）构成，学科的发展须依靠每个学科成员的付出和贡献。否则，学科就只是一副干涸的"躯壳"。因此，学院和学人也就是学科组织化的参与主体，学科本身自然也在其中。

（3）学科组织化的多主体合作

如上所述，学科组织化的主体主要涉及政党、政府、社会、大学、学院、学科和学人，且这些主体间是相互关联的。如图2-5所示，政府、社会、大学、学院与学科和学人的互动需在坚持党的领导的基本框架内进行，且这些互动的主体是平等的，不存在绝对的权威，但存在分层的引导，即政府通过法律、政策、项目等引导学科发展；社会通过科研和人才的质量反馈推动学科优化；大学在政府指引下，结合社会需求谋划学校学科整体布局和结构设计；学院就学科发展的具体事务与学科及其成员进行协作；学人通过自身从事教学、科学等活动推动本学科的发展；学科对政府、社会、大学和学院等合理需求做出回应。同时，这些主体间可能会围绕学科组织化直接进行互动。如大学在制定学校学科建设规划时，会与政府、社会、学院等主体展开互动；社会在反馈对学科组织化的要求时，除直接反馈给学科外,还可能会通过政府或大学或学院间接反馈给学科。

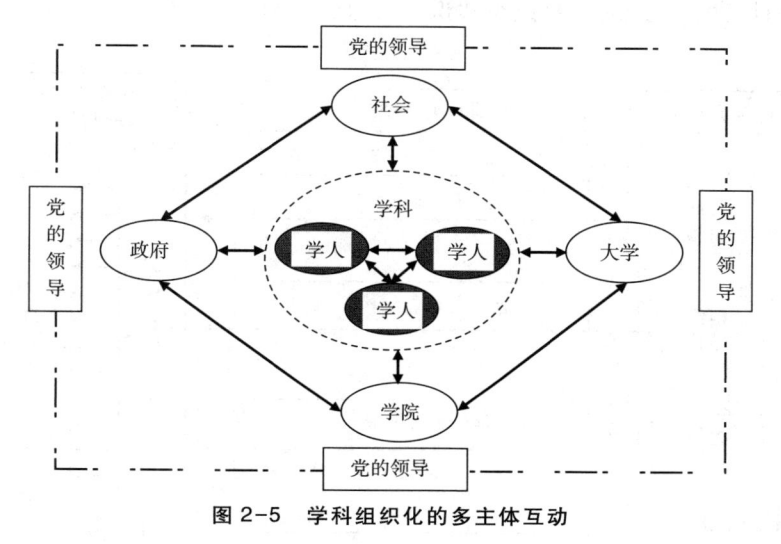

图 2-5 学科组织化的多主体互动

资料来源:笔者基于文献梳理的创新选择。

## 2.3.3 学科组织化的分析框架

如图 2-6 所示。本研究以具象出的学科组织的四个组成要素——方向引领、组织结构、组织行为和组织环境及其间的逻辑关系为核心,根据学科组织化的典型特征和本质要求,遵循由内及外和多主体合作的基本逻辑,运用个别考察与整体观照相结合的分析技术展开研究。宽泛而言,先对学科组织的方向引领、组织结构和组织行为三个内部要素进行分析,然后再对学科组织的外部环境展开研究。具体而言,在学科组织方向引领维度,以其内含的学科组织使命、愿景和目标为核心展开分析;在学科组织结构维度,以其囊括的"位置—角色"结构和机制为核心进行探讨;在学科组织行为维度,以其包括的个体行为、群体行为和整体行为为焦点进行剖析,借此揭示学科组织化在学科组织内部要素维度面临的现实困境。接着,从决策结构、权力关系和治理文化三方面揭示学科组织化遭遇的外部环境束缚。进而,从内外结合的角度,实现对学科组织化的现状、困境及原因的整体观照，并据此提炼学科组织化的创新路径，以彰显学科组织的自组织属性，实现对学科组织知识生产力的提升。

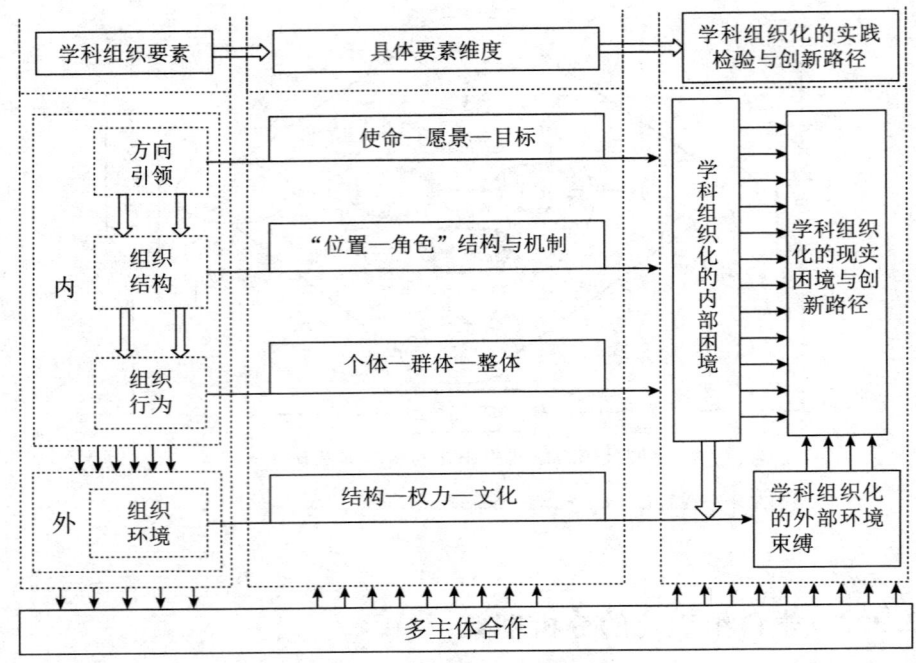

图 2-6 学科组织化的分析框架

资料来源：笔者基于文献梳理的创新选择。

# 3 使命—愿景—目标：大学学科组织的方向引领

学科组织化作为彰显学科自组织属性的一个过程，需以相应的目标作为方向引领。这种目标本质上是一个"集合体"，内嵌着学科组织使命、愿景和目标。同时，学科组织作为大学的基层学术组织，是大学职能的最终践行主体，其组织化须以此为最高引领，即学科组织化的目标需在大学职能的框架内进行建构。据此，从学科组织使命、愿景和目标三位一体的维度，探讨学科组织化方向引领的应然走向、整体状况和现实困境及原因等，为充盈学科组织化的方向引领提供支撑。同时，正如前文所述，在大学内部，学部、学院、系所等组织结构是学科的外显形式，学科则是其真正内涵。因此，学科与学部、学院、系所等组织结构互为表里、交互融合，学部、学院、系所等组织结构的愿景和使命对其所依托学科有直接引领作用，并以此支撑和践行大学的使命与愿景。在我国，大学内部设置的学院在权力配置、功能定位等方面类似于美国大学的"学系"，对学科的生存和发展有更为直接和极其重要的影响，与学科交互融合得更为紧密和直接。因此，对学科组织愿景与使命的分析以学科组织所在学院的使命和愿景为核心展开。

## 3.1 学科组织方向引领的学理拓补

### 3.1.1 学科组织使命的应然承担

学科组织作为大学的组成细胞，肩负的使命来自整个社会经济发展对大学的要求和期待。学科组织化作为彰显学科自组织属性的一个过程或结果，其践行的使命自然来自学科组织的使命。否则，其就失去了存在的合法性。也即学科组织化的使命取决于相同时段内大学职能的分布和构成。大学一般被认为肇始于以意大利的博洛尼亚大学、法国的巴黎大学等为代表的中世纪大学，其承担的职能随着社会经济的发展而处于动态演变之中。中世纪大学的基本目的就是专业教育，旨在培养大批受过良好教育的人，其职能也就被限定在单一的人才培养上。[①] 这种情况一直延续到19世纪初。19世纪初，德国洪堡创办柏林大学，并提出教学与科研相统一原则，推动科学研究成为大学的一种新职能。到20世纪中期，西方现代大学职能在人才培养与科学研究上有新的拓展：1862年美国颁布的《莫里尔法案》促进了美国"增地学院"和州立大学的建立，随着"威斯康星计划"的实施，社会服务被增列为大学的新职能。[②] 至此，西方现代大学的职能开始以人才培养、科学研究和社会服务为核心进行演化。

西方现代大学职能的源起和演化对我国现代大学职能的确立与更新有重要影响。同时，我国现代大学职能的确立与更新又有自身独特的底蕴和环境印迹。新中国成立初期，社会各项事业百废待兴，国家高度重视教育

---

① 潘懋元主编《新编高等教育学》，北京师范大学出版社，1996，第38页。
② 曾成栋：《大学的不同形态与大学职能演变及启示》，《学术探索》2015年第5期。

的政治和育人功能。这期间，我国大学在办学模式上以苏联为师，强调大学具有教学并以之进行人才培养的单一职能。1962年，中央财经小组和科学小组决定从次年起将大学科技事业经费在政府拨款中单列，事实上将大学的科学研究纳入国家发展计划，标志着科学研究正式成为我国现代大学的职能。[①] 当然，自新中国成立以来我国现代大学就有社会服务的意识，只是这时的社会服务主要表现为高等教育与生产劳动相结合，而非以解决社会问题为核心的社会服务。直到1999年《高等教育法》的正式实施，才在法律层面明确界定了大学的社会服务职能。[②] 2011年4月，胡锦涛在清华大学百年校庆上提出："不断提高质量，是高等教育的生命线，必须始终贯穿高等学校人才培养、科学研究、社会服务、文化传承创新各项工作之中。""全面提高高等教育质量，必须大力推进文化传承创新。高等教育是优秀文化传承的重要载体和思想文化创新的重要源泉。"[③] 首次从国家高度将文化传承创新与人才培养、科学研究和社会服务三大职能并列，并明确指出大学对文化传承创新的价值和意义，进而也就将文化传承创新拓展为我国现代大学的第四大职能。[④] 2017年2月，中共中央、国务院印发《关于加强和改进新形势下高校思想政治工作的意见》，强调"高校肩负着人才培养、科学研究、社会服务、文化传承创新、国际交流合作的重要使命"，[⑤] 将国际交流合作界定为我国现代大学的第五大职能。

如上所述，新中国成立以来我国现代大学职能以"人才培养"为基点，逐渐升华为集"人才培养、科学研究、社会服务、文化传承创新、国际交流合作"为一体的网络体系。这个职能网络体系也就相应地成为学科

---

① 史秋衡、季玟希：《中华人民共和国成立70年来大学职能的演变与使命的升华》，《江苏高教》2019年第6期。
② 史秋衡、季玟希：《我国大学职能内涵嬗变的多维分析》，《高等教育研究》2021年第4期。
③ 《胡锦涛在庆祝清华大学建校100周年大会上的讲话》，中国政府网，http://www.gov.cn/ldhd/2011-04/24/content_1851436.htm，最后访问时间：2021年8月10日。
④ 赵旻、陈海燕：《国际交流合作在大学的职能定位研究》，《中国高等教育》2017年第17期。
⑤ 《中共中央 国务院印发〈关于加强和改进新形势下高校思想政治工作的意见〉》，新华网，http://www.xinhuanet.com/politics/2017-02/27/c_1120538762.htm，最后访问时间：2021年8月10日。

组织的使命源泉。

### 3.1.2 学科组织愿景的理性表达

学科组织愿景的作用的充分发挥，前提在于其能够被理性表达，即学科组织愿景需表述清晰、持久有效、独特，并被学科成员所共享。一是表述清晰。学科组织愿景表述清晰是其作用充分发挥的基本条件之一。一个表述清晰的学科组织愿景既是对自身当前所处环境的一种反映，也是对自身及自身所处的专门领域未来发展趋势的一种研判，能为学科组织成员提供明确的努力方向和延绵不断的精神动力。否则，学科组织愿景就是"迷雾导航"，对学科组织的发展缺乏应有的导向性和指向性。二是持久有效。学科组织愿景作为学科组织价值层面的要素，必须经得起时间的考验，长时间内保持不变。如此，其才值得学科组织成员追随，也才具有长远的号召力。要实现这点，就需在谋划愿景时全面分析学科组织的现有条件，明确其优势和短板，并能大致研判和把握学科未来发展的方向和趋势。三是独特。"伟大的企业之所以成功，是因为企业的领袖能够看到别人看不到的东西，提出别人提不出的问题，然后制定自己的方针，将洞察力与策略相结合，描绘出具有鲜明特点的企业蓝图。"[①] 对每个学科组织而言，同样如此，只有具有自身独特的气质，才能实现对自身独一无二的存在价值和竞争优势的表达和传递。四是成员共享。学科组织的发展离不开每个学科成员的付出与努力，学科成员共享的愿景能将学科成员个体发展目标及由其诱发的行为与组织发展及其期许的行为相统一，同时还能借此减少学科成员间的恶性竞争，并激发每个学科成员的"主人翁意识"，营造民主和谐的组织氛围，确保学科组织真正成为每个学科成员的组织。

### 3.1.3 学科组织目标的科学指向

学科组织目标的合理性和科学性，本质上是目标管理的话题。从相关

---

[①] 加里·胡佛：《愿景：企业成功的真正原因》，薛源、夏扬译，中信出版社，2003，导言第Ⅷ页。

实践和已有研究看，有关目标管理的话题在企业管理领域非常普遍，在高等教育管理实践领域也较为常见，但在高等教育管理研究领域却显得较为稀少。因此，对高等教育管理领域的学科组织目标的理性审视显得尤为重要。目标作为一个直接引领和规范组织成员行为的"标的物"，其作用的发挥与其制定、执行和评估等密切相关。这也就意味着一个学科组织目标的合法性和有效性，既受其制定的影响，还受其执行和评估的影响。①

首先，在学科组织目标制定上要"自上而下"与"自下而上"相结合。因为每个学科组织的目标的实现最终要靠一个个学科成员来执行和完成，同时也需学校和学院的整体学科规划提供资源支撑；同时，学科组织作为以知识生产为内核的组织，其组织成员对本学科的现有基础、成果产出周期、未来发展趋势最为了解。所以，每个学科组织目标的制定既需学校和学院整体学科规划的宏观调配，又需充分考量学科组织及其成员的话语表达，才能确保其合法、有效。此外，学科组织的目标设定，需同步明确相应的任务安排和措施供给，否则学科组织目标的执行就如"盲人摸象"。其次，在学科组织目标执行上，需充分尊重每个学科组织及其成员的自主性，避免行政系统对学科组织及其成员过度管控。具体而言，在围绕学科组织目标设置任务和制定措施时，需充分考量每个学科组织的特殊性和学科组织成员尤其是学科带头人的话语表达，防止学科组织的任务安排和措施制定束缚学科组织及其成员的创造性。最后，在学科组织目标考核上，要量化和质性相结合，杜绝用同一标准来考核不同类学科组织目标的完成度，避免学科组织目标考核的"数字化""指标化"。同时，在考核结果的应用上以推动学科组织改进为主，控制其与学科资源分配直接挂钩的程度。

---

① 周三多等编著《管理学——原理与方法》第 7 版，复旦大学出版社，2018，第 181~182 页。

## 3.2 学科组织使命的概况与低位

### 3.2.1 学科组织使命的整体概览与宏观结构

245个样本学科组织使命的编码结果（见表3-1）显示：只有89个学科组织有使命陈述，使命陈述率仅为36.33%。其中，84个学科组织的使命陈述提及"人才培养"，提及率[①]34.29%，提及105次，频次最高；48个学科组织的使命陈述提及"社会服务"，提及率19.59%，提及62次，与"人才培养"相差43次；46个学科组织的使命陈述提及"科学研究"，提及率18.78%，提及57次，频次仅次于"社会服务"，与"人才培养"的频次差距进一步扩大；33个学科组织的使命陈述提及"文化传承创新"，提及率13.47%，提及35次，低于50次，与"科学研究""社会服务""人才培养"的频次差距逐渐扩大，差距都在20次以上；14个学科组织的使命陈述提及"国际交流与合作"，提及率5.71%，提及18次，频次最低。很明显，有关学科组织的使命陈述关注的依次是"人才培养""社会服务""科学研究""文化传承创新""国际交流合作"，与大学职能的衍生历程具有较大的耦合度，即某一大学职能被提出的时间越早，其在学科组织使命陈述中提及率越高。在此基础上，结合使命陈述五大要素的具体文本来源，可以发现学科组织使命的多种要素组合形式。

---

① 以"人才培养"为使命要素的学科组织数占样本学科组织总数的比例。

表3-1 样本学科组织使命的编码结果（N=245）

单位：份，个

| 一级编码 | | | 二级编码 | | |
| --- | --- | --- | --- | --- | --- |
| 节点 | 材料来源 | 参考点 | 节点 | 材料来源 | 参考点 |
| 人才培养 | 84 | 105 | 学科专业人才培养 | 34 | 35 |
| | | | 人才培养直接指向 | 28 | 29 |
| | | | 立德树人 | 10 | 12 |
| | | | 提高人才培养质量 | 9 | 10 |
| | | | 建设人才培养基地 | 9 | 9 |
| | | | 人才培养 | 6 | 6 |
| | | | 创新人才培养模式 | 4 | 4 |
| 社会服务 | 48 | 62 | 面向国家战略和地区发展 | 16 | 20 |
| | | | 服务社会经济发展 | 14 | 14 |
| | | | 服务行业发展 | 8 | 8 |
| | | | 政策咨询与建议 | 7 | 7 |
| | | | 承担社会责任 | 6 | 6 |
| | | | 服务民族振兴 | 4 | 4 |
| | | | 社会服务 | 3 | 3 |
| 科学研究 | 46 | 57 | 探索高深学科知识 | 19 | 23 |
| | | | 提升科研水平 | 16 | 16 |
| | | | 科学研究 | 8 | 9 |
| | | | 建设科研基地 | 5 | 6 |
| | | | 铸就学术品格与声誉 | 3 | 3 |
| 文化传承创新 | 33 | 35 | 弘扬学校传统和精神 | 8 | 8 |
| | | | 坚守学院传统 | 6 | 6 |
| | | | 践行院训精神 | 6 | 6 |
| | | | 文化建设 | 6 | 6 |
| | | | 融合传承学校和学院精神 | 3 | 3 |
| | | | 学科特色文化传承与创新 | 3 | 3 |
| | | | 引领区域文化发展 | 1 | 1 |
| | | | 传递本真文化 | 1 | 1 |
| | | | 传承中国特色社会主义文化 | 1 | 1 |

续表

| 一级编码 | | | 二级编码 | | |
|---|---|---|---|---|---|
| 节点 | 材料来源 | 参考点 | 节点 | 材料来源 | 参考点 |
| 国际交流合作 | 14 | 18 | 学科竞争与合作国际化 | 6 | 7 |
| | | | 人才培养国际化 | 5 | 5 |
| | | | 学术交流国际化 | 4 | 4 |
| | | | 国际化视野和理念 | 2 | 2 |

资料来源：笔者的文本分析。

全要素（见图3-1）"人才培养+科学研究+社会服务+文化传承创新+国际交流合作"形式结构只有1个。四要素（见图3-2）"人才培养+科学研究+社会服务+文化传承创新""人才培养+科学研究+社会服务+国际交流合作""人才培养+国际交流合作+文化传承创新+科学研究"形式结构分别有7、4、1个，共12个。三要素（见图3-3）"人才培养+科学研究+社会服务""人才培养+社会服务+文化传承创新""人才培养+科学研究+文化传承创新""人才培养+社会服务+国际交流合作""人才培养+文化传承创新+国际交流合作""科学研究+社会服务+文化传承创新"形式结构分别有13个、7个、6个、4个、1个、2个，共33个。双要素（见图3-4）"人才培养+科学研究""人才培养+社会服务""人才培养+文化传承创新""人才培养+国际交流合作""科学研究+国际交流合作"形式结构分别有11个、10个、6个、2个、1个，共30个。单一要素（见图3-5）"人才培养""文化传承创新"形式结构分别有11个、2个，共13个。可见，引领学科组织发展的使命以三要素和双要素形式结构为主，分别占37.08%、33.71%，共占70.79%，且在具体要素选择上以"人才培养""科学研究""社会服务"为主。

图3-1 学科组织使命五要素图谱

资料来源：笔者基于文本分析的创新选择。

图 3-2 学科组织使命四要素组合图谱

资料来源：笔者基于文本分析的创新选择。

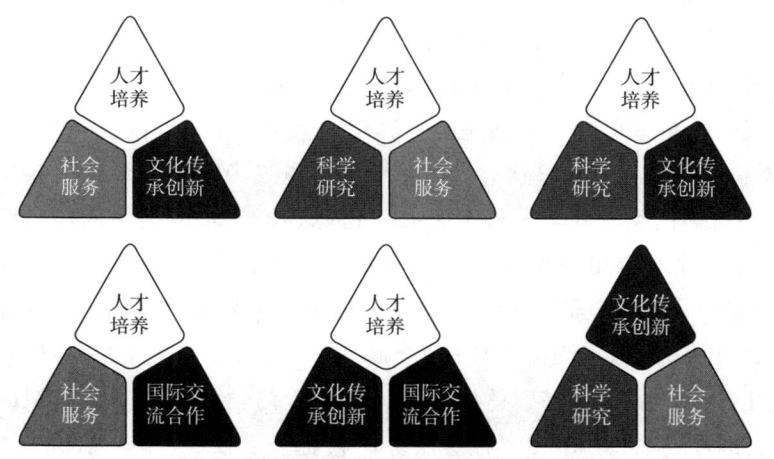

图 3-3 学科组织使命三要素组合图谱

资料来源：笔者基于文本分析的创新选择。

图 3-4 学科组织使命双要素组合图谱

资料来源：笔者基于文本分析的创新选择。

图 3-5 学科组织使命单要素图谱

资料来源：笔者基于文本分析的创新选择。

## 3.2.2 学科组织使命陈述率低

从学科门类角度出发，审视不同学科门类下的学科组织的使命陈述情况，揭示不同学科门类下的学科组织的使命陈述的侧重点和结构特征。如表 3-2 所示。

哲学门类有 3 个学科组织有使命陈述，学科门类中的使命陈述率 42.86%，3 个学科组织的使命陈述的形式结构均不一样，分别以"科学研究+国际交流合作""人才培养+社会服务+文化传承创新""人才培养+文化传承创新+科学研究"形式呈现，其中"人才培养""科学研究""文化传承创新"分别被提及 2 次，"社会服务"和"国际交流合作"仅被提及 1 次。经济学门类有 6 个学科组织有使命陈述，学科门类中的使命陈述率 85.71%，6 个学科组织中有 3 个学科组织的使命陈述由单一的"人才培养"构成，其他 3 个学科组织的使命陈述结构分别呈"人才培养+社会服务""人才培养+国际交流合作+社会服务""人才培养+科学研究+社会服务+文化传承创新"形态。整体来看，经济学门类的 6 个学科组织的使命陈述均提及"人才培养"，"社会服务"被提及 3 次，"科学研究""文化传承创新""国际交流合作"均被提及 1 次。法学门类有 2 个学科组织有使命陈述，学科门类中的使命陈述率 14.29%，使命陈述结构分别以"人才培养+科学研究+社会服务""文化传承创新"形式呈现，且"人才培养""科学研究""社会服务""文化传承创新"均被提及 1 次。教育学门类有 4 个学科组织有使命陈述，学科门类中的使命陈述率为 57.14%，4 个学科组织的使命陈述结构分别以"人才培养+社会服务+科学研究+国际交流合作""人才培养+社会服务+科学研究+文化传承创新""人才培养+社会服务+科学研究""人才培养+科学研究+文化传承创新"形式呈现。其中，"人才培养""科学研究"均被提及 4 次，"社会服务"被提及 3 次，"文化传承创新"被提及 2 次，国际交流合作被提及 1 次。文学门类有 1 个学科组织有使命陈述，学科门类中的使命陈述率 14.29%，同时这个唯一的学科组织的使命陈述结构由"社会服务+科学研究+文化传承创新"构成。历史学门类有 2 个学科组织有使命陈述，学科门类内的使命陈述率

表 3-2 不同学科门类学科组织的使命陈述及其形式结构

| 学科门类 | 有明确使命陈述的学科组织 | 使命陈述的形式结构 | 学科门类 | 有明确使命陈述的学科组织 | 使命陈述的形式结构 |
|---|---|---|---|---|---|
| 哲学 | 01A | 科学研究+国际交流合作 | 历史学 | 07C | 人才培养+社会服务+科学研究 |
|  | 01F | 人才培养+社会服务+文化传承创新 |  | 07G | 人才培养+社会服务+文化传承创新 |
|  | 01G | 人才培养+科学研究+文化传承创新 |  | 08A | 人才培养+社会服务+文化传承创新 |
| 经济学 | 02A | 人才培养+社会服务 |  | 08G | 人才培养 |
|  | 02B | 人才培养+国际交流合作+社会服务 |  | 09B | 人才培养 |
|  | 02C | 人才培养 |  | 09D | 人才培养+科学研究 |
|  | 02D | 人才培养 | 理学 | 09F | 人才培养+文化传承创新 |
|  | 02E | 人才培养 |  | 10A | 人才培养+科学研究 |
|  | 02G | 人才培养+科学研究+社会服务+文化传承创新 |  | 10C | 人才培养+社会服务+科学研究+国际交流合作+文化传承创新 |
| 法学 | 04C | 文化传承创新 |  | 10D | 人才培养+文化传承创新 |
| 教育学 | 05A | 人才培养+社会服务+科学研究+国际交流合作 |  | 10E | 人才培养+科学研究 |
|  | 05B | 人才培养+社会服务+科学研究+文化传承创新 |  | 10F | 人才培养+科学研究 |
|  | 05D | 人才培养+社会服务+科学研究 |  | 11C | 人才培养+国际交流合作 |
|  | 05E | 人才培养+科学研究+文化传承创新 |  | 12A | 人才培养+科学研究 |
| 文学 | 06G | 社会服务+科学研究+文化传承创新 |  | 12F | 人才培养 |

续表

| 学科门类 | 有明确使命陈述的学科组织 | 使命陈述的形式结构 | 学科门类 | 有明确使命陈述的学科组织 | 使命陈述的形式结构 |
| --- | --- | --- | --- | --- | --- |
| 工学 | 13A | 人才培养+国际交流合作+文化传承创新+科学研究 | 工学 | 18D | 人才培养+社会服务+文化传承创新 |
| | 13D | 人才培养+国际交流合作+社会服务 | | 18E | 人才培养+社会服务+科学研究 |
| | 13F | 人才培养+文化传承创新 | | 19B | 人才培养+社会服务+文化传承创新 |
| | 14A | 人才培养 | | 19D | 人才培养+社会服务+科学研究 |
| | 14E | 人才培养+文化传承创新 | | 20G | 人才培养+社会服务+科学研究 |
| | 14G | 人才培养+社会服务+文化传承创新 | | 21C | 人才培养 |
| | 15A | 人才培养+科学研究 | | 22C | 人才培养+社会服务+科学研究 |
| | 15B | 人才培养+社会服务 | | 22D | 人才培养+社会服务+科学研究 |
| | 15E | 人才培养+社会服务+科学研究 | | 23C | 人才培养 |
| | 15F | 人才培养+社会服务+科学研究 | | 23F | 人才培养+社会服务+科学研究 |
| | 16A | 人才培养 | | 24C | 人才培养+社会服务+科学研究 |
| | 16D | 人才培养+社会服务+文化传承创新 | | 24G | 人才培养+文化传承创新+科学研究 |
| | 16E | 人才培养+社会服务+国际交流合作 | 农学 | 25A | 人才培养+国际交流合作+社会服务+科学研究 |
| | 17A | 人才培养+科学研究+文化传承创新 | | 26C | 人才培养+社会服务 |
| | 17D | 人才培养+国际交流合作+文化传承创新 | | 26D | 人才培养+社会服务+文化传承创新+科学研究 |
| | 17F | 人才培养+社会服务 | | 26E | 人才培养+社会服务 |
| | | | | 27D | 人才培养 |
| | | | | 27E | 人才培养+文化传承创新 |

续表

| 学科门类 | 有明确使命陈述的学科组织 | 使命陈述的形式结构 | 学科门类 | 有明确使命陈述的学科组织 | 使命陈述的形式结构 |
|---|---|---|---|---|---|
| 医学 | 28E | 人才培养+科学研究 | 艺术学 | 34A | 人才培养+科学研究 |
| | 29G | 人才培养+社会服务 | | 34B | 人才培养+科学研究 |
| | 30A | 人才培养+社会服务+文化传承创新+科学研究 | | 34C | 人才培养+文化传承创新+科学研究 |
| | 30B | 人才培养+社会服务+文化传承创新 | | 34D | 人才培养+文化传承创新+科学研究 |
| | 30C | 人才培养+社会服务 | | 34E | 人才培养+社会服务+文化传承创新+科学研究 |
| | 30D | 人才培养+科学研究 | | 35C | 人才培养+社会服务 |
| | 30F | 文化传承创新 | | 35F | 人才培养+社会服务+科学研究 |
| | 30G | 人才培养+社会服务 | | | |
| | 31B | 人才培养+国际交流合作 | | | |
| 管理学 | 32A | 人才培养+国际交流合作+社会服务 | | | |
| | 32B | 人才培养+国际交流合作+社会服务+科学研究 | | | |
| | 32D | 文化传承创新+社会服务+科学研究 | | | |
| | 32E | 人才培养+科学研究+社会服务+文化传承创新 | | | |
| | 33A | 人才培养+国际交流合作+社会服务+科学研究 | | | |
| | 33C | 人才培养+社会服务 | | | |
| | 33E | 人才培养+科学研究 | | | |
| | 33G | 人才培养+社会服务 | | | |

资料来源：笔者的文本分析。

28.57%，2个学科组织的使命陈述结构分别呈"人才培养+社会服务+科学研究""人才培养+社会服务+文化传承创新+科学研究"形态分布，其中"人才培养""社会服务""科学研究"被提及2次，"文化传承创新"被提及1次，国际交流合作未被提及。

理学门类有13个学科组织有使命陈述，学科门类内的使命陈述率37.14%。其中，5个学科组织的使命陈述结构为"人才培养+科学研究"，频次最高；3个学科组织的使命陈述结构单一，仅由"人才培养"构成；2个学科组织的使命陈述结构由"人才培养"和"文化传承创新"双元素构成；另外3个学科组织的使命陈述结构分别呈"人才培养+社会服务+文化传承创新""人才培养+社会服务+科学研究+国际交流合作+文化传承创新""人才培养+国际交流合作"形式分布；同时，在这些使命陈述中，"人才培养"被提及13次，"科学研究"被提及6次，"文化传承创新"被提及4次，"社会服务"被提及2次，"国际交流合作"被提及2次。工学门类有28个学科组织有使命陈述，学科门类内的使命陈述率33.33%。其中，8个学科组织的使命陈述结构为"人才培养+社会服务+科学研究"，频次最高；使命陈述结构为"人才培养+社会服务+文化传承创新""人才培养"的学科组织分别有4个，频次次之；使命陈述结构为"人才培养+社会服务"的学科组织3个；使命陈述结构为"人才培养+文化传承创新+科学研究""人才培养+社会服务+国际交流合作""人才培养+文化传承创新"的学科组织各2个；使命陈述结构为"人才培养+国际交流合作+文化传承创新+科学研究""人才培养+国际交流合作+文化传承创新""人才培养+科学研究"的学科组织各1个。在这些使命陈述中，"人才培养"被提及28次，频次最高；"社会服务"被提及17次，频次次之；"科学研究"被提及12次；"文化传承创新"被提及10次；"国际交流合作"被提及4次，频次最低。显然，工学门类的学科组织的使命陈述，在关注"人才培养"的基础上，最受关注的是"社会服务"。

农学门类有6个学科组织有使命陈述，学科门类内的使命陈述率28.57%。其中，使命陈述结构为"人才培养+社会服务"的学科组织有2个，为"人才培养+社会服务+文化传承创新+科学研究""人才培养+国际交流合作+社会服务+科学研究""人才培养+文化传承创新""人才培养"

的学科组织各有1个。在这些使命陈述中,"人才培养"被提及6次,"社会服务"被提及4次,"科学研究""文化传承创新"均被提及2次,国际交流合作被提及1次。医学门类有9个学科组织有使命陈述,学科门类内的使命陈述率32.14%。其中,使命陈述结构为"人才培养+社会服务"的学科组织有3个、为"人才培养+科学研究"的学科组织有2个、为"人才培养+社会服务+文化传承创新+科学研究""人才培养+社会服务+文化传承创新""文化传承创新""人才培养+国际交流合作"的学科组织各1个。在这些使命陈述中,"人才培养"被提及8次,"社会服务"被提及5次,"科学研究"被提及3次,"文化传承创新"被提及3次,"国际交流合作"被提及1次。

管理学门类有8个学科组织有使命陈述,学科门类内的使命陈述率57.14%。其中,使命陈述结构为"人才培养+国际交流合作+社会服务+科学研究"的学科组织有2个、为"人才培养+国际交流合作+社会服务""文化传承创新+社会服务+科学研究""人才培养+科学研究+社会服务+文化传承创新""人才培养+社会服务+科学研究""人才培养+科学研究""人才培养+社会服务"的学科组织各1个。人才培养被提及7次,"社会服务"被提及7次,"科学研究"被提及6次,"国际交流合作"被提及3次,"文化传承创新"被提及2次。艺术学门类有7个学科组织有使命陈述,学科门类内的使命陈述率50%。其中,使命陈述结构为"人才培养+文化传承创新+科学研究"的学科组织有3个、为"人才培养+科学研究"的学科组织有2个、为"人才培养+社会服务+文化传承创新+科学研究""人才培养+社会服务+科学研究"的各有1个。在这些使命陈述中,"人才培养""科学研究"均被提及7次、"文化传承创新"被提及4次、"社会服务"被提及2次。

如上所述,12个学科门类的学科组织的使命陈述率由高到低分别是:经济学门类(85.71%)、管理学门类(57.14%)、教育学门类(57.14%)、艺术学门类(50%)、哲学门类(42.86%)、理学门类(37.14%)、工学门类(33.33%)、医学门类(32.14%)、农学门类(28.57%)、历史学门类(28.57%)、文学门类(14.29%)、法学门类(14.29%)。可见,没有一个学科门类的所有学科组织都有使命陈述,而且使命陈述率超过 50%（含）的在 12 个学科门类中只有 4 个，使命陈述率介于 30% 到 50%（不含）的有 4 个，其他使命陈述率均低于 30%，其中陈述率最低的是文学门类和法学门类。因此，从学科门类角度看，大部分学科门类的学科组织的使命陈述率较低，在不同学科门类间存在明显的差别。同时，除了理学门类的 1 个学科组织拥有全要素的使命陈述结构外，其他学科类别的学科组织的使命陈述结构都不齐全。

显然，引领学科组织发展的使命陈述在要素结构建构上，存在一定的滞后性，未能顺应时代的发展及时更新，对"文化传承创新"和"国际交流合作"两大新生的大学职能的关注度较低。这种现象的产生，主要在于使命作为学科组织精神层面的建设物，不能直接产生物化成果，对学科组织的发展没有"指标"上的贡献，故相关学院、学科成员等主体在当前"五唯"[①] 评价导向下，忽略了对学科组织使命的关注和建设。"学科使命是价值层面的，不好把控，我们主要关注的还是学科评估的'东西'。"（SYL26）"学科使命毕竟是宏大的远景目标，项目和队伍才是眼下亟待解决的问题，这是学科评估的量化导向所决定的。"（SYL02）这种现象在工学类学科组织及其成员中体现得尤为明显。

### 3.2.3 学科组织使命结构窄化

就每个学科门类的学科组织的使命陈述结构而言，经济学门类、理学门类、工学门类、农学门类分别有 3 个、3 个、4 个、1 个学科组织的使命陈述结构由单一的"人才培养"构成。法学门类和医学门类均有 1 个学科组织的使命陈述结构仅由"文化传承创新"这一单一要素构成。文学门类唯一的学科组织的使命陈述结构呈"社会服务+科学研究+文化传承创新"形式分布。哲学门类和管理学门类分别有 1 个学科组织的使命陈述结构不涉及人才培养。除此之外，剩下的分布在除文学门类外的 11 个学科门类的 73 个学科组织的使命陈述在关注"人才培养"的同时，还关注其他大学职能，但在倾向上有所差别。具体而言，每个学科门类的学科组织的使命陈

---

① 研究中的"五唯"均指唯论文、唯帽子、唯职称、唯学历、唯奖项。

述提及除人才培养之外的其他大学职能频次较高的分别是：哲学门类——文化传承创新（2/2①），经济学门类——社会服务（3/3），法学门类——人才培养（1/1）、科学研究（1/1）、社会服务（1/1）、文化传承创新（1/1），教育学门类——科学研究（4/4）、社会服务（3/4），历史学门类——科学研究（2/2）、社会服务（2/2），理学门类——科学研究（6/10）、文化传承创新（4/10），工学门类——社会服务（17/24）、科学研究（12/24）、文化传承创新（10/24），农学门类——社会服务（4/5）、科学研究（2/5），医学门类——社会服务（5/8）、科学研究（3/8）、文化传承创新（3/8），管理学门类——社会服务（7/7）、科学研究（6/7），艺术学门类——科学研究（7/7）、文化传承创新（4/7）。也即能直接产生社会经济效益等偏应用性和实用性的学科门类，如工学、农学、医学、管理学，在关注人才培养的基础上，首要关注的是社会服务职能，其次关注的是科学研究职能；哲学、理学、历史学等偏基础性的学科门类和教育学、法学等介于应用性学科和基础性学科门类之间的学科在强调人才培养的基础上，着重关注的是科学研究、文化传承创新或社会服务。这种结构不完整的使命陈述必然会削弱使命对学科组织化的引领效益，进而会弱化学科组织化的合法性。

### 3.2.4 学科组织使命意义泛化

学科组织使命的意义蕴藏在"人才培养""科学研究""社会服务""文化传承创新""国际交流合作"的具体表述中，即学科组织使命的二级编码的意蕴直接表达着学科组织使命的意义。但对学科组织使命的意义影响最为直接的是"人才培养"和"科学研究"，因为"社会服务""文化传承创新""国际交流合作"都是以这两者为前提。据此，对"人才培养""科学研究"进行分析，以揭示各学科组织使命意义的表达现状。

如表 3-1 所示，"人才培养"的二级编码节点有"学科专业人才培养

---

① 括号中的数字的分子为该学科门类的学科组织的使命陈述中提及该大学职能的频次，分母为该学科门类内除去由单一要素构成使命陈述的学科组织和未提及人才培养的由两个及两个要素以上的职能要素构成使命陈述的学科组织的总数。

（34，35）""人才培养直接指向（28，29）""立德树人（10，12）""提高人才培养质量（9，10）""建设人才培养基地（9，9）""人才培养（6，6）""创新人才培养模式（4，4）"。括号中第一个数字为使命陈述涉及二级编码内容的学科组织数，第二个数字为使命陈述涉及二级编码内容的频次。其中的"立德树人"主要是思想道德方面的，是形而上的，不需学科特色修饰。因此，后文主要对其他6个二级编码节点的参考点内容进行分析。

如表3-3所示。其一，在"学科专业人才培养"上，34个学科组织的使命陈述均明确了人才培养的学科特征，在89个有使命陈述的学科组织中占比38.20%。

表3-3 "人才培养"编码的具体情况

单位：份，个

| 二级编码 | | | 三级编码 | | | 编码的原始文本内容举例 |
| --- | --- | --- | --- | --- | --- | --- |
| 节点 | 材料来源 | 参考点 | 节点 | 材料来源 | 参考点 | |
| 学科专业人才培养 | 34 | 35 | | | | "坚持'厚基础、宽口径、重实践、强素质'的培养思路，着力培养引领机械工程科技发展的拔尖创新型人才（14A）""立足现实、面向世界、面向未来，着力培养电子信息、自动控制、人工智能、电子科学等领域的高水平人才（18D）"…… |
| 人才培养直接指向 | 28 | 29 | 高层次复合型人才 | 19 | 20 | "以培养'高素质、高层次、有担当、创新性'人才为目标（13D）""培养信息传感、测量控制、仪器系统方面创新实践能力突出的复合型卓越人才（15B）"…… |
| | | | 创新型人才 | 6 | 6 | "培养创新人才（15F）""以提高质量、突出创新、强化特色为主线，努力培养高素质创新型人才（16A）"…… |
| | | | 高层次专门人才 | 2 | 2 | "培养全球领袖人才（32A）""为中国和世界培养精英和领军人才（12A）" |
| | | | 卓越人才 | 1 | 1 | "培育卓越人才（32B）" |

续表

| 二级编码 | | | 三级编码 | | | 编码的原始文本内容举例 |
|---|---|---|---|---|---|---|
| 节点 | 材料来源 | 参考点 | 节点 | 材料来源 | 参考点 | |
| 立德树人 | 10 | 12 | | | | "以立德树人为根本（17F）""秉承'精专而卓越'理念，聚焦立德树人根本任务（23C）""坚持立德树人根本任务（04A）""立德树人（07C）"…… |
| 建设人才培养基地 | 9 | 9 | | | | "构建中国气派、中国风格的经济学教育高地（02A）""使我院作为国家重要的经济学基础理论研究高级人才培养基地（02B）""致力于打造富有中国特色的育人高地（05A）""全力打造高端人才培养基地（05B）""人才培养基地（25A）"…… |
| 提高人才培养质量 | 9 | 10 | | | | "努力提高人才培养质量（17A）""不断提升人才培养质量（22D）""以培养人才为第一要务（24C）""学院始终坚持以教学为中心（27D）"…… |
| 人才培养 | 6 | 6 | | | | "人才培养（13A）""人才培养（22C）""人才培养（01F）""以培养人才为基本任务（27D）""全面推进人才培养（28E）""人才培养（30A）" |
| 创新人才培养模式 | 4 | 4 | | | | "践行学科交叉融合，创新人才培养模式（05E）""积极探索适应经济社会发展的人才培养模式（07C）""探索具有中国特色的艺术教育模式与艺术人才培养机制（34D）""以构建具有创新性和适应性的人才培养模式为突破口的建设中去（01G）" |

资料来源：笔者的文本分析。

其二，在"人才培养直接指向"上，具有多类分布的特征。学科组织人才培养直接指向的选择中"高层次复合型人才""创新型人才""高层次专门人才""卓越人才"分别是19个、6个、2个、1个。具体而言，在"高层次复合型人才"上，19个学科组织中只有15B学科组织的使命陈述在"人才培养直接指向"上以"培养信息传感、测量控制、仪器系统方面创新实践能力突出的复合型卓越人才"为内核；另外18个学科组织的使命陈述均未关涉本学科的特色，而将"人才培养直接指向"泛化为高层次复合型人才培养。如 10E 学科组织中关于人才培养的使命陈述以"秉承钱伟长先生'拆除四堵墙'人才培养理念，坚持'多样化人才'培养模式，厚基础、宽口径、求创新、重实践，致力培养注重创新、服务社会、适应发展的复合型优秀人才"为核心。以"创新型人才""高层次专门人才""卓越人才"为"人才培养直接指向"的学科组织的使命陈述也存在类似问题。12F 学科组织使命陈述中的"为培养符合社会需求的创新型人才而努力奋斗"，32B 中的"培育卓越人才"，32A 中的"培养全球领袖人才"都是其直接体现。简言之，在"人才培养直接指向"上，28 个学科组织中有 27 个学科组织缺乏对本学科特色的观照。

其三，在"建设人才培养基地"上，4 个学科组织（02A、02B、05D、09B）赋予人才培养基地学科特色，占比不足 50%；另外 5 个学科组织的使命陈述在人才培养上直接以"建设人才培养基地"的形式表达。如 05B 学科组织的使命陈述将人才培养指向"全力打造高端人才培养基地"。其四，在"提高人才培养质量"和"创新人才培养模式"上，学科组织的使命陈述不具备使命应有的引领性和概括性。其五，在"人才培养"上，学科组织的使命陈述过于宽泛，有明显的形式同构倾向。

由于二级编码的材料来源具有重合性，因此将与"学科专业人才培养"节点的材料来源对应的学科组织和 05B、02A、02B、05D、09B 学科组织的有关人才培养的使命陈述界定为具有学科特色。另外，"学科专业人才培养"节点的材料来源对应的学科组织和 05B、02A、02B、05D、09B 学科组织部分存在重复（重复的学科组织为 05B、02A、09B）。这就意味着，在 84 个有关人才培养使命陈述的学科组织中仅有 36 个学科组织（占比 42.86%）关涉学科特色，直接反映出学科组织人才培养使命陈述存在明显的泛化问题。

"科学研究"的二级编码节点有 5 个（见表 3-4），分别是探索高深学科知识（19，23）、提升科研水平（16，16）、科学研究（8，9）、建设科研基地（5，6）、铸就学术品格与声誉（3，3）。学科组织以知识生产为核心，必须要有明确的和有特色的研究方向，否则就不能生产新的和有质量的知识。这在实践中已得到验证。"科学研究"的二级编码中有 8 个学科组织（13A、15E、22C、24G、28E、30A、30D、10F）的使命陈述直接被表达为"科学研究"，而没有关注具体的研究方向或研究特色是什么。"探索高深学科知识"编码中，19个学科组织中有5个（15A、05B、33A、10A、35F）的使命陈述在科学研究上聚焦于科研成果，而对具体哪方面的成果没有明确的表达。如15A学科组织的使命陈述在科学研究上聚焦于"产生重大科研成果"，而没有任何特色方向上的阐释。"提升科研水平"编码上，16个学科组中有8个（15F、17A、20G、20D、05E、06G、10C、01G）的使命陈述将提升科研水平泛化为"增强科学研究实力"，而忽略了对研究特色的关注。如17A学科组织的使命陈述就直接表达为"增强科学研究实力"。"建设科研基地"编码维度，5个学科组织中有3个（05D、05A、23F）的使命陈述未赋予科研基地学科特色。如05A将科学研究定位于"致力于打造富有中国特色的科研高地"。在"铸就学术品格与声誉"编码中，3个学科组织中有1个具有学科特色，即01A学科组织的使命陈述以"形成史论兼修、厚积薄发的学术品格"为组成要素。同时，由于二级编码的材料来源具有重合性，因此"科学研究"二级编码节点下内含学科特色参考点的材料来源对应的学科组织，即被认为具有学科特色。因此，整体而言，在46个有关科学研究使命陈述的学科组织中仅有30个学科组织（占比65.22%）关涉学科特色，反映出有关学科组织科学研究使命陈述存在泛化倾向。

表 3-4 "科学研究"编码的具体情况

单位：份，个

| 二级编码 | | | 编码的原始文本内容举例 |
| --- | --- | --- | --- |
| 节点 | 材料来源 | 参考点 | |
| 探索高深学科知识 | 19 | 23 | "产生重大科研成果（15A）""既注重文本的历史解读，又强调现代分析的理论论证，以新方法阐释老传统（01A）""立时代之潮头、通古今之变化、发思想之先声（04A）""探究高深学问（05C）"…… |
| 提升科研水平 | 16 | 16 | "推动科技进步（15F）""增强科学研究实力（17A）""积极面向电气自动化、工业自动化、建筑自动化和服务自动化，突出重点发展方向，以质量求支持，以贡献求发展（18E）"…… |

续表

| 二级编码 | | | 编码的原始文本内容举例 |
|---|---|---|---|
| 节点 | 材料来源 | 参考点 | |
| 科学研究 | 8 | 9 | "科学研究（13A）""科学研究（15E）""科学研究（30A）"…… |
| 建设科研基地 | 5 | 6 | "科研高地（05A）""学术研究基地（05D）""建成国际先进的作物学科技创新基地（25A）"…… |
| 铸就学术品格与声誉 | 3 | 3 | "形成史论兼修、厚积薄发的学术品格（01A）""学术声誉（02G）""学术立院（07C）" |

资料来源：笔者的文本分析。

综上，可知各学科组织的使命陈述在人才培养和科学研究两个维度，均存在明显的意义泛化问题。问卷调查中，在"学院的使命具有学科特色"题项，选择"非常不同意""不同意""比较不同意""不确定""比较同意""同意""非常同意"的学科成员分别占 2.30%、3.58%、9.23%、16.40%、31.06%、20.36%、17.07%，即仅有 37.43%（选择"同意"和"非常同意"）的受调查者[①]明确认为学院的使命具有学科特色，印证了学科组织使命陈述意义泛化的问题。

学科组织使命的陈述率低、结构窄化和意义泛化，必然会降低其引领性，致使其对学科组织化的引领功效处于低位运行状态。

---

① 除去在"学院是否有明确的使命"题项选择"没有"和"不知道"的36人，此处的受调查者实际为621人。

## 3.3 学科组织愿景的概貌与迟滞

对学科组织愿景的分析，聚焦的是学科组织所在学院的愿景。因此，这里的学科组织愿景，以学科组织支撑愿景为内涵。后文在表述时，会根据需要，交互使用两种表达。通过文本初读，笔者发现相对于使命陈述，学科组织愿景的表达更加简洁，甚至很多都以短语表示。因此，对学科组织愿景的编码，按照短语通用形式，将一级编码设置为"动词"、"宾语"、"修饰语"以及"其他"4项，对其中复杂的修饰语按照"范围""程度""特征""时间"进行二级编码。具体如"1.3.2 研究方法"所示。

### 3.3.1 学科组织愿景的整体分布与基本结构

245个样本学科组织的愿景编码结果如表3-5所示，245个样本学科组织中有74个学科组织有愿景支撑，愿景支撑率为30.20%，意味着学科组织在发展中的愿景支撑率较低。有愿景支撑的学科组织分布在12个学科门类、33个一级学科中。就不同学科门类的学科组织的愿景支撑率而言，管理学门类最高，为50%；法学门类、教育学门类、文学门类次之，为42.86%；此后依次是工学门类（33.33%）、农学门类（28.57%）、经济学门类（28.47%）、理学门类（25.71%）、医学门类（25.00%）、哲学门类（14.29%）、历史学门类（14.29%）；艺术学门类最低，为5.88%。显然，各学科门类的学科组织的愿景支撑率普遍偏低，相互间不存在明显区别。其中，最高仅有50%，且只有1个；30%~50%的有4个；30%以下的有7个，且其中1个在10%以下。其次，就各学科门类学科组织拥有的支撑愿景的结构而言，54个学科组织的支撑愿景以"动词+修饰语+宾语"形式呈现，在74个拥有支撑愿景的学科组织和245个样本学科组织中的占比分别为72.98%和22.04%；16个学科组织的支撑愿景以"动词+修饰语+宾语+其他"形式结构呈现，在74个拥有支撑愿景的学科组织和245个样本学科组织中的占比分别为21.62%和6.53%；剩下的4个学科组织的支撑愿景以"修饰语+宾语"的形式结构呈现，在74个拥有支撑愿景的学科组织和245个样本学科组织中分别占比5.41%和1.63%。可见，在各学科组织的支撑愿景表达中以"动词+修饰语+宾语"的结构形式为主。

表3-5 学科组织愿景的整体分布与形式结构

单位：份，个

| 一级编码 | | | 二级编码 | | | 三级编码 | | |
| --- | --- | --- | --- | --- | --- | --- | --- | --- |
| 节点 | 材料来源 | 参考点 | 节点 | 材料来源 | 参考点 | 节点 | 材料来源 | 参考点 |
| 动词 | 70 | 73 | 建成 | 35 | 35 | | | |
| | | | 建设 | 18 | 18 | | | |
| | | | 创建 | 6 | 6 | | | |
| | | | 打造 | 6 | 6 | | | |
| | | | 迈进 | 3 | 3 | | | |
| | | | 培养 | 2 | 2 | | | |
| | | | 创新 | 1 | 1 | | | |
| | | | 瞄准 | 1 | 1 | | | |
| | | | 推动 | 1 | 1 | | | |
| 修饰语 | 74 | 297 | 范围 | 50 | 83 | 全国 | 33 | 37 |
| | | | | | | 国际 | 17 | 17 |
| | | | | | | 世界 | 13 | 15 |
| | | | | | | 省域 | 4 | 5 |
| | | | | | | 国内外 | 3 | 3 |
| | | | | | | 行业 | 2 | 2 |
| | | | | | | 地区 | 2 | 2 |
| | | | | | | 校内 | 1 | 1 |
| | | | | | | 国内同类 | 1 | 1 |

续表

| 一级编码 | | | 二级编码 | | | 三级编码 | | |
|---|---|---|---|---|---|---|---|---|
| 节点 | 材料来源 | 参考点 | 节点 | 材料来源 | 参考点 | 节点 | 材料来源 | 参考点 |
| 修饰语 | 74 | 297 | 程度 | 64 | 97 | 一流 | 38 | 42 |
| | | | | | | 高水平 | 18 | 18 |
| | | | | | | 知名 | 16 | 16 |
| | | | | | | 领先 | 8 | 8 |
| | | | | | | 重要 | 5 | 5 |
| | | | | | | 一定 | 2 | 2 |
| | | | | | | 水平一流 | 1 | 1 |
| | | | | | | 先进 | 1 | 1 |
| | | | | | | 顶尖 | 1 | 1 |
| | | | | | | 著名 | 1 | 1 |
| | | | | | | 较高 | 1 | 1 |
| | | | | | | 先进水平 | 1 | 1 |
| 修饰语 | 74 | 297 | 特征 | 58 | 112 | 优势与特色鲜明 | 32 | 36 |
| | | | | | | 研究型 | 18 | 18 |
| | | | | | | 教学研究型 | 11 | 11 |
| | | | | | | 有影响 | 11 | 11 |
| | | | | | | 多学科协同 | 4 | 4 |
| | | | | | | 创新型 | 3 | 3 |
| | | | | | | 高质量人才培养 | 3 | 3 |
| | | | | | | 处于学科领域前沿 | 2 | 2 |
| | | | | | | 国际化 | 2 | 2 |
| | | | | | | 高品质 | 2 | 2 |
| | | | | | | 研究水平高 | 1 | 1 |
| | | | | | | 学术氛围浓厚 | 1 | 1 |
| | | | | | | 学科部分领域 | 1 | 1 |
| | | | | | | 享有声誉 | 1 | 1 |
| | | | | | | 现代化 | 1 | 1 |

续表

| 一级编码 | | | 二级编码 | | | 三级编码 | | |
|---|---|---|---|---|---|---|---|---|
| 节点 | 材料来源 | 参考点 | 节点 | 材料来源 | 参考点 | 节点 | 材料来源 | 参考点 |
| 修饰语 | 74 | 297 | 特征 | 58 | 112 | 师生满意 | 1 | 1 |
| | | | | | | 社会认可 | 1 | 1 |
| | | | | | | 人文精神浓厚 | 1 | 1 |
| | | | | | | 人文环境和谐 | 1 | 1 |
| | | | | | | 科学研究有特色 | 1 | 1 |
| | | | | | | 科学研究领先 | 1 | 1 |
| | | | | | | 科教并重 | 1 | 1 |
| | | | | | | 科技创新 | 1 | 1 |
| | | | | | | 开放性 | 1 | 1 |
| | | | | | | 拥有一流成果 | 1 | 1 |
| | | | | | | 拥有一流师资 | 1 | 1 |
| | | | | | | 有实力 | 1 | 1 |
| | | | | | | 扎根中国大地 | 1 | 1 |
| | | | | | | 最懂中国管理 | 1 | 1 |
| | | | | | | 最具情怀 | 1 | 1 |
| | | | 时间 | 5 | 5 | 早日 | 2 | 2 |
| | | | | | | "十四五" | 1 | 1 |
| | | | | | | 5年左右 | 1 | 1 |
| | | | | | | 10年左右 | 1 | 1 |
| 宾语 | 74 | 93 | 学院 | 52 | 52 | | | |
| | | | 学科 | 13 | 13 | | | |
| | | | 科学研究中心 | 7 | 7 | | | |
| | | | 人才培养基地 | 6 | 6 | | | |
| | | | 口腔医学院（口腔医院） | 3 | 3 | | | |
| | | | 社会服务基地 | 2 | 2 | | | |
| | | | 学科基地 | 2 | 2 | | | |

续表

| 一级编码 | | | 二级编码 | | | 三级编码 | | |
|---|---|---|---|---|---|---|---|---|
| 节点 | 材料来源 | 参考点 | 节点 | 材料来源 | 参考点 | 节点 | 材料来源 | 参考点 |
| 宾语 | 74 | 93 | 人才 | 2 | 2 | | | |
| | | | 教育基地 | 2 | 3 | | | |
| | | | 发展 | 1 | 1 | | | |
| | | | 理论 | 1 | 1 | | | |
| | | | 合作平台 | 1 | 1 | | | |
| 其他 | 16 | 37 | 集聚和培养人才 | 5 | 5 | | | |
| | | | 推动学科建设 | 4 | 4 | | | |
| | | | 提供社会服务 | 3 | 4 | | | |
| | | | 开展科学研究 | 3 | 3 | | | |
| | | | 文化传承与创新 | 2 | 2 | | | |
| | | | 学科交叉融合 | 2 | 2 | | | |
| | | | 强化内涵式发展 | 2 | 2 | | | |
| | | | 扬优固本拓新 | 1 | 1 | | | |
| | | | 团结奋进 | 1 | 1 | | | |
| | | | 提升专业建设水平 | 1 | 1 | | | |
| | | | 提升教学科研水平 | 1 | 1 | | | |
| | | | 强化学校传统特色 | 1 | 1 | | | |
| | | | 遵循学校规划和教育规律 | 1 | 1 | | | |
| | | | 培育特色学派 | 1 | 1 | | | |
| | | | 凝练研究方向 | 1 | 1 | | | |
| | | | 立足中国真实 | 1 | 1 | | | |
| | | | 解放思想 | 1 | 1 | | | |
| | | | 夯实基础 | 1 | 1 | | | |
| | | | 国际交流合作 | 1 | 1 | | | |
| | | | 发挥优势 | 1 | 1 | | | |
| | | | 创新学科理论 | 1 | 1 | | | |
| | | | 创新机制 | 1 | 1 | | | |

资料来源：笔者的文本分析。

### 3.3.2 学科组织愿景支撑率低

表 3-5 中学科组织愿景的二级编码显示，74 个学科组织的愿景表达中的动词集中于"建成/建设/创建/打造"等关键词，且这些关键词间没有明显的差异，因此在分析各学科组织的愿景的意义时，选择省略。"其他"节点主要陈述实现愿景的具体途径，涉及 16 个学科组织。在具体途径选择上，涉及集聚和培养人才、推动学科建设、提供社会服务、开展科学研究、文化传承与创新、学科交叉融合和强化内涵式发展等，具有明显的差异性和工具价值取向，对学科组织愿景的表达及其意义呈现没有直接影响，同样选择省略。于此，着重从修饰语、宾语两项进行分析，并以宾语为中心展开。这是因为，宾语是学科组织支撑愿景表达的最终指向，明确了学科组织发展的终极目标，并以此指引着学科组织的发展。修饰语则以宾语为核心而选择运用。

学院、学科、科学研究中心、人才培养基地、口腔医学院（口腔医院）、社会服务基地、学科基地、人才、教育基地、发展、理论和合作平台是 74 个学科组织支撑愿景的最终指向，且学院、学科、科学研究中心和人才培养基地被指向的频次靠前。同时，每个学科组织支撑愿景的最终指向并不都是单一要素（如仅指向"学院"或"学科"），存在多种要素组合（如指向"学院+学科"）的情况。其中，50 个学科组织的支撑愿景指向"学院"[包括支撑愿景指向"口腔医学院（口腔医院）"的 3 个学科组织]、9 个学科组织的支撑愿景指向"学科"、2 个学科组织的支撑愿景指向"学科基地"、1 个学科组织的支撑愿景指向"教育基地"、2 个学科组织的支撑愿景指向"学院+学科"、2 个学科组织的支撑愿景指向"科学研究中心+人才培养基地"、1 个学科组织的支撑愿景指向"学院+学科+人才"、1 个学科组织的支撑愿景指向"学院+科学研究中心+人才培养基地"、1 个学科组织的支撑愿景指向"科学研究中心+人才培养基地+社会服务基地"、1 个学科组织的支撑愿景指向"科学研究中心+人才培养基地+社会服务基地+合作平台"、1 个学科组织的支撑愿景指向"学科+科学研究中心+人才培养基地"、1 个学科组织的支撑愿景指向"人才+发展+理论"、1个学科组织的支撑愿景指向"科学研究中心+教育基地"。可见，支撑愿景中指向包含"学科"的学科组织数有15个，在74个学科组织中占比20.27%，涉及的学科组织分布在文学、理学、工学和农学4个学科门类。在宾语中直接提及"学科（基地）"，表明相关学科组织（15个）拥有最为直接和明确的愿景支撑，但这也并不意味着愿景表达的宾语中未提及"学科（基地）"的学科组织不拥有明确的支撑愿景。这是因为在宾语指向除"学科（基地）"之外的其他"事物"时，存在通过对支撑愿景的特征描述来关注学科的情况。

如表3-5中的三级编码所示，学科组织支撑愿景特征描绘表现在"优势与特色鲜明""研究型""教学研究型""有影响""创新型""高质量人才培养""处于学科领域前沿""国际化""高品质"等短语或词汇上。由于前文已经对含有"学科"的支撑愿景表达的宾语做了分析，所以此处只关注宾语不含"学科"的支撑愿景的特征描述。通过编码，笔者发现"优势与特色鲜明"这个二级编码节点出现频次高、涉及的学科组织数最多，并成多类分布，因此对其进行进一步编码。编码结果如表3-6所示。结合表3-5中的"特征"编码和表3-6中的"优势与特色鲜明"编码来看，支撑愿景的宾语未提及"学科"的学科组织中有59个，其中，有25个学科组织的支撑愿景在被表达时附着了学科特色，学科特色被表达率42.37%。这些支撑愿景的学科特征描绘，主要蕴含在"最懂中国管理""多学科协同""处于学科领域前沿""领域和行业特色鲜明""学科特色鲜明"等短语中。这里的"领域和行业特色鲜明"虽不像其他短语直接提及"学科"，但其对领域和行业的观照，与相关学科是紧密相关的。如21A（地质资源与工程学科）的支撑愿景的特征被描述为"建成资源能源领域的……"。综合来看，245个学科组织中，支撑愿景涉及对应学科及其特色的仅有40个，占比仅为16.33%。显然，这一表达率非常低，意味着大部分学科组织的发展缺乏愿景支撑。"学科和学院是连在一起的，两者相互支撑，学院的愿景本质就应是学院学科的愿景。学科愿景往往是价值层面的，不容易量化，对考核也没有指标贡献，在（实践中）就容易被忽视。"（SYL02）

表 3-6 "优势与特色鲜明"进一步编码结果

单位：份，个

| 二级编码 | | | 三级编码 | | |
| --- | --- | --- | --- | --- | --- |
| 节点 | 材料来源 | 参考点 | 节点 | 材料来源 | 参考点 |
| 优势与<br>特色鲜明 | 32 | 36 | 学科特色鲜明 | 15 | 18 |
| | | | 特色鲜明 | 12 | 12 |
| | | | 领域和行业特色鲜明 | 4 | 4 |
| | | | 优势突出与特色鲜明 | 1 | 1 |
| | | | 优势突出 | 1 | 1 |

资料来源：笔者的文本分析。

### 3.3.3　学科组织愿景意义模糊

学科组织支撑愿景表达率低，客观反映出学科组织愿景的缺失，更是直接反映出愿景意义的缺失，"皮之不存，毛将焉附"，没有愿景又何谈愿景的意义呢？显然，这种缺失是一种完全的、彻底的意义模糊。就拥有支撑愿景的学科组织而言，其支撑愿景是否有具体指向或特征描述决定着其是否存在明确意义上的精神引领。前文已经提到，74个有支撑愿景的学科组织中有15个学科组织的支撑愿景直接指向"学科"，这就意味着这15个学科组织拥有明确的学科愿景指向。而从常用的"动词+修饰语+宾语"的语言表达习惯看，对"学科"意义呈现主要体现在修饰语的范围、程度、特征三方面，动词对其不具价值。因此，对这15个学科组织的支撑愿景的意义考察从愿景修饰语的范围、程度、特征三方面进行。

15个学科组织的愿景的意义呈现如表3-7所示。首先，在范围和程度方面，有13个学科组织的支撑愿景被明确了范围和程度，且分别以"世界一流"（7个）、"国内一流+国际知名"（1个）、"国际领先+世界一流"（1个）、"省域领先+国内一流"（1个）、"国内领先+世界一流"（1个）、"国内一流+国际（影响力）"（1个）、"国内一流、国际领先"（1个）的形式呈现，括号中的数字表示愿景的范围和程度以此形式结构展现的学科组织数；剩下的2个学科组织的愿景分别是有范围无程度、有程度无范围。其中的"国内一流、国际领先"存在明显的逻辑错误，因为从程度上看领先高于一流，且国际范围大于国内范围，所以"国内""领先""国际"

"一流"间的搭配理应是"国内领先、国际一流"。其次,在特征方面,有9个学科组织的愿景无特征描述,即这些学科组织的愿景的表达未能虑及本学科组织的特色;另外6个学科组织的愿景的特征,结合愿景表达的原始文本看,虽都在形式上强调了学科特色,但却未说明到底是哪种学科特色。如在特征表述时,就直接以"学科特色鲜明"呈现,而未提炼出学科的具体特色。简言之,在学科组织愿景的特征描述上存在形式主义倾向,模糊了对学科组织愿景的意义的表达。问卷调查中,在"学院的发展愿景具有明显的学科特色"题项,选择"非常不同意""不同意""比较不同意""不确定""比较同意""同意""非常同意"的学科成员分别占2.35%、0.88%、7.75%、16.73%、32.55%、23.06%、16.68%,即仅有39.74%(选择"同意"和"非常同意")的受调查者①明确认为学院的愿景具有学科特色,印证了学科组织愿景意义模糊的现实。

表3-7 学科组织愿景的意义表达

| 学科 | 修饰语——范围 | 修饰语——程度 | 修饰语——特征 |
| --- | --- | --- | --- |
| 01D | 校内 | 无 | 应用文科 |
| 02B | 国内、国际 | 一流、知名 | 无 |
| 06A | 世界 | 一流 | 无 |
| 06B | 无 | 一流 | 无 |
| 08A | 国际、世界 | (国际)领先、世界一流 | 无 |
| 09A | 世界 | 一流 | 无 |
| 09D | 省域、国内 | 领先、一流 | 领域和行业特色鲜明、科教并重 |
| 12F | 国内、世界 | 领先、一流 | 无 |
| 14A | 世界 | 一流 | 无 |
| 15A | 世界 | 一流 | 无 |
| 16A | 世界 | 一流 | 扎根中国大地 |
| 19B | 国内、国际 | (国内)一流、国际(影响力) | 学科特色鲜明 |
| 22A | 世界 | 一流 | 无 |
| 25A | 世界 | 一流 | 特色鲜明 |
| 25B | 国内、国际 | (国内)一流、(国际)领先 | 研究水平高、学科部分领域 |

资料来源:笔者的文本分析。

---

① 除去在"学院是否有明确的发展愿景"题项选择"没有"和"不知道"的43人,此处的受调查者实际为614人。

### 3.3.4 学科组织愿景传播不畅

学科组织愿景被确立之后，并非就"万事大吉"，能理所当然地对学科组织及其成员产生应有的作用和价值，事实上仍旧需要通过发挥教授群体的作用和营造有利于愿景传播的文化氛围来推动其扩散，① 进而才能确保其潜移默化地渗透到每个学科组织成员的认知中，最终使其对每个学科组织成员的行动产生应有的精神支撑和方向引领。首先，就教授群体的作用而言，这一群体作为拥有独特的和高级学科知识的人的"集合体"，凭借自身充分积累的相关学科知识和拥有的较高的知识创新能力，以及自身在整个学科知识生产体系中的良好学术声誉，成为相关学科组织支撑愿景的核心规范力量，对学科组织愿景的传播和演变有十分重要的影响。正如张成林等所言："第一流专家教授的作用绝不仅仅是在研究室和课堂中，或者仅仅在局部专业领域中。聘请第一流教授的目的还有另一个重要方面，就是让他们参加学院的学术管理和长远建设规划，也就是让他们去办学——不仅仅是去教书或搞科研。"② 这就意味着在学科组织支撑愿景被确立之时，需要通过研讨、会议等听取相关教授群体代表的意见或是直接交由学院教授委员会等学术组织决定；在被确立之后，则应通过教授讲座的形式，主动呈现愿景，并辅之以学院会议、文化墙建设。其次，就营造利于愿景传播的文化氛围而言，文化氛围作为一种群体认知，具有较强的稳固性、传统性和渗透性，对组织成员的行为有明显的规范和引领作用。因此，学科组织的支撑愿景必须通过相应的组织文化氛围才能真正获得每个学科组织成员的认同和坚守。这种组织文化氛围主要包括广泛参与、包容差异和激励学习。③

但在实践中，很多学科组织的支撑愿景在被确立时，基本是由院系行政系统主导决策。"愿景很重要，但对学科'显示度'的提升没有直接作用，基本上是学院办公室在具体负责，老师们参与的积极性和主动性有

---

① 王娟娟：《大学愿景管理研究》，博士学位论文，武汉大学，2011，第 105 页。
② 张成林、曾晓萱：《MIT 工程教育思想初探》，《高等工程教育研究》1988 年第 1 期。
③ 王娟娟：《大学愿景管理研究》，博士学位论文，武汉大学，2011，第 113 页。

限。"(SYL28)问卷调查中,在"学院谋划发展愿景时征求您意见的频次"题项,选择"从未""很少""偶尔""经常""几乎总是"的没有行政职务的教授分别占比 11.12%、17.28%、32.10%、30.86%、8.64%,即仅有 39.50%(选择"经常"和"几乎总是")的受调查的没有行政职务的教授在学院谋划发展愿景时被积极征询意见。"学科愿景对于学科发展很重要,能将大家(学科成员)'拧成一股绳',但在当前这种(以量化为主的)考核形式下,其容易被忽视。我之前提议咱们学院弄个愿景,学院没什么回应。换了院长后,新院长召集弄了弄,但还是不太理想,没有考虑咱们学科的传统和特色,就是学院办公室提供了几个方案,然后问了下我们,没有经过充分的讨论。最后,(愿景)弄完也没怎么管过。关键还是功利思想在作祟。"(SYL35)显然,实践中的院系发展愿景谋划既忽略了教授群体的作用,又在功利主义的诱惑下忽视对愿景传播的文化氛围的营造,最终导致学科组织愿景传播不畅。

## 3.4　学科组织目标的范式与混沌

### 3.4.1　学科组织目标的系统表达和基本范式

2018年9月，中共中央、国务院印发的《中共中央国务院关于全面实施预算绩效管理的意见》明确提出："力争用3—5年时间基本建成全方位、全过程、全覆盖的预算绩效管理体系，实现预算和绩效管理一体化，着力提高财政资源配置效率和使用效益。"① 在此指引下，2019年12月《教育部关于全面实施预算绩效管理的意见》提出："到2020年底，基本建成覆盖部门预算和转移支付的全面预算绩效管理制度体系。在此基础上，不断总结和推广实践经验，逐步推动形成体系完备、务实高效的教育预算绩效管理模式。"② 预算绩效管理本质上是对"投入—产出"效益的追求，对高校学科建设管理模式有直接影响。"预算绩效管理说得直接点，就是钱投到哪里，产生了什么效益。相应地，对学科建设经费的管理也需按照这种模式来进行。"（SYL36）在追求"投入—产出"效益的推动下，每个学科组织都拥有自己的发展目标。这些目标具有明显绩效特征，并在形式和内容上体现着对"目标—任务—措施"的系统观照。"国家出台了预算绩效管理政策，我们就得执行，学科作为学校的'龙头'，肯定得制定针对性的绩效管理目标。"（SYL22）"学院的学科发展目标是根据学校任务分解来的，在制定目标时，都会考虑相应的任务和措施，这已经是共

---

① 《中共中央　国务院关于全面实施预算绩效管理的意见》，中国政府网，http://www.gov.cn/zhengce/2018-09/25/content_5325315.htm，最后访问时间：2021年7月20日。
② 《教育部关于全面实施预算绩效管理的意见》，教育部网站，http://www.moe.gov.cn/srcsite/A05/s7499/201912/t20191227_413738.html，最后访问时间：2021年7月20日。

识。目标文本在形式和内容上都是完整的，关键是执行。"（SYL08）"目标文本好看得很，目标、任务和措施这些都有，但落实得如何呢？其实，大家都知道目标文本有时候存在形式主义的问题。"（SYL05）因而，对学科组织目标的实然审视，着重从目标制定、目标执行和目标考核三个维度展开。

## 3.4.2　目标制定深陷行政主导与自上而下的工具理性

作为大学组成细胞的学科组织，其目标的制定理应是"自上而下"与"自下而上"的结合，如此才能真正确保其目标发挥应有的价值和作用。在实践中，学科组织目标的制定却具有明显的"自上而下"的机制同构与路径依赖，"自下而上"更多只是一种形式上的表现。究其缘由，关键在于：新中国成立之初，在当时现实情景下选择以苏联为师，构建起以中央高度集权、自上而下为特征的高等教育计划管理体制，并由此将政府与大学的权责结构塑造成"政府全面管制与大学完全附属"的模式。在此结构模式下，政府在包括学科建设在内的大学办学的方方面面享有最终决策权，大学则类似政府的下属单位，主要负责执行政府的命令与决定，大学在日常办学中的独立性与自主性缺乏。[①] 这导致大学在处理内部事务时主要遵循的是由政府供给的相关制度和规范，并由此在大学内部潜移默化地同构起以行政主导、自上而下为核心的治理模式，故而大学学科组织的目标制定有明显的行政主导、自上而下的特征。改革开放至今，我国虽然一直在调整大学外部和内部的治理结构与权力分配，但受历史惯性的束缚，在大学学科组织目标制定方面仍具有明显的"行政主导、自上而下"印记。

这种"行政主导、自上而下"既表现在学校与学院之间，也表现在学院与学科组织及其成员之间。具体而言，每个学科组织的目标由学院学科发展目标分解而来，而学院的学科发展目标又是由学校整体学科发展目标

---

[①] 陈良雨：《高等教育治理主体权责结构的历史嬗变及其评价——基于生态位的分析视角》，《河南师范大学学报》（哲学社会科学版）2017年第2期。

分解而来。同时，在学校整体学科发展目标制定过程中，以校长和党委书记领导的学科规划处、发展规划处、研究生院、教务处等职能部门为核心，二级学院和各学科组织的参与度较为有限，即使有参与也只是一种形式上的参与。诚如有研究发现的，在"双一流"建设方案的顶层设计中，由校级行政规划部门牵头、各行政单位配合，最后下发各学院执行了事，仍是大部分高校的现实选择，院系的主体作用缺失问题依旧突出。① 陈廷柱教授分析了自身参与评审、论证或了解的多所高校规划文本及相关材料，指出："当前高校规划工作在惯性思维主导下，奉行的是执行模式，是全校一盘棋的办学思路在规划问题上的反映，依赖自上而下的目标与责任分解，由此造成的问题也是比较突出的。"② "学校规划是在国家战略规划下进行的，我们（发展规划处）在做规划时也会咨询校内专家的意见，但主要是咨询校外院士的意见。……在规划的领导上，主要是校长和党委书记，我们负责居中协调和整体执行。"（SYL21）"学科建设规划是个专项计划，是我们（学科建设处）在负责，……与二级学院和学科组织的联系以院系行政系统为主，较少直接与学科带头人等基层学术个体联系。"（SYL22）

同时，学校在制定学科规划时，受行政主导的影响，具有明显的绩效主义倾向。③ 由此，随着与"双一流"建设身份的获取及财政资助紧密捆绑在一起的学科评估的开展，部分高校尤其是"双一流"建设高校将学科评估结果"奉为圭臬"，对照其指标分析本校学科的潜在优势和存在的问题，并据此制定与学科评估指标相符的发展目标，致使学科组织模式创新等对学科组织发展至关重要的内在要素被悄然遗忘。22A学科组织所在高校的世界一流学科建设方案，明确将世界一流学科建设的内容制定为"着力培养安全工程新工科人才，着力解决矿山安全重大理论与关键难题，着力提升社会服务水平，着力传承先进的安全文化，着力打造一流师资队伍，着力深化国际交流与合作（中外合作的科学研究中心、海外人才引

---

① 杨朔镔、杨颖秀：《"双一流"背景下大学院系治理现代化探论：自组织理论的视角》，《教育发展研究》2018年第5期。
② 陈廷柱：《高校"十四五"规划如何走出惯性思维》，《中国教育报》2021年11月8日，第5版。
③ 王洪才：《高等教育评价破"五唯"：难点·痛点·突破点》，《重庆大学学报》（社会科学版）2021年第3期。

进、组建国际化创新团队、人才培养国际化)",① 与第四轮学科评估的指标尤其是一级指标（师资队伍与资源、科学研究水平、人才培养质量、社会服务与学科声誉）高度对应。② 需要说明的是，在学科规划中，发展目标往往具有引领性和概括性，建设内容或建设任务才是其具体展现，也即建设内容或建设任务是发展目标的一种直接体现。这是因为发展目标是一种结果呈现，建设内容或建设任务则是发展目标实施标准和实施过程的一种体现。而且毋庸置疑的是，当前各高校出台的一流学科建设方案实质上也是一种学科规划。据此，将22A学科组织所在高校的世界一流学科建设方案中的建设内容作为论据合理合法。

在学院学科发展目标及其内含的学科组织目标制定层面，以学科组织所在的二级学院行政系统为核心，学科组织及其成员在现有组织架构下参与决策的深度和广度较为有限。"学院的学科建设目标（及其内含的学科组织目标）的制定都是根据学校规划和学科评估来的，考核的时候要填表，目标就得围绕表转。我们在做这个事的时候，也会召集学院教授开会，但大家在会上发言的积极性并不是太高。"（SYL24）"我们就是有建议权，但对于开会的结果并不是我们所能左右的。"（SYL27）长此以往，为学院学科建设目标及其内含的学科组织目标制定而召开的讨论会也就变成为行政决策"背书的会"。学院学科建设目标及其内含的学科组织的目标的制定在自上而下和行政主导的框限下，对学科组织的历史传统、发展现状和未来趋势最为了解的各学科带头人或学科领域的教授失去了在学院学科建设目标和学科组织目标制定上应有的参与权和表达权，致使学院制定的学科建设目标及其内含的学科组织的发展目标存在自上而下的制度同构问题，并具体表现为：学院学科建设目标及其内含的学科组织发展目标主要是对标学科评估指标，具有明显的数字化特征，对学科的传统特色、组织成长，以及学者所坚守的价值观和信念等学科组织的真正生命养分未

---

① 《关于公布中国矿业大学一流学科建设高校建设方案的通知》，中国矿业大学信息公开网，http://xxgk.cumt.edu.cn/b5/07/c13479a439559/page.htm，最后访问时间：2021年9月9日。
② 段鑫星、赵智兴：《学科评估指标体系：从理论建构到实践审思》，《江苏高教》2021年第4期。

给予充分的关注。① 如表3-8所示，某管理类二级学院"十四五"学科发展核心指标与第四轮学科评估指标中的二级指标高度相关，同时在指标分解上全都以数字形式呈现，此处基于科研伦理的考虑②而未予以精确呈现。同时，各学科组织成员在本学科发展目标制定中的低参与度，使制定的目标在各学科组织成员内的理解度和认可度较低，最终导致学科组织成员的个人目标与本学科组织发展目标间存在较深的"沟壑"。概言之，就是各学科组织成员缺少组织目标的引领，往往是"单打独斗"，学科组织"形式上存在"的程度加深。"学院制定的学科组织目标其实就是学校学科规划目标的一种分解继承，对本学科的传统和特色关注不够。"（SYL05）

表3-8 某管理类二级学院"十四五"学科发展核心指标

| 序号 | 核心指标 | 指标分解呈现形式 | 序号 | 核心指标 | 指标分解呈现形式 |
|---|---|---|---|---|---|
| 1 | 研究生优秀生源比例 | 数字 | 14 | 毕业生对学校的满意度 | 数字 |
| 2 | 中国研究生教育成果奖 | 数字 | 15 | 省级以上党建或思政表彰 | 数字 |
| 3 | 省优博论文、优硕论文 | 数字 | 16 | 专任教师总数 | 数字 |
| 4 | 高端人才 | 数字 | 17 | 教授总数 | 数字 |
| 5 | 专业外教 | 数字 | 18 | 师资博士后 | 数字 |
| 6 | 每年入站全职博士后 | 数字 | 19 | 学科评估 | 数字 |
| 7 | 实到科研经费 | 数字 | 20 | 省级重点学科 | 数字 |
| 8 | 主持国家重点重大自然科学项目（课题） | 数字 | 21 | 二级学科数量 | 数字 |
| 9 | 国家自然（社会）科学基金 | 数字 | 22 | SCI/SSCI/CSSCI/EI论文数量 | 数字 |
| 10 | 国家社会科学基金 | 数字 | 23 | 国家一流专业 | 数字 |
| 11 | 省部级哲学社会科学成果奖励 | 数字 | 24 | 国家金课 | 数字 |
| 12 | 智库成果获省级以上政府或行业主管部门应用 | 数字 | 25 | 省级以上教材 | 数字 |
| 13 | 在校生对课程建设与教学质量的满意度 | 数字 | 26 | 师生对学院的满意度 | 数字 |

资料来源：笔者的文本分析。

---

① 武建鑫、周光礼：《世界一流学科："以评促建"何以可能——基于系统科学的分析》，《国家教育行政学院学报》2016年第11期。
② 在获取资料时，该学院负责人强调资料呈现要匿名化。

如上所述，以行政主导、自上而下为核心的学科组织目标制定模式，使学科组织目标与学科评估的指标高度对应，并直观表现为学校层面的整体学科发展目标与学科评估的一级指标对应，内含学科组织目标的学院层面的学科发展目标与学科评估的二级指标对应，最终落脚到各学科组织上就是"各种不同层级的科研成果、科研奖项和有桂冠、名头的人才（从"院士"到"××学者"到"××计划入选者"）都一一转化为数字（当然它们会有不同的权重）"。① 这样一种目标导向下的学科建设必然会产生行为偏差，使学科建设缺乏内涵，其最终结果有可能使学科在各指标上有所提升，但终究会成为空洞无物的技术上的一流，② 并不能对整个学科组织及其成员的发展起到应有的精神引领和价值支撑作用。

### 3.4.3 目标执行功利化与简单化凸显

学科组织作为组织的一种，其目标的实现自然离不开组织成员对目标的践行。但这些成员对组织目标的践行与官僚组织成员对组织目标的践行存在一定的差别。官僚组织在目标执行过程中，更多强调服从、效率。学科组织以知识生产为内核，其组织成员对目标的践行也必然以知识生产的内在逻辑为基点展开。这就决定着学科组织成员在目标践行过程中需要的是一种方向引领和"后勤服务"，而非一种精准管控。这是因为知识生产在本质上是一种创新活动，组织成员只有拥有一定的自由空间，才能进行高效率的创新。

同时，学科组织成员作为大学的一员，其自身发展与学校的职称评审要求又高度相关。众所周知，尽管 2018 年教育部办公厅发布《关于开展清理"唯论文、唯帽子、唯职称、唯学历、唯奖项"专项行动的通知》，在全国开展破"五唯"专项检查，但并未扭转根深蒂固的职称评审"五唯"局面，大学的职称评审要求仍具有明显的指标化、数字化特征，并具体表现为：教学评价主要关注的是可量化的基本教学工作量、教材编写数

---

① 龚放：《一流学科建设不应舍本逐末》，《高教发展与评估》2018 年第 3 期。
② 武建鑫、周光礼：《世界一流学科："以评促建"何以可能——基于系统科学的分析》，《国家教育行政学院学报》2016 年第 11 期。

量、指导学生数量等,而忽略对更深层次的教学投入、学生培养效果的考察;科研评价主要关注的仍旧是可量化的项目数量及层次、论文数量及被引频次、期刊影响因子、奖项数量及层次、发明专利数等,较少考察科研成果的创新性和社会贡献度。[①] 受此驱动,加之由学科组织目标制定不合理引发的学科组织成员对组织目标低认同度的影响,学科组织成员在日常教学和科学研究等活动中,通常都是"单打独斗",缺少组织向心力,对学科组织目标的践行往往是一种形式上的被动应付。其中,最典型的是学科组织成员为了快速发论文、申请项目,使组织内部出现明显的"零和博弈",而未充分虑及学科组织目标,致使学科组织目标未能发挥其应有的功能和作用。"大家都忙着自己的事。除非通过行政命令,不然学科的事推不动。"(SYL28)某位刚入职的青年教师说:"最关键的是把自己做大做强。"(SYL13)这对于学科组织及其成员来说是一场没有赢家的"游戏"。因为学科组织与其成员相互支撑,两者间是一种命运共同体关系,即学科组织的生存和发展需以其成员的存在和发展为前提,学科组织成员的成长则离不开学科组织提供的平台支撑,两者只有"共向发力"才能双赢,否则两者的发展都在背离"帕累托最优"路径。

### 3.4.4　目标考核同质与失序共存

(1) 考核标准同质化

"不同学科的学科特征具有质的差别。体现学科差别,采用与学科特征相适应的考核标准是保证学科目标考核公平、公正的逻辑诉求。"[②] 但在实践中,以行政主导、自上而下为核心制定出的学科组织目标具有明显的数字化特征,对学科组织目标的考核标准也就相应地被同构起数字化的特征。当然,这种数字化的特征往往会因为学科"级别"的不同而在某一具体标准的量上存在差别。"学科目标完成度的考核,我们都是根据目标指标来的,各个目标指标又是依据学科评估的指标制定的,但'双一流'建

---

[①] 吕黎江、吴剑:《高校教师评价体系改革探析》,《浙江社会科学》2021年第7期。
[②] 刘梦星、张红霞:《高校科研评价的问题、走向与改革策略》,《高校教育管理》2021年第1期。

设学科、省级重点学科、校级重点学科在具体考核标准上是存在差别的。如在奖项上,'双一流'建设学科主要是看国家层面的奖项,省级重点学科和校级重点学科主要是看省部级和国家级的奖项;在论文数量上,'双一流'建设学科、省级重点学科、校级重点学科考核标准依次递减。"(SYL23)从"投入—产出"角度看,这是无可厚非的,因为不同"级别"的学科在投入上有明显差异,其在产出上也就不可避免地存在不同的考核要求。

同时,不同的学科在论文发表周期、获奖类别、人才认定等方面有不同的特征和要求,只有在考核标准上与此对应,才能真正把握各个学科的本质规律,进而也才能通过考核促进其健康发展。但现实中的学科目标考核标准往往存在分类不清的问题,对特征差异明显的学科的本质特征关注不足。如在艺术学科研究成果考核中,作品与设计所占的比例偏低;体育学科在人才认定中对"裁判员"这类人才的赋值标准偏低,而在论文数量上标准过高:均背离了学科的本质特征。① "体育学科具有很强的实践性,写论文和发论文是这个学科的'短板',这是由学科属性决定的,没法改变。还是应该适当降低这个学科的论文数量考核标准。"(SYL14)

(2) 行政主导下的协调不畅

调查发现,学科组织目标考核大多是由校学科建设处/学科建设办公室/学科管理办公室来带头组织开展,同时也会有教务处、研究生院、科研处(科研院)等职能部门参与。这是因为学科组织承担着人才培养、科学研究、社会服务等大学职能,其目标的制定和落实自然会涉及这些方面,与之对应的职能部门也就必然会负责学科组织相关事项的目标考核。因此,在学科组织目标考核上形成了多部门考核的局面。从职责履行和工作推进的角度看,这本是无可厚非的。但在实践中,各职能部门存在明显的"领地意识",相互间存在沟通不积极、协作不畅的问题,致使学科组织目标的考核面临着重复收集相关数据等现实困惑,进一步加重了学科组织及其成员不必要的"行政"负担。"我们每次和其他部门对接都很难,除非领导找他们,不然各个部门都不想做常规工作之外的事情。而学科的

---

① 吕黎江、吴剑:《高校教师评价体系改革探析》,《浙江社会科学》2021年第7期。

事情又很复杂，有人才培养、科研项目申报、国际交流等，全都归口到我们这里，我们也办不了。……我们这些（学科建设处）办事员，和其他职能部门及二级学院沟通时，往往不被重视，他们回应得也很散漫，事情协调起来很难。"（SYL23）"一个数据学校多个部门都要收集，要填不同的表。学科的事情本来又复杂，数据又多，重复填相同的数据很耗费时间。"（SYL07）"每到学科考核的时候，我们就要反复填表，填的数据和信息又都是一样的。"（SYL27）当然，在考核中职能部门或机构也会邀请专业领域的专家参加，但这种参加更多地只是一种形式上的参加。一位作为专家参加过其他学校评审的教授，谈道："别人请我们去，就是让我们做事的，我们更多的是建议，最终结果并不是我们能决定的。"（SYL07）简言之，学科组织目标考核由行政主导，同时还存在协调失序的问题。这也就不可避免地损耗着考核的全面性、公正性和合法性。

（3）考核方式"表格化"

学科组织作为一个以知识生产为核心的组织，承担着人才培养、科学研究和社会服务等大学职能，对它的考核必然会涉及价值判断问题，这也就要求在学科组织目标考核方式的选择上需要定量与定性的充分结合。① 定量是对现象或问题的一种客观呈现，定性是对现象或问题背后所隐藏的观念、文化等认知因素的一种揭示，两者结合才能确保考核既有效率又公平，进而也才能真正通过考核挖掘目标制定和执行中存在的问题，避免陷入"为了考核而考核"的形式陷阱，实现对学科组织目标制定和执行的优化与改善。但在实践中，由于学科组织目标制定具有明显的数字化特征，目标考核也就不可避免地被简化为"填表格、数数字"，很少通过相关领域的专家和学者对相关考核事项进行质性考察。"我们考核主要就是对照着各个学院制定的任务来的，方式上以表格数据搜集为主，这样简单、直接、公平。"（SYL36）"考核的形式有时候大于内容，每到考核的时候我们就要填很多表格。"（SYL25）显然，这种考核方式具有明显的量化特征，而忽略了对质性方式的运用，折射出考核过程中工具理性对价值理性

---

① 司晓宏、樊莲花：《义务教育均衡发展监测的理性困境及其超越》，《教育研究》2020年第11期。

的僭越。也即在考核实施上，以数据公平为核心，在数据搜集上效率与程序优先，并强调形式，而忽略对潜隐在数字背后的原因的揭示和分析，这种看似公平的考核实质上是一种"伪公平"，从而也就无法充分发挥考核的诊断功能和价值判断作用。

（4）结果反馈滞后

目标考核既是为了检验目标执行的结果，更是为了将来进一步优化目标制定和目标执行，目标制定、目标执行、目标考核间应是一种闭合循环的作用关系。但在实践中，目标考核往往被看作上级机构或组织对学科组织目标执行情况的一种"检查"，且"检查"结果和发现的问题通常直接反馈给目标执行主体——各个二级学院和相关学科，而作为目标制定关键主体的校级职能部门，却很少对照着"检查"结果反思自身在目标制定和目标执行中的作用发挥情况。由于当前我国大学内部存在行政主导学科建设事项的倾向，考核发现的学科目标执行问题，与校职能部门做出的相关安排莫不存在关联；同时，由于在目标考核实施上以量化为主，即使考核结果及时反馈给各个二级学院和学科组织，也会存在"头痛医头，脚痛医脚"的问题，而未能分析和解决考核结果背后隐藏的深层次问题。"考核发现的问题无外乎某些指标项的任务没有完成，……但学校在分配（学科）资源的时候对我们也不公平，我们分得的资源比有些学科少，但却拿相同的科研成果标准来考核我们，感觉不公平。"（SYL30）显然，这样一种滞后的考核反馈必然会损害考核的合法性和科学性。受此影响，目标制定、目标执行和目标考核间的关系实际上也就以"强执行、少反馈"的形态存在。

# 4 结构—机制：大学学科组织的设计面向

学科组织化的本质在于自组织化,但这种自组织化是一种有方向引领的自组织化,而非完全的自组织化,即学科组织化需以具体的方向引领为基本框架。在此基础上,通过健全学科组织内部"位置—角色"的权责结构和机制设计等来保障学科组织的有序自主运行,就成为学科组织化的关键。因为,只有激活学科组织内部"位置—角色"的活力,学科组织才能更好地回应方向引领的价值诉求。因此,基于上章对学科组织方向引领的探讨,本章着重探讨学科组织内部"位置—角色"结构和机制的设计问题。

## 4.1 学科组织"结构—机制"的证成理路

### 4.1.1 学科组织"结构—机制"的主体

学科组织作为大学组织的组成细胞，本质上以知识生产为核心，学术属性也就成为其最基本的属性；同时，又因为其对人才培养这一大学核心职能的践行，不可避免地具有教育组织属性，[①] 但这种属性以学术属性为支撑。也即学科组织只有源源不断的进行知识生产，才能借此践行好人才培养、科学研究、社会服务等大学职能。这里的知识生产是一种广义的生产，集知识的创新、传播和应用于一体。进而，学科组织的"结构—机制"设计需在图 2-1 所提供的基本框架内，以维护和彰显学科组织的学术属性为核心展开，而非对它的简单套用。因为现有的关于组织结构的理论阐释，主要源自公司治理（管理）领域，其最根本的追求是实现剩余价值最大化，与学科组织的学术属性和公共性功能定位存在一定的差别。

学术性组织作为一个由专业知识群体构成的组织，在发展的驱动力上具有明显的内生性和自主性，外显为具有较强自我调节能力的自组织。[②] 因此，要维护和彰显学科组织的学术性，其"结构—机制"需遵照自组织的运行规律进行设计。在"位置—角色"权责安排上，以"内部人"或同行领导为基础、以扁平化而非层级化为核心；在"位置—角色"利益配置上，以物质利益和精神利益并重为要；在"位置—角色"运行机制设计

---

① 张应强、唐宇聪：《大学治理的特殊性与我国大学治理体系现代化》，《清华大学教育研究》2020 年第 3 期。
② 方晓田、彭江：《中国大学学科治理现代化：内涵、困境与路径》，《湖北社会科学》2021 年第 7 期。

上，以多元协商而非自上而下的精准管控为要。据此，结合实地调研，可以发现学科组织结构有 4 种形态。如图 4-1 所示，形态 I 中的学科组织"结构—机制"的主体，即学科组织"位置—角色"的主体有学科带头人（一级、二级）、学术带头人、学科骨干、学科成员；形态 II 中的学科组织"位置—角色"的主体有学科带头人（一级、二级）、学科骨干、学科成员；形态 III 中的学科组织"位置—角色"的主体有学科带头人（一级、二级）、学术带头人、学科成员；形态 IV 中的学科组织"位置—角色"的主体有一级学科带头人、学术带头人、学科骨干、学科成员。整体来看，实践中学科组织"位置—角色"的主体一般由学科带头人（一级、二级）、学术带头人、学科骨干和学科成员构成。于此，先对其内涵及其在学科组织中的"位置"安排与"角色"期待进行分析，为学科组织"结构—机制"的具象分析提供基本支持。

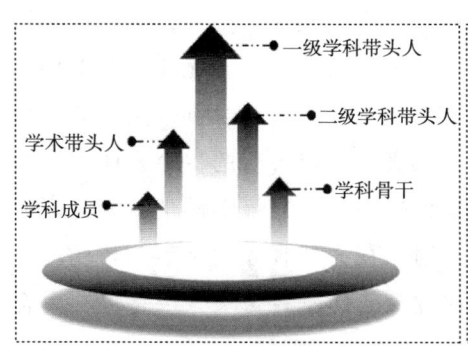

（a）学科组织"位置—角色"结构形态 I　　（b）学科组织"位置—角色"结构形态 II

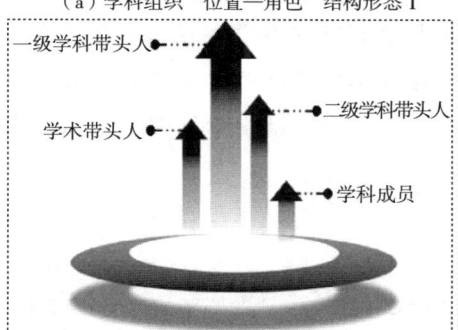

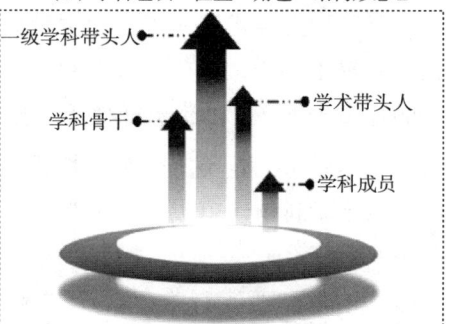

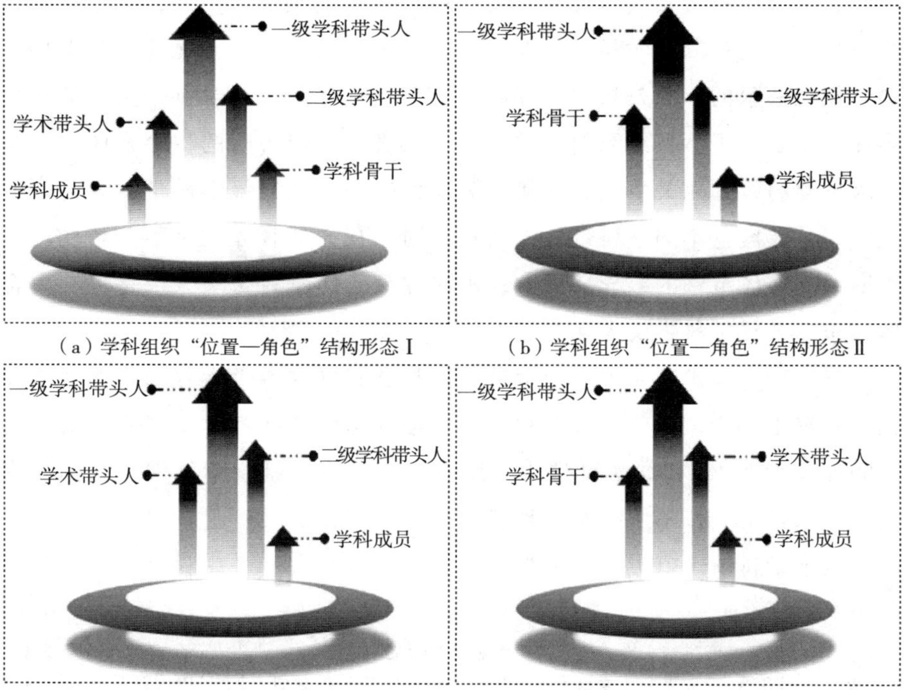

（c）学科组织"位置—角色"结构形态 III　　（d）学科组织"位置—角色"结构形态 IV

**图 4-1　学科组织"位置—角色"结构形态**

资料来源：笔者基于实证调研的创新设计。

(1) 学科带头人与学术带头人

首先，是学科带头人。学科带头人指知识渊博、思维开阔，能把握学科发展方向和组织、团结学科梯队为学科发展共同奋斗，并在国际学术界享有一定声誉的杰出学者。① 其处于整个学科组织的核心位置（见图4-1），是整个学科组织的领导者，对学科发展有至关重要的作用。具体而言，学科带头人是创建世界一流学科的客观需要。世界一流大学的创建以世界一流学科建设为基础，世界一流学科的建设则离不开以学科带头人为核心的学科组织结构的优化和完善。② 苏联著名物理学家卡皮查说过，大科学家是大科学家挑选和培养出来的。③ 在一级学科组织中，学科带头人有一级和二级之分，一级学科带头人是针对整个一级学科组织而言的，二级学科带头人是针对一级学科组织下设的二级学科组织而言的，两者都是对应学科组织的"领导核心"。同时，一级学科带头人还是二级学科组织的领导核心，二级学科带头人需接受一级学科带头人的领导。另外，无论是一级学科带头人还是二级学科带头人，其应有的事项权力相差无几，甚至更多的时候是一致的，只是权力的客体范围有所差异。一级学科带头人的权力客体主要是一级学科组织的相关事项，二级学科带头人的权力客体主要是二级学科组织的相关事项，即使一级学科带头人和二级学科带头人为同一主体，其在履行不同学科带头人的权力时，权力的客体也是不一致的，且仍旧只是客体范围的差异。因此，本研究聚焦的学科带头人，是一个集合体，包括一级学科带头人和二级学科带头人。

其次，是学术带头人。学术带头人是具有良好科学素养和广博科学知识，并善于进行知识创新劳动和能团结带领学术梯队为本领域发展共同奋斗的优秀学者。④ 其与学科带头人既有联系又有区别：学科带头人的要求高于学术带头人；学术带头人是就某个学科组织的某一具体研究方向而言的，一个学科组织可以有多个学术带头人，却只有一个学科带头人；学术

---

① 汲培文：《学科带头人、学术带头人定义与含义的界定》，《科学学研究》2000年第3期。
② 方阳春等：《世界一流学科带头人的科学遴选和培养机制研究》，《中国高教研究》2016年第5期。
③ 黄涛：《借鉴科学学派建设科研团队》，《中国科学报》2012年9月22日，第3版。
④ 汲培文：《学科带头人、学术带头人定义与含义的界定》，《科学学研究》2000年第3期。

带头人发展到一定程度,可以担任学科带头人。同一学科组织的学科带头人和学术带头人,在位置安排和角色扮演上不一致,学术带头人处于整个学科组织的次核心位置(见图4-1),扮演的角色涉及的范围更为狭小。其主要职责包括领导学术集体工作、指导科研课题、撰写研究报告和学术论文、组织和参与学术交流等,① 拥有的权力主要是一种基于"专业知识权威"的感召性权力。但学科带头人与学术带头人间并不是科层式的上下级关系,而是一种"参谋"或"助手"的关系,即学术带头人辅助学科带头人开展学科建设工作。②

实践中,学术带头人通常是作为后备学科带头人进行培养和引进的,但这并不意味着学术带头人是成为学科带头人的前置条件,只是说学术带头人成为学科带头人的概率更大。同时,也并非每个学科组织都有设置学术带头人这一"位置—角色"的必要。因为不同发展程度的学科组织有不同的特征,对"位置—角色"有不同的需求。若不按照需求来设计组织的"位置—角色",就会产生"供不对求"的矛盾,致使其不具合法性和现实操作性。宣勇等基于组织生命周期理论,研究发现学科组织的发展历经生成期、生长期、成熟期和蜕变期四个阶段,③ 且每个阶段都有每个阶段的特征(见表4-1),不同的特征对组织的"位置—角色"有不同的要求,且这种不同的要求主要表现在学术带头人这一"位置—角色"上。因为从本质上看,学术带头人就是学科组织某一具体研究方向的带头人,只有学科组织在衍生或提炼出某一具体研究方向时才有配置学术带头人的必要性。而且当学科组织尚处在提炼或衍生第一个研究方向时,学科组织的学科带头人就是学术带头人,两者是完全重合的,若再人为地将两者割裂开,就失去了现实合法性。调研情况显示,处于这一时段的学科组织一般是在"生成期"和"成长期"的前半段。"学科刚成立时,大家没有相对一致的研究方向,这个时候大家做的就是结合自身已有研究基础和国家政

---

① 顾明远主编《教育大辞典》第3卷,上海教育出版社,1991,第117页。
② 温颖筠、于绥生:《创新群体中学术带头人的原创能力研究》,《科技进步与对策》2006年第9期。
③ 宣勇、张鹏:《组织生命周期视野中的大学学科组织发展》,《科学学研究》2006年第S2期。

策导向与社会经济发展需求，逐渐提炼出一个大的方向。只有这样，学科才能发展。而且这个阶段就是靠学科带头人来支撑。你看下，现在哪个新成立的学院不是先引进学科带头人的？"（SYL09）"我们学科 2016 年被遴选为省重点学科，到现在我们学科也才发展出 3 个研究方向。在刚评上（省）重点（学科）那会儿，我们只有一个研究方向，没有学术带头人，只有学科带头人。后面，通过人才引进和内部资源整合，发展出第二研究方向。2019 年我们才开始设学术带头人。现在，我们的学科带头人也是我们一个研究方向的学术带头人。"（SYL24）简言之，只有当学科组织有两个及两个以上的研究方向时，才有必要在设置学科带头人"位置—角色"的基础上配置学术带头人这一"位置—角色"。这样的学科组织也就是处于"成长期"后半段及成熟期和蜕变期的学科组织。

表 4-1　学科组织发展的阶段特征

| 阶段 | 特征 |
| --- | --- |
| 生成期 | ①学科组织获得生成的合法性。②学科组织的各项要素集结完成。③学科组织的研究方向开始显现。④学科组织在人、财、物等基本要素配置方面的"量"和"质"都比较薄弱 |
| 成长期 | ①学科组织的内部结构与治理机制制度化程度相应提高。②学科组织的人、财、物等基本要素配置的"量"大为改善。③学科队伍逐渐呈梯度分布。④学科组织的独特文化开始显现。⑤学科组织以知识生成为核心的知识创新、传播和应用能力逐渐强化，表现为在基地（实验室、图书资料室、研究中心等）建设以及博士学位授权点建设方面取得突破性进展，一般已经成为省重点学科。⑥具体研究方向"分类萌芽" |
| 成熟期 | ①学科组织结构日趋精致化和复杂化。②形成了独特而稳定的学科组织文化。③具体研究方向形成多元化并逐渐强化。④学科组织的人才培养、科学研究、服务能力等进一步加强，外显为拥有博士学位授予权，并已成为省级或国家级重点学科 |
| 蜕变期 | ①学科组织已经拥有较高的研究平台和丰富的研究资源，能充分有效地以知识生产为核心，开展人才培养、科学研究和社会服务等职能活动。②学科组织面临知识生产能力与社会对知识的需求或知识本身的发展演变不相适应的矛盾（如从知识模式生产模式Ⅰ到知识产生模式Ⅱ和Ⅲ的转变，对学科组织原有的知识生成能力提出了挑战）。③学科组织正通过组织结构的调整、资源要素的重组或研究范式的调整等寻求自身突破性发展 |

资料来源：笔者据宣勇、张鹏《组织生命周期视野中的大学学科组织发展》，《科学学研究》2006 年第 S2 期整理。

(2) 学术骨干与学科成员

学术骨干是指在学科组织的某一研究方向中具有一定学术水平的优秀学者。其在学科组织中的"位置"介于学术带头人与学科成员之间，往往是作为后备学术带头人或学科带头人来进行培养的。在一个研究方向上可能存在多个学术骨干，且其在学科组织中的职责更加个体化，通常被赋予比学术带头人和学科带头人更少的领导者"角色"期待，而主要是通过提升自身知识生产能力来支撑整个学科组织的发展。因此，与之相对应的"位置"权力也是源自其自身的专业知识权威，本质上仍是学术权力。学科成员也就是除学科带头人、学术带头人、学术骨干之外的本学科领域的学术人，处于学科组织的外围（见图4-1），在整个学科组织中是"被领导"的对象。其在学科组织内部享有的权力与学术骨干一样，仅限基于自身"专业知识"的学术权力，而不拥有来自学科组织对应"位置"赋予的权力。整体来看，学术骨干与学科成员在学科组织中所处的"位置"较为接近，两者承担的"角色"职责具有较强的个体化特征，都主要是通过提升自身的知识生产能力来支撑整个学科组织的发展，而不具有组织领导和管理的"角色"期待。

## 4.1.2 学科组织"结构—机制"的证成框架

通过上述分析可知，对学科组织化而言，学术骨干和学科成员主要是"被领导"的"位置—角色"，不具有明显且直接的领导和管理权责；学科带头人和学术带头人则被赋予明显且直接的领导和管理权责。同时，无论哪种形态的学科组织的"位置—角色"结构，学科带头人、学科骨干和学科成员都是其主体，学术带头人则是非普适性的存在。本研究聚焦的学科组织是一个宽泛的学科组织，不是特指处于某一发展阶段的学科组织。这在1.3.2按照A、B、C三档分层抽样学科组织时就有所体现。另外，从理论和实践角度看，学科带头人在学科组织中的"位置—角色"被充分激活后，对于学术带头人"位置—角色"的添置和激活也就成为学科组织在相应阶段自然而然的事情。所以，如图4-2所示，对学科组织"结构—机制"的分析以学科带头人这一"位置—角色"的权责安排及其组织支撑、素质结构和运行机制为核心展开。

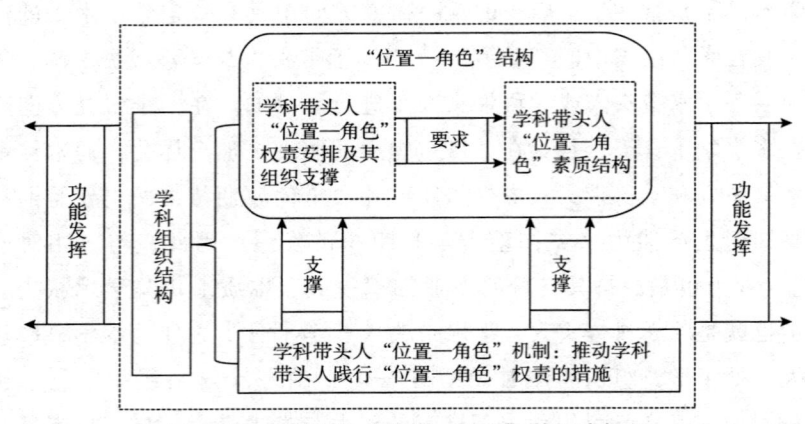

图 4-2 学科组织"结构—机制"的证成框架

资料来源：笔者基于文献梳理的创新设计。

## 4.2 学科组织"位置—角色"结构的指征与漏洞

### 4.2.1 学科带头人"位置—角色"结构指征

从结构维度看,学科组织的核心在于学科带头人"位置—角色"结构设计,而学科带头人"位置—角色"结构设计的关键则在于该"位置—角色"的权责安排。从历史唯物主义角度看,人都生活在相应的社会组织内,并在社会实践活动中扮演某种角色。学校抑或国家等都是人类为进行某种社会实践活动而结成的社会组织形式,都得按照社会实践的需要,赋予人们某种社会责任,同时授予其相应的社会权利。而且,"不管什么人,无论行使什么权利,都是在履行其应当承担的社会责任。责任是权利的根据和来源。离开责任,权利就失去了逻辑的依据和前提,世界上从来就没有不承担任何责任的权利。权利离不开责任,责任也离不开权利"。[①] 两者互为表里,不可分离。

(1) 学科带头人"位置—角色"权责的来源和性质

其一,学科带头人与学科负责人、学位点负责人(又称学位授权学科负责人)的区别与联系。在实践中,学科负责人与学位点负责人这两个院系组织的"位置—角色"与学科带头人"位置—角色"紧密相关,容易混淆。因此,在明确学科带头人"位置—角色"权责前,需要澄清三者间的联系与区别。

---

① 齐世泽:《对"有权就有责、权责要对等、失责必追究"的理解》,《中国纪检监察报》2017年7月19日,第6版。

学科负责人的权力源自"岗位"赋权，强调对上级学科建设任务的实施和完成，主要涉及学科评估、学位授权点申报、学科建设日常管理等具有明显行政或后勤保障属性的事务。其本身不属于行政建制，往往由院长或副院长等学院行政领导兼任。"我们所理解的学科负责人与学科带头人是有差别的，学科负责人强调的是他对学校安排的学科建设任务的实施和完成，主要涉及学科评估、学位点申报、学科日常事务管理等事项。学科带头人则具有明显的学术属性，主要负责学科学术方面的事务。"（SYL22）同时，学科带头人决策的学科事项的执行，也在学科负责人的责任范围内。没有学科负责人的支持和配合，学科带头人决策的学科事项易成为一种"悬浮物"。访谈中，学科带头人SYL05谈道："我们主要是负责学科学术事项的决策，如学科规划、学科方向提炼等，但这些事情决策后，要怎么去落实，就需要学科负责人来负责，仅靠我们是无法去推动这个事情的。因为，这里面涉及很多行政性的事务，如对学科方向投入经费的日常管理、学科规划任务方案的具体落实等。"比较来看，学科带头人主要负责的是学科学术事项的决策，学科负责人主要负责的是上级安排的学科建设任务和学科带头人决策事项的实施和完成。

学位点负责人的产生源自学位点建设的需要。学位点即学位授权点，是指经国务院学位办批准的具有博士、硕士学位授予权的学科点。学位点的原始属性是一种资格和能力，是研究生培养的重要依托和主要载体，与学科既有区别又有联系。学位点与学科的差异，在组织维度，主要体现在机构类型、团队类型、经费类别和平台基地四个方面；在知识维度，主要表现在研究类型、发展方向和知识系统三个方面；在制度维度，集中展现在现代大学制度、组织文化、行为规范、价值取向和评价内容五个方面（见表4-2）。就两者的联系而言，学科是学位点的母体、前提和基础，学科决定学位点的基本形式和水平；学位点是学科建设的重要载体和主要内容，支撑着学科的发展；两者相辅相成、互融共生。因此，学位点负责人的主要职责事项以研究生培养为核心开展，其权力主要源自"岗位"赋权，但其本身和学科负责人一样，也不属于行政建制。就学位点负责人和学科带头人间的关系而言，与学科负责人和学科带头人间的关系类似，学位点负责人主要负责与研究生培养相关的具体事项，如"学科研究生生源质量的提高、招生指标的配置、招生方式的改革,本学科招生宣传、招生目录编制、招生试题命制、研究生复试、研究生录取等相关工作"① 等;学科带头人则要负责研究生培养相关事项的顶层设计和方向引领,在具体职责上与学位点负责人存在交叉,且这种交叉主要表现在研究生培养相关事项方面。在实践中,学位点负责人的设置并非所有高校的选择,往往因校而异。概言之,学科负责人、学位负责人与学科带头人的职责存在交叉,但本质上学科负责人与学位负责人是为配合或是在学科带头人的带领下开展相关工作。由此,可知学科负责人和学位负责人具有明显的行政属性,而非以学术为内核的学科组织内部的"位置—角色"主体。

表 4-2 学位点与学科的差异

| 项目 | 组织 | | | | 知识 | | | 制度 | | | |
|---|---|---|---|---|---|---|---|---|---|---|---|
| | 机构类型 | 团队类型 | 经费类别 | 平台基地 | 研究类型 | 发展方向 | 知识系统 | 现代大学制度 | 组织文化 | 行为规范 | 价值取向 | 评价内容 |
| 学位点 | 教育机构 | 导师团队 | 培养经费 | 培养基地 | 教学研究 | 专业方向 | 课程体系 | 学位制度 | 教风学风 | 学习共同体 | 育人为本 | 学位点评估 |
| 学科 | 知识机构 | 学术团队 | 项目经费 | 科研基地 | 科学研究 | 研究方向 | 知识集群 | 学科制度 | 学科文化 | 学术共同体 | 问题优先 | 学科评估 |

资料来源:王顶明:《学科、学位点的关系及其建设思路》,《云南电大学报》2012 年第 4 期。

其二,学科带头人"位置—角色"权责的根本来源和本质属性。任何组织系统中的"位置—角色"都有对应的权责要求,否则这个"位置—角色"就失去了存在的价值和意义。因为,向领导者或管理者授权是为其履行职责提供的必要条件,且授权的范围和深度遵循的是与被授权人承担的职责相匹配的原则。对学科带头人而言,与其享有的权力相对应的职责必然是本学科组织的学术事务。同时,毋庸置疑的是,学科组织内部"位置—角色"的权责配置亦是大学内部治理结构调整的一个重要议题。大学内部治理结构设计的理论依据源自公司治理中的"委托—代理"理论,但大学组织构成的复杂性和利益相关者的多样性决定了其"剩余责任"(利

---

① 《兰州大学学位授权学科负责人管理暂行办法》,兰州大学数学与统计学院,http://math.lzu.edu.cn/info/1105/1539.htm,最后访问时间:2021 年 10 月 13 日。

益或风险）由所有的利益相关者分担，而不可能像企业那样按照代理协定由股东或经理来承担。① 大学治理结构必须符合这一特点，否则，就是一个明显错误。因此，学科带头人作为学科组织内部重要"位置—角色"的占据者，其对权责的践行本质就是一种"委托—代理"行为，即学科带头人作为学科组织的"代理人"，代表学科组织践行相应的权责，其践行的好坏取决于其能否让学科组织利益最大化。这表明学科带头人在学科组织"位置—角色"上拥有的权力具有公共属性，而非个体权力。当然，学科带头人之所以能成为学科组织的"代理人"，在于其拥有专业知识权威。

学科带头人"位置—角色"的权力源自学科组织的让渡，"从组织的权力逻辑看，权力可以划分为根本权力、基本权力、衍生权力与让渡权力四个层次。任何一个社会组织的存在都有其存在的核心价值，都会有与生俱来的权力，如同人降生一样的天赋人权，生存权是人的根本权力"。② 学科作为一个以知识生产为核心的组织，其根本权力应该是学术权力，即可以自主地决定学术事务。学科带头人作为学科组织的核心"位置—角色"，其享有的权力本质上就是一种学术权力。而要让学科组织的代理人——学科带头人这一"位置—角色"充分践行好学科组织的学术权力，就需从学科组织的基本权力（也即是学科带头人必须拥有的权力）着手。通过调查，本研究主张学科组织的基本权力包括三方面：学科规划权、学科建设经费分配权、学科成员评聘权。

学科规划权指学科组织在本学科中长期规划和短期目标制定中享有的决策权。学科中期规划和短期目标制定事关学科组织的未来发展方向，决定着学科发展的前途和未来。学科以高深的专业知识为内核，其中长期规划和短期目标的制定只能依靠熟知学科特性和了解学科前沿方向的学科组织成员进行。

学科建设经费分配权指学科组织在本学科建设经费分配中享有的决策权。学科中期规划和短期目标的执行需充分有效的经费投入作为保障，否则就会出现"巧妇难为无米之炊"的困境，致使学科规划和目标被"悬

---

① 龚怡祖：《大学治理结构：现代大学制度的基石》，《教育研究》2009 年第 6 期。
② 宣勇：《大学必须有怎样的办学自主权》，《教育发展研究》2010 年第 7 期。

置"。学科建设经费充分有效的投入,关键在于经费的合理分配。要实现学科建设经费的合理分配,就需相应的学科组织掌握学科建设经费分配权。因为在执行学科中长期规划和短期目标时,学科建设经费投入的具体事项及相应额度只有学科组织主体才最清楚。同时,学科组织发展涉及科学研究、人才培养等方方面面,涉及多个利益主体,其中长期规划和短期目标的制定及建设经费的分配必须超越高等教育"认识论"与"政治论"二元对立的立场,从两者融合角度去进行。因此,无论是学科中长期规划还是学科短期目标的制定,或是学科建设经费的分配都不能完全由学科组织主体决策,更不能完全由大学行政主体决策,而应由学科组织主体和大学行政主体等利益主体协商决策。

学科成员评聘权指学科组织主体在学科成员考核和聘用等事项上对学科成员学术水平进行评价的权力,也即狭义层面的学术评价权。针对学科成员开展的学术评价,是一项专业知识评价活动,具有较强的专业性和差异性,非本学科领域的专家学者不能做出正确的评价。因此,学科组织主体作为本学科专业知识的"集合体",集聚了学科领域的高深知识,是本学科成员学术评判的最佳人选。现实中,学科组织作为大学的细胞,寄居于大学的各个基层组织,如学院、系等,因此本研究论及的学科组织的基本权力是指学院范围内学科组织必须拥有的权力。与之对应,作为学科组织代理人的学科带头人这一"位置—角色"拥有的基本权力也主要是指学科带头人在学院学科规划、学科建设经费分配、学科成员评聘事项上享有的权力。"有权就有责,权责要对等"是习近平总书记对权责关系的判定,① 因此学科带头人"位置—角色"拥有的学科组织的学科规划权、学科建设经费分配权和学科成员评聘权,与相应的职责融为一体、不可分离。因此,可以将其分别统称为学科规划权责、学科建设经费分配权责和学科成员评聘权责。

(2) 学科带头人"位置—角色"的素质结构学理标准

以"学科带头人"为"篇名",以"精确"为匹配类型,共检索出76

---

① 《有责必问!习近平这样"从严治吏"》,人民网,http://politics.people.com.cn/n1/2018/0706/c1001-30131109.html,最后访问时间:2021年12月27日。

篇 CSSCI（含扩展版）文献，剔除关于学科带头人招聘、事迹宣传、简介等无关文献，最终获取 36 篇相关 CSSCI（含扩展版）文献。在此基础上，研读这 36 篇文献，整段或成句提取每篇文献关于学科带头人素质结构的阐释，组成一个新的 Word 文档。其中，只有 22 篇文献（见附录 5）对学科带头人素质结构做了分析和阐述，进而也就形成了 22 份直接"描绘"学科带头人素质结构学理标准的 Word 文档。每份文档按照论文发表的时间顺序（由近及远）依次命名为 M1、M2……。随后，将这 22 篇 Word 文档导入 NVivo 11 质性分析软件中进行编码。编码检验方式与学科组织使命编码检验方式一致，经检验 R = 0.83，C = 0.91（>0.8），表明编码具有可信性。编码示例见表 4-3，编码结果如表 4-4 所示。

表 4-3 学科带头人"位置—角色"素质结构学理标准编码举例

单位：份，个

| 一级编码 | | | 二级编码 | | | 编码的原始文本内容举例 |
|---|---|---|---|---|---|---|
| 节点 | 材料来源 | 参考点 | 节点 | 材料来源 | 参考点 | |
| 组织领导和协调能力 | 20 | 56 | 组织领导能力 | 15 | 31 | "在科技前沿领域发挥团队核心领导作用（M1）""杰出的团队领导力（M1）""他必须能带领大家一起往前走（M8）""发动、组织申报科研项目（M18）""团队建设（M6）""带领科技创新团队进行科学研究和科技攻关（M13）"…… |
| | | | 组织协调能力 | 14 | 25 | "与人合作的精神（M19）""有良好的团结协作精神（M19）""良好的合作精神（M2）""协调合作能力（M14）""团队协作的精神（M13）"…… |

注：括号内内容代表描绘学科带头人素质结构的 CSSCI（含扩展版）文章。
资料来源：笔者的文本分析

表 4-4 学科带头人"位置—角色"素质结构学理标准编码结果

单位：份，个

| 一级编码 | | | 二级编码 | | |
|---|---|---|---|---|---|
| 节点 | 材料来源 | 参考点 | 节点 | 材料来源 | 参考点 |
| 组织领导和协调能力 | 20 | 56 | 组织领导能力 | 15 | 31 |
| | | | 组织协调能力 | 14 | 25 |

续表

| 一级编码 | | | 二级编码 | | |
|---|---|---|---|---|---|
| 节点 | 材料来源 | 参考点 | 节点 | 材料来源 | 参考点 |
| 学术水平显著 | 19 | 69 | 具有科研创新意识 | 14 | 31 |
| | | | 掌握广博的专业知识 | 9 | 12 |
| | | | 拥有较高的学术水平 | 7 | 9 |
| | | | 能申报和主持重大项目 | 5 | 5 |
| | | | 具有行业影响力 | 4 | 6 |
| | | | 拥有知名学术头衔/学术职务 | 2 | 2 |
| | | | 获得高级别奖项 | 2 | 2 |
| | | | 保持稳定的学术兴趣 | 1 | 1 |
| | | | 撰写高级别学术论文/著作/教材 | 1 | 1 |
| 道德品质优良 | 18 | 54 | 道德品质良好 | 14 | 22 |
| | | | 甘于奉献 | 7 | 11 |
| | | | 兼容并包 | 6 | 9 |
| | | | 政治立场正确 | 4 | 9 |
| | | | 治学严谨正派 | 2 | 3 |
| 学科战略规划和管理能力 | 9 | 26 | 具备学术战略眼光 | 5 | 5 |
| | | | 准确凝练学科发展方向 | 4 | 8 |
| | | | 精准把握学科发展前沿和趋势 | 4 | 5 |
| | | | 懂得学科规划和管理 | 4 | 4 |
| | | | 科学确立学科发展目标 | 2 | 2 |
| | | | 精准研判学科竞争格局 | 1 | 1 |
| | | | 全面了解学科发展现状 | 1 | 1 |
| 学科抱负和理想 | 9 | 14 | | | |
| 学科资源整合能力 | 6 | 12 | 学科外部资源获取能力 | 6 | 7 |
| | | | 学科内部资源整合能力 | 4 | 5 |
| 人才培养能力 | 5 | 7 | 培养接班人的能力 | 3 | 3 |
| | | | 培养学生的能力 | 3 | 4 |
| 身心健康 | 2 | 5 | 身体健康 | 2 | 3 |
| | | | 心理健康 | 1 | 2 |

续表

| 一级编码 | | | 二级编码 | | |
|---|---|---|---|---|---|
| 节点 | 材料来源 | 参考点 | 节点 | 材料来源 | 参考点 |
| 科研经费管理能力 | 1 | 1 | | | |
| 具备法律素养 | 1 | 1 | | | |
| 实践经验丰富 | 1 | 1 | | | |

资料来源：笔者的文本分析。

此处运用词频分析法，解读表4-4中的编码结果，以实现对学科带头人素质结构的理性构建。如表4-5所示，组织领导和协调能力，出现率90.91%、频率22.76%；学术水平显著，出现率86.36%、频率28.05%；道德品质优良，出现率81.82%、频率21.95%；学科战略规划和管理能力，出现率40.91%、频率10.57%；学科抱负和理想，出现率40.91%、频率5.69%；学科资源整合能力，出现率27.27%、频率4.88%；人才培养能力，出现率22.73%、频率2.85%；身心健康，出现率9.09%、频率2.03%；科研经费管理能力、具备法律素养、实践经验丰富，出现率和频率均分别为4.55%、0.41%。科研经费管理能力、具备法律素养、实践经验丰富出现率和频率最低，属于边缘要素。"科研经费管理学校和学院都有明文规定，就是个走流程的活，所以这块（科研经费管理能力）我觉得不是一个学科带头人素质结构的关键支撑要素。……法律素养这个就和学科带头人的职责定位关系太远了，我们不是法学专业的，基本的法律知识都知道点，专业的法律知识就很欠缺，术业有专攻嘛。"（SYL03）"科研经费规划和管理本质上是一种行政事务，搞学术的人你让他（她）去规划和管理经费是容易出问题的，这个能力强弱并不影响（相关主体）的学术生产力。所以，科研经费规划和管理能力并非学科带头人能力结构的关键要素。法律素养和实践经验，更多的是一种普适性的能力要素，对于学科带头人没有特别的要求。"（SLY02）于此，根据编码和访谈结果，从学理维度建构学科带头人"位置—角色"的素质结构标准。

表 4-5 学科带头人"位置—角色"素质结构学理标准编码结果的分类统计

单位:%

| 序号 | 一级编码节点 | 出现率 | 频率 | 序号 | 一级编码节点 | 出现率 | 频率 |
|---|---|---|---|---|---|---|---|
| 1 | 组织领导和协调能力 | 90.91 | 22.76 | 7 | 人才培养能力 | 22.73 | 2.85 |
| 2 | 学术水平显著 | 86.36 | 28.05 | 8 | 身心健康 | 9.09 | 2.03 |
| 3 | 道德品质优良 | 81.82 | 21.95 | 9 | 科研经费管理能力 | 4.55 | 0.41 |
| 4 | 学科战略规划和管理能力 | 40.91 | 10.57 | 10 | 具备法律素养 | 4.55 | 0.41 |
| 5 | 学科抱负和理想 | 40.91 | 5.69 | 11 | 实践经验丰富 | 4.55 | 0.41 |
| 6 | 学科资源整合能力 | 27.27 | 4.88 | | | | |

注:出现率是单个一级或二级编码节点与阐述学科带头素质结构的 22 份文本的比率,频率反映的是单个一级(二级)编码节点出现频次与所有一级(二级)编码节点出现总频次的比率。

资料来源:笔者的文本分析。

如图 4-3 所示。身心健康是学科带头"位置—角色"素质结构的基础要素,决定着学科带头是否有发挥作用的身体资本,是学科带头人践行"位置—角色"权责的前提性条件。学术水平、组织领导和协调能力、学科战略规划和管理能力、学科资源整合能力等是学科带头人"位置—角色"形而下的结构要素,决定着学科带头人是否有发挥作用的技术和学术资本,对学科带头人践行"位置—角色"权责有至关重要的影响。道德品质优良、有学科抱负和理想是学科带头人"位置—角色"形而上的素质结构要素,体现着学科带头人的"软实力",代表着学科带头人的精神感召力和号召力,决定着学科带头人能否按照特定规范主动地践行好"位置—角色"权责。概言之,三类结构要素相互支撑,共同决定着学科带头人是否能按照"想干事、能干事、干成事"的标准践行好"位置—角色"权责。

## 4.2.2 学科带头人"位置—角色"权责界定模糊

(1)学科带头人"位置—角色"权责配置"量"低

如表 4-6 所示,32 份政策文本(见附录 1)中,有 8 份明确了学科带头人"位置—角色"的权力,明确率为 25.00%;有 1 份(《hnzyydx》)将学科带头人的"位置—角色"权力笼统地表述为"学校和院部在人员聘

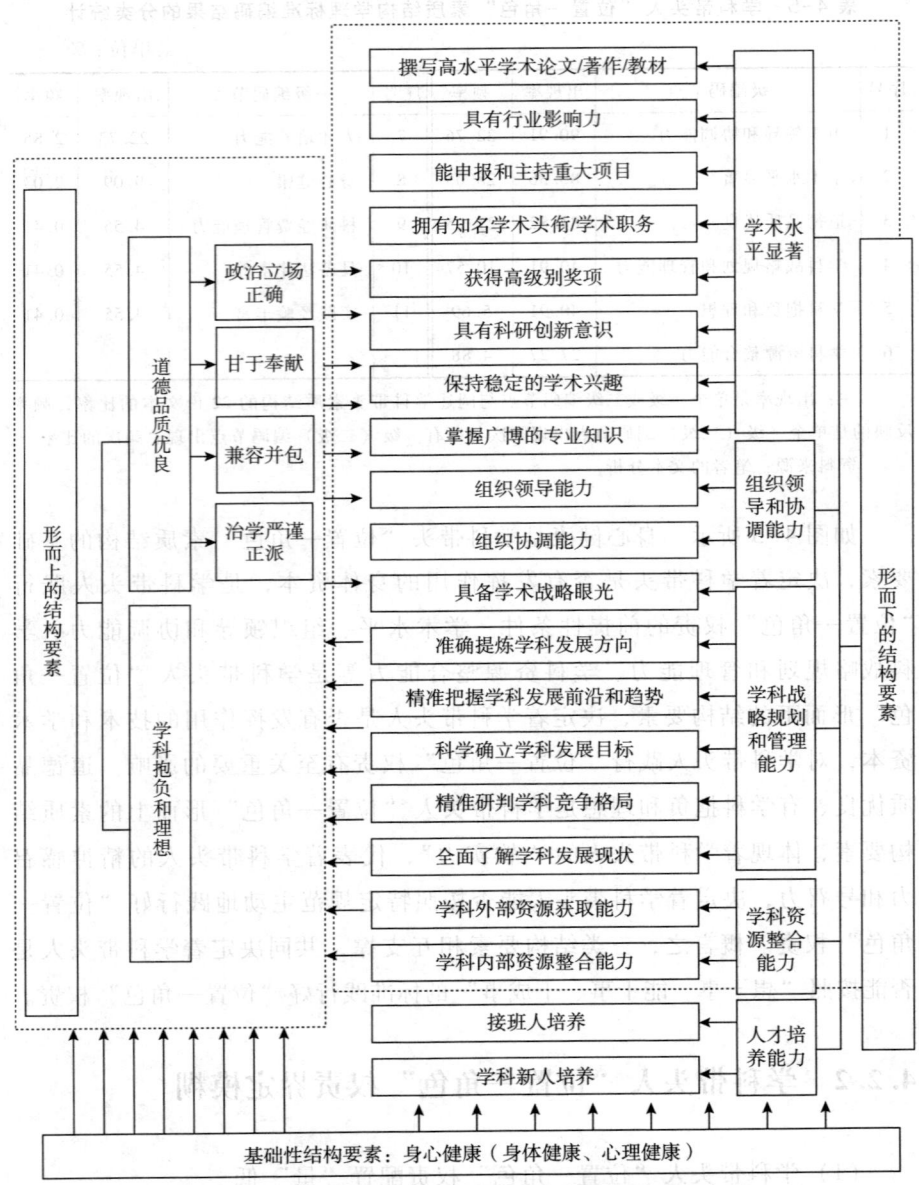

图 4-3 学科带头人"位置—角色"素质结构学理标准

资料来源：笔者的文本分析。

表 4-6 学科带头人"位置—角色"权、责、利编码结果

单位：份，个

| 一级编码 | | | 二级编码 | | | 三级编码 | | |
|---|---|---|---|---|---|---|---|---|
| 节点 | 材料来源 | 参考点 | 节点 | 材料来源 | 参考点 | 节点 | 材料来源 | 参考点 |
| 学科带头人"位置—角色"权力 | 8 | 33 | 学科建设经费分配权 | 7 | 9 | | | |
| | | | 学科成员聘任与奖惩权 | 6 | 13 | 学科成员聘任建议权 | 4 | 5 |
| | | | | | | 学科成员聘任决策权 | 2 | 2 |
| | | | | | | 学科成员奖惩权 | 2 | 2 |
| | | | | | | 学科成员聘任知情权和参与权 | 1 | 1 |
| | | | | | | 学科成员职称评审投票权 | 1 | 1 |
| | | | | | | 学科成员职称评审建议权 | 1 | 1 |
| | | | | | | 学科成员聘任投票权 | 1 | 1 |
| | | | 学科重大问题参与决策权 | 2 | 2 | | | |
| | | | 学科日常事项参与决策权 | 2 | 2 | | | |
| | | | 学科研究方向建议权和决策权 | 1 | 1 | | | |
| | | | 学科设备购置计划建议权 | 1 | 1 | | | |
| | | | 学校组织（与学科相关）招投标的参与权 | 1 | 1 | | | |
| | | | 学科平台（设备）使用和管理权 | 1 | 1 | | | |
| | | | 人才培养建议权 | 1 | 3 | 研究生招生建议权 | 1 | 1 |
| | | | | | | 研究生培养建议权 | 1 | 1 |
| | | | | | | 研究生课程设置建议权 | 1 | 1 |

续表

| 一级编码 | | | 二级编码 | | | 三级编码 | | |
|---|---|---|---|---|---|---|---|---|
| 节点 | 材料来源 | 参考点 | 节点 | 材料来源 | 参考点 | 节点 | 材料来源 | 参考点 |
| 学科带头人「位置—角色」职责 | 25 | 195 | 组织制定（并实施）学科发展规划 | 23 | 55 | 组织制定学科发展规划和目标方案 | 14 | 16 |
| | | | | | | 组织制定并实施学科建设规划方案 | 12 | 15 |
| | | | | | | 提炼学科发展方向 | 11 | 11 |
| | | | | | | 参与学科平台（基地）规划与建设 | 10 | 13 |
| | | | 负责学科梯队建设 | 20 | 25 | | | |
| | | | 分配学科建设经费 | 12 | 15 | | | |
| | | | 组织开展学术交流 | 10 | 13 | | | |
| | | | 带领学科团队开展科学研究 | 10 | 14 | | | |
| | | | 承担人才培养工作 | 10 | 24 | 开展本学科课程建设 | 5 | 5 |
| | | | | | | 制定研究生培养方案 | 4 | 4 |
| | | | | | | 从事本学科课程教学工作 | 4 | 6 |
| | | | | | | 担任研究生导师 | 3 | 3 |
| | | | | | | 强化研究生培养过程管理 | 3 | 3 |
| | | | | | | 制定研究生招生目录 | 2 | 2 |
| | | | | | | 严把研究生毕业论文质量 | 1 | 1 |
| | | | 组织做好学科以及学位授权点的申报工作 | 9 | 9 | | | |
| | | | 申报和主持科研课题 | 5 | 5 | | | |
| | | | 举行学术讲座 | 3 | 3 | | | |
| | | | 配合学校（学院）对学科建设的整体工作安排 | 2 | 3 | | | |
| | | | 获取教学和科研成果奖 | 1 | 1 | | | |
| | | | 组织申报优秀科研成果 | 1 | 1 | | | |

续表

| 一级编码 | | | 二级编码 | | | 三级编码 | | |
|---|---|---|---|---|---|---|---|---|
| 节点 | 材料来源 | 参考点 | 节点 | 材料来源 | 参考点 | 节点 | 材料来源 | 参考点 |
| 学科带头人"位置—角色"职责 | 25 | 195 | 发表高水平学术论文 | 1 | 1 | | | |
| | | | 确定学科成员职业发展规划 | 1 | 1 | | | |
| | | | 做好学科团队管理 | 1 | 3 | 确定学科团队成员任务分工 | 1 | 1 |
| | | | | | | 制定学科团队成员考核标准 | 1 | 1 |
| | | | | | | 建立学科团队内部运行机制 | 1 | 1 |
| | | | 其他 | 14 | 22 | 负责组织开展各项学科检查和评估工作 | 8 | 12 |
| | | | | | | 建设和完善本学科各项规章制度 | 4 | 5 |
| | | | | | | 制定本学科各类仪器设施维护和安全的管理制度 | 2 | 2 |
| | | | | | | 负责学科设备等的购置、保管和维修等方面的管理 | 1 | 1 |
| | | | | | | 组织以本学科名义进行的各项活动 | 1 | 1 |
| | | | | | | 负责学位评估 | 1 | 1 |
| 学科带头人"位置—角色"利益 | 10 | 16 | 岗位津贴 | 9 | 9 | | | |
| | | | 绩效奖励 | 2 | 2 | | | |
| | | | 优先晋升晋级和评优 | 1 | 1 | | | |
| | | | 优先支持各类项目申报 | 1 | 1 | | | |
| | | | 优先享用各类科研平台 | 1 | 1 | | | |
| | | | 优先改善工作条件 | 1 | 1 | | | |
| | | | 学术荣誉 | 1 | 1 | | | |

注：编码时，同时提及一级学科带头人和二级学科带头人的权责利的，只关注一级学科带头人的权责利。

资料来源：笔者的文本分析。

任、经费使用等方面给予学科带头人较大的自主权"。另外，在 8 份明确学科带头人"位置—角色"权力的政策文本中，有 2 份将学科带头人"位置—角色"权力"杂糅"在职责之中。如《cdzyydx》在界定学科带头人"位置—角色"的职责时，强调学科带头人应"负责学科建设经费的分配，拥有学科建设日常经费（如学术交流、资料费、版面费、差旅费等）审批权。每年须向校学科办提交年度工作计划、经费预算、工作总结及经费使用报告"，而未涉及学科带头人"位置—角色"应拥有的学科规划权、学科成员评聘权等基本权力。《njcjdx》在定义学科带头人"位置—角色"职责时，规定其"具有学科带头人后备人选推荐权及各方向带头人的建议权。……负责学科建设经费的使用及管理，拥有学科建设经费分配和审批权"，而未关注学科带头人"位置—角色"应拥有的学科规划权和学科成员评聘权等基本权力。也即真正专章或专节确认学科带头人"位置—角色"权力的政策只有 6 份，确认率仅有 18.75%。这 6 份政策主要关注的是学科成员聘任与奖惩权（5，12①）、学科建设经费分配权（5，7）、学科重大问题参与决策权（2，2）、学科日常事项参与决策权（2，2）、人才培养建议权（1，3）、学科研究方向建议权和决策权（1，1）、学科设备购置计划建议权（1，1）、学校组织（与学科相关）招投标的参与权（1，1）、学科平台（设备）使用和管理权（1，1）。其中，"学科成员聘任与奖惩权"节点内含学科成员聘任建议权（4，5）、学科成员聘任决策权（2，2），学科成员奖惩权（2，2）、学科成员聘任知情权和参与权（1，1）、学科成员职称评审投票权（1，1）、学科成员职称评审建议权（1，1）、学科成员聘任投票权（1，1），与学科带头人应有的学科成员评聘权相匹配的仅有"学科成员聘任决策权（2，2）"和"学科成员聘任投票权（1，1）"两个节点。这也就意味着，6 份专章或专节界定学科带头人"位置—角色"权力的政策文本中有 5 份关注学科带头人"位置—角色"的学科建设经费分配权和学科成员评聘权，且这种评聘权又仅限于学科成员聘任方面。

---

① 括号内前面的数字为该编码节点的文本来源数，后面的数字为该编码节点在文本中出现的频次。后文编码节点后括号中的数字均是此意，不再赘述。

关于学科带头人"位置—角色"的职责，32 份政策文本中有 25 份（78.13%）做了专章或专节论述。职责的被关注度从高到低依次为组织制定（并实施）学科发展规划（23，55）、负责学科梯队建设（20，25）、分配学科建设经费（12，15）、组织开展学术交流（10，13）、带领学科团队开展科学研究（10，14）、承担人才培养工作（10，24）、组织做好学科和学位授权点的申报工作（9，9）、申报和主持科研课题（5，5）、举行学术讲座（3，3）、配合学校（学院）对学科建设的整体工作安排（2，3）、获取教学和科研成果奖（1，1）、组织申报优秀科研成果（1，1）、发表高水平学术论文（1，1）、确定学科成员职业发展规划（1，1）、做好学科团队管理（1，3）。显然，其中的组织制定（并实施）学科发展规划（23，55）、负责学科梯队建设（20，25）与分配学科建设经费（12，15）三个二级编码节点与学科带头人"位置—角色"基本职责相对应，其政策确认率分别为 71.88%、62.50%、37.50%。其中，"负责学科梯队建设（20，25）"仅涉及参与学科成员聘任方面的决策，而不涉及参与学科成员晋升方面的学术考核。

（2）学科带头人"位置—角色"权少责多

6 份专章或专节表达学科带头人"位置—角色"权力的政策文本也同步对学科带头人"位置—角色"职责做了专章或专节关注。简言之，仅有 6 份政策文本对学科带头人"位置—角色"权责做了对等观照，对等观照率仅有 18.75%。剩下的 26 份政策文本主要关注的是学科带头人"位置—角色"职责，而忽略了对学科带头人"位置—角色"权力做对等考量。同时，在剩下的 26 份政策文本中，有 11 份政策文本（"其他"二级编码节点）对学科带头人"位置—角色"做了较为泛化的界定，将负责组织开展各项学科建设和评估工作（8，12）、建设和完善本学科各项规章制度（4，5）、制定本学科各类仪器设施维护和安全的管理制度（2，2），负责学科设备等的购置、保管和维修等方面的管理（1，1），组织以本学科名义进行的各项活动（1，1）和负责学位评估（1，1）等具有明显"后勤"或"行政"属性的职责界定为学科带头人"位置—角色"的职责。这是学科带头人"位置—角色"权责配置双向失衡的一种表现。概言之，学科带头人"位置—角色"权责配置存在明显的权责划分不均衡等问题。"给我们的责任大得很，可有些根本不是我们能做的。例如那个学科评估，明显是个具有较强行政性的事务，我们不能主导。因为，学科评估需要人填资料，而只有行政人员才有资格去要求老师们做这些。"（SYL27）

学科组织化的本质在于自组织化。因而，学科组织内部的核心"位置—角色"——学科带头人权责界定模糊，从根本上限制着学科组织化的实现。

## 4.2.3　学科带头人"位置—角色"权责组织支撑缺失

学科带头人"位置—角色"享有的基本权力，本质上是一种学术权力，源自学科组织的让渡。因此，这种权力又是一种公共权力，需要相应的组织作支撑。也即学科带头人"位置—角色"需借助相应的学术组织来行使其享有的基本权力。根据调研和专家访谈，本研究认为学科带头人"位置—角色"践行学科成员评聘权责应以由学科带头人等为组成成员的院（系）教授委员会或学术委员会为组织支撑，学科规划和学科建设经费分配权责应通过以院系学科带头人和党政负责人等为关键成员的学科建设专委会践行。但从搜集到的 37 份①样本学科组织所在院（系）的学术委员会或教授委员会章程看，都将学科建设相关事项笼统地纳入院（系）学术委员会或教授委员会权责，而未对学科规划、学科建设经费分配、学科成员评聘等学科建设事项的权责进行分项分配，致使学院层面的专门负责学科规划和学科建设经费分配审议或决策的学科建设专委会尚处于"潜隐"状态，不具有显示度。同时，学院层面的学术委员会或教授委员会也未将学科带头人明确界定为院学术委员会或教授委员会的成员来源。如 13A 学科组织所在学院的教授委员会的职责被界定为："审议和论证学院改革方案、总体发展规划、学科专业建设规划、师资队伍建设规划等；参加学院学术带头人引进、学术团队评审、专业技术职务评审等工作；审议学科专业设置与调整方案、研究生学位点设置与调整方

---

① 37 份文本分布在"世界一流大学"建设高校、"世界一流学科"建设高校、非"双一流"建设高校，并关涉了 A、B、C 三类学科组织。

案、研究生培养方案、本科生培养方案等；评审学院内部科研机构设置与调整、重要科研方向设置与调整；推荐校学术委员会委员，参与民主推荐学院院长、系主任、所长人选等；监督学院学术性和专业性有关政策的落实情况；对学院领导班子、系（所）和学术团队的工作进行监督；讨论确定由院党政联席会提请议决的其他重大问题或重要事项。"其成员的素质要求为："有较高的思想政治素质和政策理论水平；具有正高专业技术职称，学术造诣高，学风严谨，能在教学、科研工作中起到模范带头作用；关心学院的建设和发展，有参与学院管理的热情和议事决策能力；坚持原则，顾全大局，为人正派，处事公道，群众基础好，在教职工中享有较高声誉。"①

另外，调研发现，实践中有关学科建设经费分配的权责主要由学院党政联席会掌握，而非学院学术委员会或教授委员会等学术组织。"很多学院都是这样的，学科建设经费的分配都是由党政联席会决议的。"（SYL18）党政联席会掌握着有关学科建设尤其是学科建设经费分配等重大事项的决策权，学科带头人（拥有学院行政和党委领导职务的学科带头人除外）自然而然地也就被排除在外；即使在党政联席会中有成员是学科带头人，其参与党政联席会的机会也并非因为学科带头人这个"身份"。另外，党政联席会是具有明显行政属性的决策组织，其行使有关学科建设事项的决策权，遵循的是行政逻辑，而非应然的学术逻辑，对学科建设经费的分配具有较强的科层特征。"在开党政联席会决策有关学科建设经费分配事项时，书记和院长的权责划分得并不那么清晰，致使（党政联席会）在实际运行过程中会面临书记和院长的话语博弈问题。"（SYL33）

如上所述，占据学科组织领导和核心位置的学科带头人在权责践行上缺乏应有的组织支撑，其拥有的学科组织让渡的权责处于"悬浮"状态，学科组织化必然会因此受到"拖累"。

---

① 《关于印发〈航空学院教授委员会章程（修订）〉的通知》，南京航空航天大学航空学院，https://view.officeapps.live.com/op/view.aspx?src=http://aero.nuaa.edu.cn/_upload/article/files/71/9a/637dea394c9e997dac5b12a2be83/b7053f38-aab5-49b2-a808-9da8170bb947.docx&wdOrigin=BROWSELINK，最后访问时间：2021年12月17日。

### 4.2.4 学科带头人"位置—角色"素质结构认定窄化

以下对搜集到的 32 份与学科带头人权责利安排和素质结构相关的政策文本进行编码，以揭示实践中大学、学院等利益主体对学科带头人"位置—角色"素质结构的认定标准。编码时，根据图 4-3 所示的学科带头人的素质结构设计一级、二级编码节点。具体而言，以"身心健康""道德品质优良""有学科抱负和理想""学术水平显著""组织领导和协调能力""学科战略规划和管理能力""学科资源整合能力""人才培养能力""其他"为一级编码节点，并将"身心健康""道德品质优良""学术水平显著""组织领导和协调能力""学科战略规划和管理能力""学科资源整合能力""人才培养能力"等的子指标项和"其他"设为对应一级编码节点下的二级编码节点。如将"身心健康"的两个子指标项——"身体健康""心理健康"，以及"其他"设为"身心健康"下的二级编码节点。简言之，"身心健康"下有"身体健康""心理健康""其他"3 个二级编码节点。除"有学科抱负和理想"之外的其他一级编码节点的二级编码节点设置依此类推。编码检验方式与学科组织使命检验方式一致。经检验，$R=0.78$，$C=0.88$（$>0.8$），表明编码具有可信性。学科带头人"位置—角色"素质结构现实认定标准编码举例如表 4-7 所示，学科带头人"位置—角色"素质结构现实认定标准编码结果如表 4-8 所示。

（1）学科带头人素质结构认定标准单一

如表 4-8 所示，32 份相关政策对学科带头人"位置—角色"素质结构的认定，依次关注的是学科带头人的学术水平、身心健康、道德品质、组织领导和协调能力、学科战略规划和管理能力、人才培养能力、学科抱负和理想、学科资源整合能力（"其他"这一一级编码节点，因本研究结构安排，将在后文进行解读），其对应的一级编码节点（"学术水平"对应"学术水平显著"、"道德品质"对应"道德品质优良"）被关注的文本数分别为：27 份、22 份、20 份、18 份、10 份、9 份、6 份、0 份，在总文本数中分别占比 84.38%、68.75%、62.50%、56.25%、31.25%、28.13%、18.75%、0%；被提及的频次分别为：225 次、44 次、64 次、41 次、22 次、

表 4-7 学科带头人"位置—角色"素质结构现实认定标准编码举例

单位：份，个

| 一级编码 | | | 二级编码 | | | 三级编码 | | | 编码的原始文本举例 |
|---|---|---|---|---|---|---|---|---|---|
| 节点 | 材料来源 | 参考点 | 节点 | 材料来源 | 参考点 | 节点 | 材料来源 | 参考点 | |
| 学术水平显著 | 27 | 225 | 发表高水平学术论文 | 19 | 34 | | | | "在国际知名期刊（如《Nature》《Science》《中国社会科学》等）发表 2 篇以上学术论文《zzdx》"…… |
| | | | 具有行业影响力 | 17 | 26 | | | | "在本学科领域取得过国际学术界公认的重要研究成果，处于国际领先地位《bjdx》"…… |
| | | | …… | …… | …… | | | | …… |
| | | | 其他 | 5 | 10 | 专利 | 2 | 3 | "专利《xnzfdx》" "授权国家发明专利 2 项《ahlgdx》"…… |
| | | | | | | 咨询报告 | 2 | 2 | "咨询报告《xnzfdx》"…… |
| | | | | | | …… | …… | …… | |

资料来源：笔者的文本分析。

14 次、7 次、0 次。可见，仅有学科带头人的学术水平、身心健康、道德品质、组织领导与协调能力的政策关注率超过 50%，且除学术水平外，其他结构要素的关注率均不足 70%。学科带头人的学科战略规划和管理能力、人才培养能力、学科抱负和理想、学科资源整合能力的被关注率均低于 40%。其中，被关注率最高的是学科战略规划和管理能力，但也仅有 31.25%；人才培养能力、学科抱负与理想的被关注率均低于 30%；学科资源整合能力的被关注率为 0%。显然，从这些一级编码节点的被关注率和被提及频次看，相关政策对学科带头人素质结构的认定具有明显的个体化特征，即相关政策最为关注的是学科带头人个体的学术水平，而比较轻视组织领导和协调能力、学科战略规划和管理能力、人才培养能力、学科抱负和理想、学科资源整合能力等对学科带头人充分发挥自身"带头"作用

表 4-8 学科带头人"位置—角色"素质结构现实认定标准编码结果

单位：份，个

| 一级编码 | | | 二级编码 | | | 三级编码 | | |
|---|---|---|---|---|---|---|---|---|
| 节点 | 材料来源 | 参考点 | 节点 | 材料来源 | 参考点 | 节点 | 材料来源 | 参考点 |
| 学术水平显著 | 27 | 225 | 发表高水平学术论文 | 19 | 34 | | | |
| | | | 具有行业影响力 | 17 | 26 | | | |
| | | | 申报和主持重大项目 | 16 | 32 | | | |
| | | | 拥有知名学术头衔（学术职务） | 14 | 61 | | | |
| | | | 获得高级别奖项 | 14 | 33 | | | |
| | | | 科研创新意识强 | 11 | 12 | | | |
| | | | 保持稳定的学术兴趣 | 4 | 6 | | | |
| | | | 具备广博的专业知识 | 3 | 3 | | | |
| | | | 其他 | 5 | 10 | 专利 | 2 | 3 |
| | | | | | | 咨询报告 | 2 | 2 |
| | | | | | | 主编学术著作或教材 | 2 | 5 |
| 身心健康 | 22 | 44 | 身体健康 | 6 | 8 | | | |
| | | | 心理健康 | 2 | 3 | | | |
| | | | 其他 | 18 | 30 | 年龄限制 | 18 | 30 |
| 道德品质优良 | 20 | 64 | 治学严谨正派 | 19 | 27 | | | |
| | | | 政治立场正确 | 13 | 16 | | | |
| | | | 甘于奉献 | 7 | 7 | | | |
| | | | 兼容并包 | 5 | 7 | | | |
| | | | 其他 | 0 | 0 | | | |
| 组织领导和协调能力 | 18 | 41 | 组织领导能力 | 16 | 24 | | | |
| | | | 组织协调能力 | 15 | 16 | | | |
| | | | 其他 | 0 | 0 | | | |

## 4 结构—机制：大学学科组织的设计面向

续表

| 一级编码 | | | 二级编码 | | | 三级编码 | | |
|---|---|---|---|---|---|---|---|---|
| 节点 | 材料来源 | 参考点 | 节点 | 材料来源 | 参考点 | 节点 | 材料来源 | 参考点 |
| 学科战略规划和管理能力 | 10 | 22 | 精准把握学科发展前沿和趋势 | 10 | 11 | | | |
| | | | 具备学术战略眼光 | 7 | 7 | | | |
| | | | 准确凝练学科发展方向 | 2 | 2 | | | |
| | | | 全面了解学科发展现状 | 1 | 1 | | | |
| | | | 科学确立学科发展目标 | 0 | 0 | | | |
| | | | 精准研判学科竞争格局 | 0 | 0 | | | |
| | | | 其他 | 0 | 0 | | | |
| 人才培养能力 | 9 | 14 | 培养学生 | 9 | 11 | | | |
| | | | 培养接班人 | 2 | 3 | | | |
| | | | 其他 | 0 | 0 | | | |
| 学科抱负和理想 | 6 | 7 | | | | | | |
| 学科资源整合能力 | 0 | 0 | 学科外部资源获取能力 | 0 | 0 | | | |
| | | | 学科内部资源整合能力 | 0 | 0 | | | |
| 其他 | 24 | 81 | 专业技术职务 | 24 | 37 | 正高级专业技术职务 | 23 | 33 |
| | | | | | | 副高级专业技术职务 | 2 | 3 |
| | | | | | | 海外高水平大学助理教授 | 1 | 1 |
| | | | 研究生导师 | 12 | 19 | 博士生导师 | 10 | 12 |
| | | | | | | 硕士生导师 | 6 | 6 |
| | | | 博士学位 | 12 | 18 | | | |
| | | | 学科建设经验 | 3 | 3 | | | |
| | | | 任期 | 2 | 2 | 3年 | 1 | 1 |
| | | | | | | 4年 | 1 | 1 |
| | | | 国际合作交流经历 | 1 | 1 | | | |
| | | | 全职到岗 | 1 | 1 | | | |

资料来源：笔者的文本分析。

有重要支撑作用的结构要素，其中最为突出的是对学科带头人学科抱负和理想的不重视。而没有学科抱负和理想的学科带头人，通常易将个人利益置于学科整体利益之上，不会从学科整体发展角度去参与和谋划学科相关事项的决策和相关资源的分配，与"有才无德"类似。"我们这个学科的带头人，学术兼职比较多，在学科发展的事情上显得'有心无力'，而且有时候会在学科资源分配上优先'照顾'自己的团队。""我们的学科带头人也有自己的'圈子'，你得'融入'才行。"（SYL35）一位学科带头人则称："我都快退休了，谁还想管学科的事情。"（SYL38）

（2）学科带头人素质结构认定标签化

从学科带头人"位置—角色"素质结构现实认定标准的二级编码看，在最受关注的"学术水平显著"维度，发表高水平学术论文、具有行业影响力、申报和主持重大项目、拥有知名学术头衔（学术职务）、获得高级别奖项、科研创新意识强、保持稳定的学术兴趣、具备广博的专业知识等受关注程度依次递减，其被关注的文本数分别是 19 份、17 份、16 份、14 份、14 份、11 份、4 份、3 份，被关注率（关注这一节点的政策文本数占总政策文本数的比例）分别为 59.38%、53.13%、50.00%、43.75%、43.75%、34.38%、12.50%、9.38%，被提及频次（这一节点在所有政策文本中被提及的频次）分别为 34 次、26 次、32 次、61 次、33 次、12 次、6 次、3 次。从被关注率和被提及频次两个维度看，发表高水平学术论文（被关注率 59.38%，被提及频次 34 次）和拥有知名学术头衔（学术职务）（被关注率 43.75%，被提及频次 61 次）最受关注，且"拥有知名学术头衔（学术职务）"被提及频次在所有二级编码节点中最高，其余的二级编码节点被提及频次均不超过 35 次，表现出明显的标签化特征，甚至有高校在学科带头人认定时只看身份标签。如 XNSYDX 只将"新世纪百千万人才、新世纪优秀人才、四川省教学名师、省（部）学术与技术带头人、省级特聘教授等（年龄一般在 45 岁以下）"列为学科带头人的引进标准。在"学术水平显著"下的"其他"三级编码节点，主要涉及的是专利、咨询报告、主编学术著作或教材，其被关注率和被提及频次都较低，因此不进行进一步分析。同时，在"其他"这一一级编码节点下，专业技术职务、研究生导师、博士学位被关注率和提及频次均位列前三，其余二级编码节点被关注率均低于 10.00%，被提及频次最高仅为 3 次，而专业技术职务、研究生导师和博士学位本质上仍是一种身份标签。因此，整体来看，实践中的学科带头人素质结构认定标准具有明显的标签化特征。需要强调的是，笔者并非否定这些身份标签所蕴含的人力资本价值，而是主张不能在学科带头人"位置—角色"素质结构认定标准建构中过分看重甚至只看身份标签，而忽略对身份标签之外的其他结构要素的考量。

## 4.3 学科组织"位置—角色"机制的构成与缺陷

### 4.3.1 学科带头人"位置—角色"机制构成

学科带头人"位置—角色"功能的充分发挥，明确的权责是前提和基础；同时，还需通过相应的规则来选择适合的对象"占有"这一"位置—角色"，激发"位置—角色"的占有者充分践行自身所承担的权责，评判这一"位置—角色"的履职情况并借此来修正其履职和行权行为。结合实地调研和文献梳理，可知学科带头人"位置—角色"功能的充分发挥，在机制方面主要涉及学科带头人的遴选、利益激励和履职考核三方面（见图4-4）。其中，学科带头人的遴选有校内选拔和外部引进两种途径，而不管哪种途径，都应是自下而上、学术主体充分参与的，因为学科带头人遴选需研判遴选对象的专业知识基础。就遴选标准而言，应按照图4-3所示的学科带头人的素质结构标准来进行。学科带头人的培养主要体现在学术带头人、学术骨干的培养方面。在权责配置齐全的前提下，学科带头人在"位置—角色"上能否积极履职行权，是否有相应的利益激励就显得尤为关键。因为，学科带头人本质上也是人，具有相应的利益需求。学科带头人在"位置—角色"上表现得如何，应该从哪些方面来改进，以及是否有资格和能力继续践行这一"位置—角色"的权力和责任，都需要相应的考核机制来评判，否则，学科带头人在"位置—角色"权责践行上易出现失范行为。4.2部分已从学理和实践两方面对学科带头人的遴选标准做了论述，此处只关注学科带头人"位置—角色"的遴选机制、利益激励、履职考核三项。

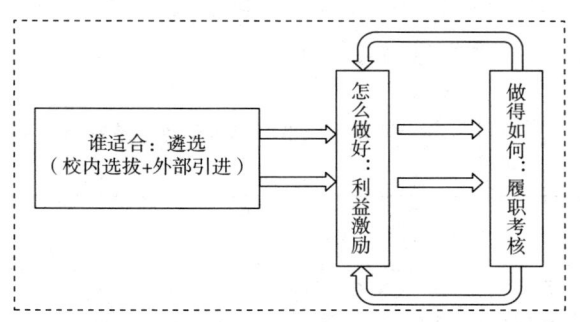

图 4-4　学科带头人"位置—角色"机制的构成

资料来源：笔者基于实证调研的创新选择。

## 4.3.2　学科带头人"位置—角色"遴选公开性不足

学科带头人作为学科组织的核心和"代理人"理应获得学科组织成员的广泛认可。从 32 份相关政策关于学科带头人"位置—角色"遴选程序的规定编码结果看（见表 4-9），32 份政策中有 19 份明确了学科带头人"位置—角色"的遴选程序，且均以"自下而上"为主，明确率为 59.38%。这就意味着 40.62% 的政策文本所在高校的学科带头人"位置—角色"遴选处于不可见的"黑箱"中。这是学科带头人"位置—角色"遴选公开性缺失最直观的表现。同时，就明确学科带头人"位置—角色"遴选程序的 19 份政策文本看，19 份政策文本中仅有 2 份（占比 10.53%）强调学科带头人"位置—角色"的遴选需在个人申请的基础上，先经过学院的民主推荐，然后才能进入遴选的下一个流程。同时，19 份政策中仅有 9 份（占比 47.37%）规定学科带头人"位置—角色"的最终人选要通过学校公示才能最终确定。另外，19 份政策中仅有 1 份政策（占比 5.26%）强调学科带头人"位置—角色"遴选既需经过学院民主推荐，又需通过学校公示。从所有政策文本看，明确学科带头人"位置—角色"遴选需经学院民主推荐的政策文本占比 6.25%；规定学科带头人"位置—角色"遴选需通过学校公示的政策文本占比 28.13%；强调学科带头人"位置—角色"遴选既需学院民主推荐又需学校公示的政策文本只有 1 份，占比仅为

3.13%。而且，相关政策即便明确了学科带头人"位置—角色"遴选程序，但其明确的广度和深度仍有待提高。

表4-9 学科带头人"位置—角色"遴选程序及其政策文本分布数

单位：份

| 学科带头人"位置—角色"遴选程序 | 政策文本数 | 政策文本总数 |
|---|---|---|
| 院（部）行政主要负责人提名→院（部）教授委员会（学术委员会）讨论→院（部）党政联席会审议确定 | 1 | |
| 个人申请→院专家委员会审定→校人事处批准 | 1 | |
| 学院学术委员会提名→学院党政联席会议审定→学校备案 | 1 | |
| 个人申请或学校领导提名或院（系）、国家级科研或相关职能部门推荐或同行专家推荐→院教授委员会初审→校学术委员会评审→校办办公会审定 | 1 | |
| 个人申报或院部推荐→院部学科建设工作领导小组审核→校学科建设工作领导小组审定 | 1 | |
| 个人申请→院系或学科点初审→院学术委员会讨论→校综合评审→学校公示 | 1 | |
| 个人申请→学院党政联席会审核→校学科办审核→学校人才引进工作领导小组评审→学校公示 | 1 | |
| 个人申请→院系教授委员会（学术委员会）初选→校人才评价专家小组评审 | 1 | |
| 学院提名→学院学术委员会审核→校发展规划处提请校学术委员会评议→学校决定 | 1 | 19 |
| 个人申请→院学术委员会评议→院党政联席会推荐→学校审批并公示 | 1 | |
| 个人申请→学院审核→校学科建设领导小组审核评议→校长办公会审批并公示 | 1 | |
| 个人申请→学院（中心）推荐→学校审核→学校公示 | 1 | |
| 学院推荐→校学术委员会审核→党委常委会批准 | 1 | |
| 院系提名→校学术委员会审核→学校审批备案 | 1 | |
| 个人申请→民主推荐→学校专家小组评审→学校审核→学校公示 | 1 | |
| 院系提名→院系学术委员会评议→校学科建设领导小组审核→校专家组审核→校学术委员会评议→校学科建设领导小组审议→校长办公会讨论→学校公示 | 1 | |
| 个人申请→民主推荐→院专家小组审核→校学科建设领导小组审批 | 1 | |
| 个人申请→院专家小组审核→校专家小组评审→学校公示 | 1 | |
| 个人申请或学院推荐→校学科建设办公室审核→校党委常委会审议→学校公示 | 1 | |

资料来源：笔者的文本分析。

### 4.3.3 学科带头人"位置—角色"利益窄化

"任何岗位上的任职人员要做到完全负责,他就会在责任与利益之间进行权衡,然后决定是否值得去做。这种利益不仅是物质利益,也包括精神利益,即精神上的满足感。"① 同时,这种利益也是岗位上的任职人员尊重需求和自我实现需求的满足。学科带头人作为以知识生产为核心的学科组织的重要"位置—角色"的承担者,更期待自我实现需求的满足,在利益追求上以精神追求为主。"以我现在的收入,我会在乎学科带头人那点岗位津贴吗?其实,我觉得学科带头人作为一种学术领导岗位,更应该是一种荣誉。"(SYL32)因此,对学科带头人这个"位置—角色"利益的安排不能陷入庸俗化,而要将其作为一个具有荣誉性质的学术岗位来对待。当然,这里并不否认物质利益的必要性,只是强调在给予适当物质利益的同时,应赋予学科带头人这一"位置—角色"学术荣誉。

从与学科带头人相关的政策文本编码结果(表4-6)来看,32份政策文本中仅有10份明确学科带头人"位置—角色"利益,明确率31.25%,是学科带头人"位置—角色"利益窄化在量上的表现。其中,有5份给予学科带头人"岗位津贴",1份给予"优先支持各类项目申报",1份给予"岗位津贴+绩效奖励",1份给予"学术荣誉+岗位津贴",1份给予"岗位津贴+优先晋升晋级和评优",1份给予"岗位津贴+绩效奖励+优先享用各类科研平台+优先改善工作条件"(见表4-10)。显然,这10份政策文本对学科带头人"位置—角色"的利益安排,以"经济"利益为主,并以固定的岗位津贴为核心。如有政策文本将学科带头人"位置—角色"的利益安排为"学院可对带头人发放适量津贴,参考标准为:Ⅰ类和Ⅱ类学科的学科带头人、特殊支持的学科方向带头人为1000元/月,Ⅲ类和Ⅳ类学科的学科带头人、各学院可在上述标准的基础上在30%以内上下浮动"。② 另外1份政策文本则恰当地对学科带头人"位置—角色"利益做了精神和

---

① 张革华:《从权责利对等的角度谈高校辅导员队伍建设》,《思想政治教育研究》2006年第5期。
② 此处涉及的政策文本没有"挂网",由笔者通过微信访谈获取。

经济两个层面的安排,包括授予其"讲席教授"荣誉,并给予其适当的岗位津贴。这显然是学科带头人"位置—角色"利益在质上窄化的表现。学科带头人"位置—角色"的利益安排在量和质上的窄化,必然会对学科带头人发挥带头人这个"位置—角色"的作用有所影响。"我们学院给我们的补贴是每月 600 元,补贴真的不算高,甚至是很少,这样弄起来还不如不弄,做起事来要更舒坦点。"(SYL27)

表 4-10 学科带头人"位置—角色"利益组合及其文本分布

单位:份

| 学科带头人"位置—角色"利益组合 | 文本数 |
|---|---|
| 岗位津贴 | 5 |
| 优先支持各类项目申报 | 1 |
| 岗位津贴+绩效奖励 | 1 |
| 学术荣誉+岗位津贴 | 1 |
| 岗位津贴+优先晋升晋级和评优 | 1 |
| 岗位津贴+绩效奖励+优先享用各类科研平台+优先改善工作条件 | 1 |

资料来源:笔者的文本分析。

## 4.3.4 学科带头人"位置—角色"考核功利化

考核的功能(价值),在哲学的意义上,是一种体现在考核活动中主体与客体之间需要与满足的关系,本质上是一种价值判断。[①] 考核目的是指考核客体感知到的考核主体使用的考核工具的最终目的。整体来看,学界对考核目的的认识仁者见仁智者见智,但大都关注考核的评估和发展目的。[②] 评估式考核着眼于对考核客体的判断,通过对考核客体的现实表现进行历史回顾和分析,然后将之与预先确定的考核目标上的操作性条款进

---

① 汪明霞、何仁龙:《我国高等学校评估的价值及其异化研究》,《清华大学教育研究》2006 年第 6 期。
② B. Kuvaas, "Different Relationships between Perceptions of Developmental Performance Appraisal and Work Performance", *Personnel Review*, 2007, Vol. 36, No. 3, pp. 378-397.

行比较后做出判断。发展式考核是在确定考核客体的发展需求后,着眼于考核客体未来的表现,旨在识别考核客体可以改进的知识和技能,实现进一步开发考核客体潜能的目的。① 学科带头人与学科组织其他成员的最大区别在于蕴含在"带头人"名义之下的权责期待,对他的考核,也就不能只关注其本身的成长,还要关注其给整个组织带来的变化或对整个组织的发展所做的贡献,如发展方向的提炼和更新、组织氛围的改变、组织成员整体知识生产能力的提升等。只有这样,才能真正从考核的评估和发展双重目的维度推动学科带头人"位置—角色"功能的发挥,进而也才能真正实现考核功能(价值)的充分表达,并为其后续存在和改进提供合法性支持。同时,学科带头人"位置—角色"的行动以知识生产为核心展开,因此对学科带头人"位置—角色"履职情况的考核要分学科进行,且需尊重学科组织内在规律,避免考核过于频繁。在实践中,对学科带头人"位置—角色"的考核却往往以学科带头人个体学术头衔的获取为核心展开,主要涉及高级别学术论文发表、科研获奖、课题申报等方面,并以数据搜集为具体操作方式,而忽略对学科带头人在学科组织发展规划制定、研究方向提炼、学科成员考聘等方面权责发挥效果的考量。

(1) 考核频次过高

通过文本研读可知,32 份政策中有 19 份明确了学科带头人"位置—角色"的考核方式和考核内容,明确率为 59.38%。在考核方式上,以"年度考核+聘期考核"为主,占比 42.11%;其次是"中期考核+聘期考核",占比 31.58%;然后是"年度考核+中期考核+聘期考核",占比 15.79%;最后是"年度考核"和"聘期考核",占比均为 5.26%(见表 4-11)。显然,在除"中期考核+聘期考核"和"聘期考核"两种方式外的其他考核方式下,学科带头人"位置—角色"每年都要被考核。这种考核频次,无论是对学科带头人个体知识生产能力的发挥,还是对学科带头人组织领导能力的运用都显得过于频繁。"当带头人一年,面临很多考核,觉得很疲惫,本可以用于科研和学科建设的精力被分散了。"(SYL05)

---

① 赵君等:《绩效考核目的的维度与影响效果》,《中南财经政法大学学报》2013 年第 1 期。

表 4-11　学科带头人"位置—角色"考核方式及其文本分布

单位：份

| 考核方式 | 文本数 |
| --- | --- |
| 年度考核+聘期考核 | 8 |
| 中期考核+聘期考核 | 6 |
| 年度考核+中期考核+聘期考核 | 3 |
| 年度考核 | 1 |
| 聘期考核 | 1 |

资料来源：笔者的文本分析。

（2）考核内容个体化和数字化

在考核内容上，19份政策文本虽明确提及需按照学科带头人"位置—角色"承担的权责来进行，但在具体内容表述上又都较为模糊，大都以学科带头人签订的责任书/责任合同/任务书中的任务指标为考核具体操作对象。调研发现，学科带头人"位置—角色"这些任务指标均是以学科评估各项指标为核心进行设计。如《xzykdx》规定："学科带头人考核与学科评估紧密结合，按照学科评估各项指标，重点考核学科梯队建设、科研产出、人才培养等内容以及学科带头人对本学科发展的贡献度。"[①] 同时，为了快速提升学科在各类排行榜上的排名，在实际操作上又更为强调学科带头人个体的论文、奖项等易量化的指标，而忽略对学科带头人这一"位置—角色"在学科规划、学科建设经费分配和学科成员考聘等方面的履职情况的考核，使有关学科带头人"位置—角色"的考核在内容上具有明显的个体化和数字化特征。对于没有明确提及学科带头人"位置—角色"考核内容的这些政策文本所在的大学，笔者通过调研[②]发现，大都是按照对应教授岗位的考核标准进行考核。而当前的高校无论是教授岗位还是其他岗位的考核标准，均以学科评估指标为核心，外显为对论文、奖项、人才称号等的过度关注。目前热议的"五唯"问题就是其真实写照。

22A学科组织所在大学发布的与学科带头人"位置—角色"权责利配

---

① 政策文本由访谈获取。
② 受疫情管控影响，访谈以一对一的微信访谈和电话访谈方式进行。

置紧密相关的《zgkydx》①就没有单独确立学科带头人"位置—角色"的考核标准，而是按照学校科研教学型教授二级岗位考核标准来对学科带头人"位置—角色"进行考核。考核的标准为："第一类：在聘期内取得突出业绩成果的，可视为完成聘期业绩成果要求（其中1项）。这些成果有：①获得国家杰出青年科学基金或国家优秀青年科学基金或江苏省杰出青年科学基金；②入选长江学者奖励计划（含青年学者项目）、万人计划、国家百千万人才工程、国家有突出贡献的中青年专家、全国模范教师、全国优秀教师等。第二类：未取得前项突出业绩成果的，按照相关要求完成相应岗位的聘期业绩成果要求（其中2项）。包括：③作为负责人获得国家纵向科研项目，或省级人文社科类重点项目（单项经费不少于8万）；④获得国家科学技术奖（排名前2），或省部级科学技术一等奖及以上（排名第1），或省部级人文社科优秀成果奖（一等奖排名前2、二等奖排名第1）；⑤以第一作者（或通讯作者）发表SCI、SSCI收录论文5篇（其中二区以上SCI论文2篇），其中2篇可以通过其他业绩成果换算；⑥作为校级团队及以上团队（含按团队聘任）负责人指导团队成员获得国家重点科研项目或课题，或培养团队青年人员获得（入选）国家级人才称号（项目）；⑦作为学科负责人带领本学科在学科评估中提档进位或新增一级学科授权点，学科新增为双一流建设学科、江苏省优势学科、江苏省重点学科，学科建设项目通过上级部门组织的中期评估及期满验收。""第⑦条是专门针对有院行政领导职务的学科带头人设置的。"（SYL34）

显然，这6条考核标准（第⑦条除外）中有5条集中于学科带头人个体学术水平发挥，并以人才称号、获奖数、论文数等为核心，即便第⑥条涉及带领学科团队发展，但与学科带头人在学科组织中应然的领导权责履行考核仍有较大差异。考核对考核对象的行为有明显的导向作用，这种个体化和数字化的考核标准必然会诱发学科带头人行为的"个体化"，即学科带头人只关注自身及其所在团队学术成就和相关资源的获取，而忽略自身对学科组织整体发展应尽的职责。"我们学科的带头人，在评优、评奖、项目申报等方很有'优势'，很多时候我们这些没有职务和头衔的学科成

---

① 政策文本由访谈获取。

员都竞争不过（他）。"（SYL13）"我们和学校是签了岗位任务书的，考核标准我们也左右不了，学校制定了标准我们就得按照标准来，这些标准具有明显的数字量化特征，但也没有办法。"（SYL05）这种考核本质上遵循的是福柯话语中的"规训"逻辑，外显为凭借一种可"计算的理性"，实现数字化的管理，借此来保证科层官僚制的各种价值和目标的实现，映射出行政权力主导以学术为本质属性的学科组织运行的深层痼疾。[①]

---

[①] 李拥军、傅爱竹：《"规训"的司法与"被缚"的法官——对法官绩效考核制度困境与误区的深层解读》，《法律科学》（西北政法大学学报）2014年第6期。

## 4.4 学科组织"结构—机制"失范的深层桎梏

### 4.4.1 顶层设计

学科组织作为以知识生产为内核的组织，具有较强的学术性。因此，只有由以学科组织的核心代表——学科带头人为参与主体的校级学术机构来参与学科规划、学科建设经费分配和学科成员评聘等事项的决策，才能为激活学科组织及其带头人和实现对学科组织自组织属性的彰显提供顶层参考。同时，从大学与学科的关系看，大学往往是多学科的"集合体"，学科则是大学组成的基本"元素"。这也就意味着，学校层面的学科规划和学科建设经费分配事关大学每个学科的生存与发展。因此，学校层面的学科成员评聘需经以学科组织的核心代表——学科带头人为参与主体的校学术委员会决策或审议，学科规划与学科建设经费分配需由以学科组织的核心代表——学科带头人为参与主体的校学科建设专委会决策，只有如此才能为学科组织化提供顶层"样本"。

《高等学校章程制定暂行办法》《高等学校学术委员会规程》两份事关大学内部治理体系建构和学术权力显示度的指导性文件均没有明确提及学科组织及其核心代表——学科带头人，更未充分虑及学科组织及其带头人的权责安排，但《高等学校章程制定暂行办法》在学术委员会建设部分强调："章程应当明确规定学校学术委员会、学位评定委员会以及其他学术组织的组成原则、负责人产生机制、运行规则与监督机制。"[1] 同时，《高

---

[1] 《高等学校章程制定暂行办法》，教育部网站，http://www.moe.gov.cn/jyb_xwfb/xw_fbh/moe_2069/s7135/s7741/s7742/201311/t20131128_160158.html，最后访问时间：2021 年 11 月 30 日。

等学校学术委员会规程》在学术委员会的成员构成与来源上,强调:"学术委员会一般应当由学校不同学科、专业的教授及具有正高级以上专业技术职务的人员组成……学术委员会人数应当与学校的学科、专业设置相匹配。"① 2018年8月,教育部、财政部和国家发展改革委联合发布的《关于高等学校加快"双一流"建设的指导意见》则明确要求:"充分发挥学科带头人凝练方向、引领发展的重要作用,……保障学科带头人的人财物支配权。"② 尽管如此,从样本学科组织所在的102所大学中搜集到的98份大学的校学术委员会章程看,只有4份(占比4.08%)大学章程在校学术委员会成员构成上关注学科带头人的参与。这4份校学术委员会章程分布在"双一流"建设高校(2份)和非"双一流"建设高校(2份)(见表4-12)。同时,98份大学学术委员会章程中,有56份(占比57.14%)明确提出在校学术委员会下设学科建设委员会专门负责讨论或决定学科建设事项,并规定学科建设委员会的成员均来自校学术委员会。但上文所述的4份大学学术委员会章程中,有且仅有1份将学科带头人同时认定为校学术委员会和院学术委员会的成员来源。可见,在大学内部治理体系顶层设计层面,对学科带头人在学术委员会等学术治理组织中相关作用的发挥的制度确认度较低。在现实语境中,上层设计对于基层的相关改革具有直接推动作用甚至是决定性的作用。因此,在大学学术治理体系乃至整个大学治理体系建构中,缺乏对学科带头人这一学科组织核心"位置—角色"的关注,自然会导致其结构和机制的设计处于可有可无的尴尬境地。"学科带头人要被激活,关键是学校要有顶层制度设计,但实际情况却不太理想。"(SYL32)

---

① 《高等学校学术委员会规程》,教育部网站,http://www.moe.gov.cn/srcsite/A02/s5911/moe_621/201401/t20140129_163994.html,最后访问时间:2021年11月30日。
② 《教育部 财政部 国家发展改革委印发〈关于高等学校加快"双一流"建设的指导意见〉的通知》,教育部网站,http://www.moe.gov.cn/srcsite/A22/moe_843/201808/t20180823_345987.html,最后访问时间:2021年11月30日。

表 4-12　提及学科带头人的 4 份大学学术委员会章程的基本情况及相关内容

| 政策文本名称 | 关于学科带头人的规定 | 学校类别及政策文件发布时间 |
| --- | --- | --- |
| 《NJDX 学术委员会章程》 | 校学术委员会委员人数为不低于十五人的单数，由两院院士代表、人文社会科学资深教授代表、具有正高级专业技术职务的学科带头人代表及青年教师代表组成 | "双一流"建设高校（2019 年 4 月） |
| 《NJYDDX 学术委员会章程》 | 校学术委员会委员应当：遵守宪法法律，学风端正、治学严谨、公道正派；学术造诣较深，在本学科或者专业领域具有良好的学术声誉和公认的学术成就；……。满足下列条件之一：国家高层次人才；……理、文、经、管、法、教、艺等具有正高级专业技术职称的"学科带头人"* | "双一流"建设高校（2016 年 6 月） |
| 《JNDX 学术委员会章程》 | 校学术委员会委员人数为不低于十五人的单数，由两院院士代表、人文社会科学资深教授代表、具有正高级专业技术职务的学科带头人代表及青年教师代表组成 | 高水平教学科研型高校（2014 年 4 月） |
| 《JSDX 学术委员会章程》 | 校学术委员会委员原则上应满足下列条件之一：院士；文、史、哲、经、法、教、艺等具有正高级专业技术职称的学科带头人，无学科带头人的情况下，可放宽至学科负责人 | 非"双一流"建设高校（2019 年 3 月） |

注：* 政策文本原文是"学科负责人"，但通过访谈，发现政策制定者的原意就是指学科带头人。
资料来源：笔者的实证调研。

## 4.4.2　自上而下的行政主导

学科带头人"位置—角色"作为学科组织的核心，其权责安排、素质结构认定和机制设计需以学科规划、学科建设经费分配和学科成员评聘等学科组织的基本权力关涉事项为核心展开。就权责安排与素质结构认定和运行机制的关系而言，前者是后两者建构的前提与基础，后两者是前者的保障。换言之，先有权责安排，才有素质结构认定和机制设计的必要。因此，在学科组织"位置—角色"中处于核心地位的学科带头人"位置—角色"的权责安排，是学科带头人"位置—角色"素质结构认定和机制建设的前提和基础。这就意味着，学科带头人"位置—角色"权责安排在权力领域遭遇的现实桎梏，能直接展现学科带头人"位置—角色"在结构和机制方面面临的权力束缚。于此，从学科带头人"位置—角色"在学科规划、学科建设经费分配和学科成员评聘三项关涉学科组织基本权力事项上的权责安排在权力领域遭遇的束缚，来审视学科带头人"位置—角色"在结构和机制建设方面遭受的限制。

（1）学科规划权责方面

学科规划就是对学科发展目标的一种规划，在"3.4学科组织目标的范式与混沌"部分已做审视。学科规划的制定面临行政主导与自上而下的工具理性的现实束缚，校/院学术委员会等学术组织的决策参与更多是一种形式上的甚至是没有参与。"学科规划是学校整体规划中的专项计划之一，我们在制定好初稿后才会去咨询校学术委员会的意见，但效果不是太好。大家要么不提意见，要么提的意见太'夸张'，很难在有限的时间内进行实操。"（SYL03）问卷调查中，"校学科建设规划意见表达渠道畅通"题项，选择"非常不同意""不同意""比较不同意""不确定""比较同意""同意""非常同意"的教授分别占7.14%、7.14%、17.35%、15.31%、31.63%、17.35%、4.08%，即仅有21.43%（选择"同意"和"非常同意"）的受调查教授明确认为校学科建设规划意见表达渠道畅通；"对校学科建设规划提出意见后，收到反馈的频次"题项，选择"从未""很少""偶尔""时常""几乎总是"的教授分别占比19.39%、27.55%、29.59%、18.37%、3.06%，反映出在校学科规划方面以教授为核心的学术群体整体享受的参与决策权有限。这也就为学科带头人"位置—角色"在位于大学基层的学院的学科规划方面的权责安排及践行打造了"样板间"。"学院的学科规划是根据学校的规划目标分解来的，都是按照学校的模式来，这个一般就是在学科发展方向上会遵循教授委员会的意见，其他的还得在学校的框框里做决策。"（SYL26）

（2）学科建设经费分配权责方面

高等学校校一级的学科建设资源的分配通常由行政系统决策，且普遍是以"项目领导小组"的形式（如"双一流"建设工作领导小组/学科建设领导小组/省"高校优势学科建设工程"项目实施领导小组等）进行。如ZGKYDX"双一流"建设工作领导小组"全面负责'双一流'建设的整体规划、经费筹措、资源配置和重大问题决策"，其成员全部来自校行政系统。XMDX"双一流"建设领导小组主要负责"双一流"建设的统筹规划和资源分配等，其21位成员中的19位（占比90.48%）来自校行政系统。XNKJDX学科建设工作领导小组对"学科建设经费用于人才培养、科学研究、队伍建设、平台建设中的安排、分配及使用"等进行建议和决策,成员全部由校长领衔的中高层行政团队和校级党委领导构成。其中,校长任组长,协助分管学科建设工作的校领导任副组长。分管人事工作的校领导、分管科技(自科、社科)工作的校领导、分管财务工作的校领导、研究生院常务副院长、发展规划处处长、人事处处长、科技处处长、社会科学处处长、计划财务处处长、资产与实验室管理处处长、教务处处长、博士学位授权一级学科建设主要依托学院院长成为小组成员。同时,《高等学校学术委员会规程》第十五条强调学校在决策"学术机构设置方案、交叉学科、跨学科协同创新机制的建设方案、学科资源的配置方案"等前,应提交学术委员会审议,或者交由学术委员会审议并直接做出决定。但从检索到的样本学科组织所在高校的校学术委员会章程(98份)看,仅有38份(占比38.78%)明确规定学术委员会在学科资源配置方案制定上有审议权或决策权,剩下的60份(61.22%)则对学术委员会在学科资源配置方案制定上的权利分配较为模糊。另外,正如前文所述,98份大学学术委员会章程中仅有4份将学科带头人明确为校学术委员会的成员来源,而在这4份章程中又只有1份将学科带头人同时认定为院学术委员会/教授委员会的成员来源。

不可忽视的是,即使学术委员会章程规定了有关学科资源配置方案需经学术委员会审议或直接由学术委员会审议并决定,但现实中由于行政主导的惯性,学术委员会在学科资源分配方面享有的审议权或决策权更多是一种形式上的。有研究通过实证考察国内6所高校校学术委员会运行状况,发现虽然这些高校都设置了以校学术委员会为核心的各类学术权力组织,但其成员以具有行政职务的校内中层及以上管理者为主体,故这类组织的实践运行往往会受到学校行政意志的干扰(甚至是操控),而表现出浓厚的行政化色彩。[①]

校级层面的学科建设资源分配具有明显的行政主导特征,也就为学院

---

① 陈金圣等:《大学学术权力的运行现状及教师体认——基于六所高校的调查分析》,《大学教育科学》2013年第2期。

层面包括学科建设经费在内的学科资源分配的权责安排和践行提供了"模板",外显为学科建设资源分配的行政化。"学校章程赋予院系党政联席会在学科建设等方面的决策权,院教授委员会更多的只是提供建议,涉及资源分配的事项,一般都是由院长或书记又或是两者共同决策。"(SYL33)显然,学术组织在学科建设资源分配方面明显处于"劣势",加之校院两级的学术组织绝大部分未明确强调成员的学科带头人身份和作用,致使学科带头人在学科建设经费分配方面的话语权不充分。"学科带头人在学科建设经费分配方面的话语权是非常小的,除非他(学科带头人)是院长之类的。"(SYL27)

(3)学科成员评聘权责方面

整体来看,当前大学学科成员学术评价权责主要掌握在校人事管理部门,学院在该事项上的自主权比较有限,通常是在校人事管理部门制定的规则框架内对学科成员进行考核和聘用。校人事管理部门在制定相关规则时也会参考和咨询校学术委员会等学术治理组织的意见,但这种参考和咨询有待进一步发挥实质性作用。"人事处把标准(职称评审标准和教师招聘标准)制定出来,然后征询我们(校学术委员会)的意见,但意见经常得不到有效反馈。"

再者,从校人事管理部门的组织结构、领导关系和成员身份看,样本学科组织所在的102所大学中有65所大学的人事管理部门以"两块牌子、一套人马"合署办公的模式运行,即学校党委领导下的党委教师工作部与学校校长领导下的人事处①合署办公,接受学校党委和校长的双重领导,党委教师工作部和人事处(人力资源处/人力资源管理部)的职责分工不够明确。这种模式下,人事管理部门的职员因受党委和校长的双重领导,其身份也就兼具政治和行政(人事处的处长同时也是党委教师工作部门的部长)两种属性。阎凤桥和管培俊通过对21位大学党委书记和校长的访谈,发现在党委领导下的校长负责制下确实存在校党委书记与校长关系不够和谐及认识不统一等问题。同时,原本的党委外部监督转化为内部监督,尤其是在合署办公的方式下,党政间的监督与被监督关系被淡化,导

---

① 也有高校称作人力资源处/人力资源管理部。

致人事管理部门在制定学科成员学术评价标准和开展学术评价工作时自上而下的主导性更为明显。①"

在学院层面，面对来自校人事管理部门制定的聘任标准和考核条件的规制和创新失败被问责的压力，院（系）组织大都会在学科成员聘任和考核方面模仿校人事管理部门的行为选择，致使院（系）层面的学科成员聘任和考核事项的决策被自上而下地同构为以行政主导的方式进行。"在人事上，由于学科间的差异很大，每个（二级）学院都想制定一个适合自己学科特征的（聘任和考核）标准，但学校有条条框框的限制，是不能'乱来'的，得按照学校的要求和模式来。"（SYL07）受此影响，院（系）学术治理组织在学科成员聘任和考核事项上的决策权易于被形式化和边缘化。"学院进人都是分管人事的行政副院长在具体负责，党政联席会拥有最终决策权，我们只是建议。"（SYL34）"考核的标准是学院办公室制定的，然后上（教授委员）会讨论，但讨论的结果往往不会对其产生太大的影响。"（SYL02）

学科带头人在大学学术治理体系乃至整个大学治理体系的顶层设计中明显"被缺位"，必然导致学科带头人"位置—角色"权责配置失衡、素质结构认定窄化和运行机制建设滞后等问题凸显，进而会限制学科组织化的推进。

### 4.4.3 价值理性逼仄

"制度语境中的观念认知不仅是行动者从社会结构框架获取的规范共识，还带有行动意义诠释色彩。因而，重视观念认知的建构作用实为借制度安排的构成性呈现规范、价值与行为之间的联结。就此而言，制度并非先验的规范价值存在内化于行动者的产物，而是在广泛的行为互动中得以建构产生。制度变迁本就是一个不曾停息的过程，人们的偏好、预期与选

---

① 阎凤桥、管培俊：《中国大学治理结构中的行动空间构型：聚焦党政领导关系》，《高等教育研究》2020 年第 9 期。

择构成了这一过程不可或缺的助推力。"① 简言之，行动者的观念认知与制度安排是相互作用的，观念认识建构制度安排，制度安排形塑观念认知。学科带头人"位置—角色"的权责安排、素质结构认定和运行机制建设本质上就是一种制度安排，不可避免地会与相关行动者尤其是制度制定者的观念认知相互作用。从实践看，有关学科带头人"位置—角色"的权责安排、素质结构认定和运行机制建设主要由行政主体主导，但其在治理大学过程中容易集中关注学科带头人个体科研能力及其带来的效益，而忽略对学科带头人"位置—角色"的权责安排、素质结构认定和运行机制等的考量。这导致实践中学科带头人未能成为学科组织的领导者，而大多只是一个学术"标杆"。

"学科带头人很重要，是个整个学科的'标杆'，但你让他来领导学科组织，那未必行，他会按照自己的逻辑来，对学校和学院的整体规划及安排往往考虑不够。尤其是在学科资源分配方面，往往是自上而下的，他们专心搞科研就行了。"（SYL26）"学校在学科方面投入那么大，是要讲效率的，你让学科带头人参与某些决策，工作的效率可能会降低，而且学科带头人有时候也会面临'熟人'陷阱。"（SYL30）这些观点看似有理，实则反映的是以学科带头人等为代表的学术群体对有关学科建设资源分配等相关事项的决策被行政主导的一种惯性束缚。其背后更深层次的原因在于价值理性逼仄：理性精神使公共行政主体通过贬抑"非正式"的要素和过程的方式实现正规化；通过遮蔽或忽略情感、情绪、灵性、矛盾、参与以及想象力等"活性"要素来成就公共行政的简单性。② 在其浸染下，大学行政对工具理性的追求易以导致工具理性对价值理性的僭越，外显为大学行政管理具有明显的管理主义特征。正因如此，居于学科组织核心地位的学科带头人"位置—角色"的权责安排、素质结构认定和运行机制建设处于被遮蔽的状态。

---

① 曲纵翔、董柯欣：《认知观念与制度语境：制度变迁的建构制度主义二阶解构——以农地产权"三权分置"改革为例》，《中国行政管理》2021年第8期。
② 孙志建：《"理性-和合"行政观：中国特色公共行政精神的成熟定型》，《探索》2020年第6期。

# 5 个体—群体—整体：大学学科组织的行为表征

学科组织作为一个由学科成员构成的组织，其组织化的推进与学科组织内部的非正式关系紧密相关，且学科组织的方向引领与结构设计对此未给予充分考量。于此，在探讨学科组织方向引领和结构设计的基础上，从学科组织的个体行为、群体行为、整体行为三位一体的角度，审视学科组织化在组织行为维度的现状、困境及原因。需要强调的是，由于学科组织的行为是复杂的，以及学科组织化的本质在于通过提高学科组织的自组织程度彰显其学术本性，因此对学科组织行为的探讨，以学科组织的学术行为为具体聚焦对象，而非聚焦托尼·比彻和保罗·特罗勒尔所说的"面面观的学术生活"。

## 5.1　学科组织行为的循证理路

### 5.1.1　学科组织行为的要素归因

学科组织行为的"元素"个数与学科组织行为的具体表现形式间的关系如图5-1所示。具体而言，学科组织行为本质上是人的行为，只是其不限于某个单一个体"人"的行为，而是多个个体行为的"集合"，且这个"集合"的"元素"个数介于1（含）到学科组织成员总数（含）之间。据此，可以从人性和环境两个维度探讨学科组织的行为表现及其背后的原因：在人性维度，聚焦学科组织的"复杂人"特性；在环境维度，观照学科组织所处的文化和制度环境。

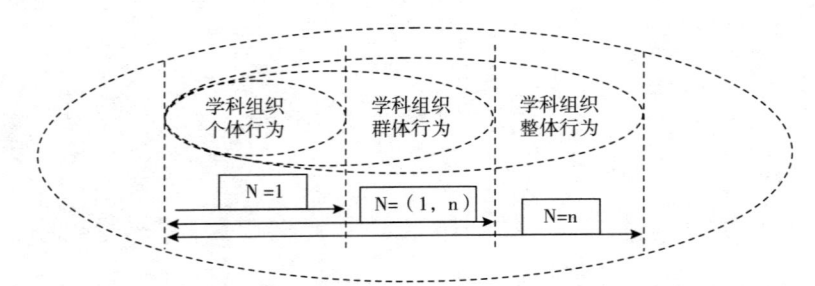

**图 5-1　学科组织行为的"元素"个数与学科组织行为具体表现形式的对应关系**
说明：N 代表每个层次的学科组织行为的元素个数，n 代表整个学科组织的成员总数。
资料来源：笔者基于文献梳理的创新选择。

首先，就文化环境而言。学科组织作为大学的组成细胞，其行为必然会受到大学组织场域的规范和影响。大学组织以学术属性为本质属性，其主体、活动和形式等都具有鲜明的文化特性。[1] 这就意味着大学组织场域

---

[1] 张应强、高桂娟：《论现代大学制度建设的文化取向》，《高等教育研究》2002年第6期。

具有明显的文化"印记",并影响着作为其组成细胞的学科组织的行为,为从文化角度审视学科组织行为提供了可能。"社会中的个体接受其文化规范,因为他们就是在这些规范中接受教育和成长,这种个体接受文化规范的过程称为'濡化'。如我们已见到的,自婴儿一出生起就被置于无处不在的文化影响中,这种文化就是设计为使他们也像社会的成年成员一样进行思维、行为和情感的。"① 显然,个体行为往往是其所处文化环境的一种表现,个体行为也会在潜移默化中创新或传播其所接受的文化,两者相互影响。因此,追寻社会规律的基本前提是重视个人对文化的反映,而且只有论及文化囿范下个人的行为,才会点活空泛的社会公式。② 本研究聚焦的文化主要是指一系列被认同的价值观、态度及行为方式,且这些价值观、态度及行为方式在相应环境里被相关主体往复循环的实践所整合和强化。③

其次,就制度环境而言。制度是一种人类在其中发生相互交往的框架,由正式的成文规则及非成文的行为准则所构成。④ 其内含规制性制度、规范性制度和文化—认知性制度三要素。其中,规制性制度与正式的成文规则对应,规范性制度和文化—认知性制度与作为正式规则之基础和补充的非成文行为标准(非正式制度)对应,且这种非成文行为标准对规制性制度的制定和实施有重要影响。正是因为制度有如此丰富的意涵,所以其对组织行为有明显的约束作用。但制度与组织行为的作用关系不是单向的,组织行为也会对制度产生影响。"任何一个组织对于制度对其行为所产生的约束,并非全部支持的,当现有制度遭受质疑时,制度本身便可能被改变。面对制度的压力,组织会根据自身与环境之间的权变关系选择非模式化的战略行为。"⑤ 所以,制度与组织行为的关系和组织行为与文化的

---

① 顾建光编译《文化与行为——文化人类学巡礼》,四川人民出版社,1988,第54页。
② 李亦园:《文化与行为》,台湾商务印书馆,1992,第3页。
③ 托尼·比彻、保罗·特罗勒尔:《学术部落与学术领地:知识探索与学科文化》,唐跃勤等译,北京大学出版社,2015,第27页。
④ 道格拉斯·C.诺思:《制度、制度变迁与经济绩效》,杭行译,格致出版社,2014,第4页。
⑤ C. Oliver, "The Antecedents of Deinstitutionalization", *Organization Studies*, 1992, Vol. 13, No. 4, pp. 563-588.

关系类似，两者融为一体，相互支撑。学科组织作为组织的下属类别，其行为与其所处制度环境的关系，与作为"属"的组织和其所处的制度环境的关系一致。因此，从制度环境维度审视学科组织行为既合理又正当。

## 5.1.2 学科组织行为的证成框架

基于学科组织行为的特征，以人性和环境为基本维度，本研究从人性、文化和制度三个视角审视学科组织个体行为、群体行为、整体行为的具体表现及其生成逻辑。这三个视角是一个整体范畴，不是完全割裂的，在审视学科组织行为时存在交叉和重复。学科组织作为以知识生产为内核的组织，其知识生产既包括发现新知识，还包括知识的传播和应用，并以此践行着自身承载的科学研究、人才培养和社会服务等大学职能。因此，以知识生产为内核的学科组织也可被视为以学术研究为本真的组织。据此，对学科组织行为的审视，以学术生活为主要"桥梁"。具体证成框架如图5-2所示。

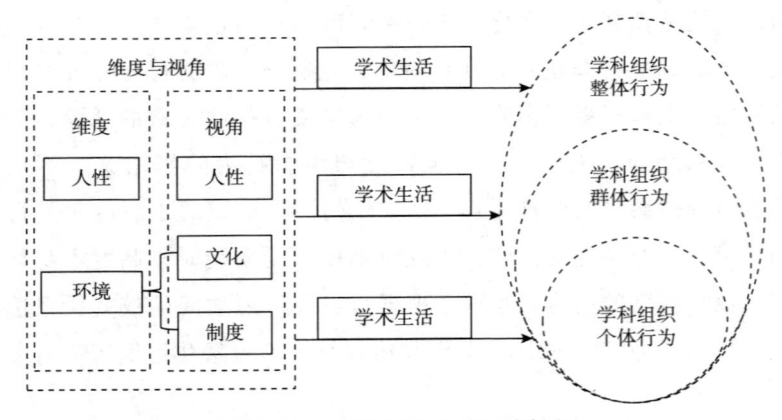

图 5-2　学科组织行为的证成框架

资料来源：笔者基于文献梳理的创新选择。

## 5.2 学科组织个体行为的分类与异化

### 5.2.1 个体行为的基本分类

学科组织作为一个以知识生产为核心的组织，将知识创新、知识传播和知识应用等活动都囊括于自身的行动范畴。同时，学科组织也是大学的组成细胞，践行着科学研究、人才培养和社会服务等大学职能。因此，以知识生产为核心的学科组织的行动范畴就与自身承载的科学研究、人才培养和社会服务等大学职能相对应。当然，这种对应并非一种完全的一一对应，即知识创新与科学研究、知识传播与人才培养（教学）、知识应用与社会服务虽存在"景观"上的直接联系，但也并不排除知识创新与人才培养（教学）、社会服务等职能之间的耦合，知识传播与科学研究和社会服务等职能之间的联系，知识应用与人才培养（教学）和科学研究等职能之间的关联。需要强调的是，学科组织对人才的培养集中表现在教学活动上，所以，此处将知识传播与人才培养（教学）对应。知识应用以知识创新和传播为前提，大学自中世纪产生以来，其职能就以人才培养（教学）为核心，在德国的威廉·冯·洪堡将科学研究引入大学之后，才逐渐以"人才培养和科学研究"为内核，并延续至今。因此，从学科组织学术研究类型间的关系及其承载的大学职能间的关系看，其行为以教学与科研为基础和核心展开，并集中表现在教学、学术研究和学术发表三方面。这里的"学术"是狭义层面的，具体指的是知识创新。

## 5.2.2 "重研轻教"泛化

（1）科研与教学的平衡镜像

科研和教学作为学科组织的核心活动，虽被并列提及，但两者并非割裂的。威廉·冯·洪堡认为，教育作为一种国家教导公民的最好途径的关键在于其能把一切可能解决问题的办法都提出来，供人从中找出最巧妙的解决办法。① 进而，他断定，在大学中科研是"自己发现问题，自己寻找解决办法"的最好体现。因此，他在19世纪初将科研引入大学，认为科研将减少传统教学的依附性和权威性，提高教学的独立性和自由度，实现对教学过程性质的改变；同时，还将重构教授和学生间的关系模式——两者均为研究者，共同致力于研究，以及能推动学术研讨会、学术研讨班中的研讨与探索对传统的、刻板的讲课与听课的替代。他的目的是让大学培养"完人"。② 尽管如此，他也没有忽略教学对科研的促进作用，而且认为教师虽训练有素，但若没有学生的参与，其工作就易于失之偏颇和缺少活力。因为学生固然不甚成熟，但其缺少成见并勇于探索，教师和学生的结合，才更有利于教师实现自己的目标。③ 所以，威廉·冯·洪堡将科研引入大学，旨在以教学和科研的平衡统一来推动大学"完人"培养目标的实现。此后，科研和教学平衡统一的思想和原则在理论和实践领域得以传承和延续。

（2）"重研轻教"的现实表现

学科组织成员个体作为学科组织的元素，是学科组织教学和科研活动的直接践行者，在教学和科研上理应保持动态平衡。但在实践中，学科组织成员个体在教学和科研的时间和精力安排上存在明显的"以科研为重"的倾向，而将教学仅仅视为一项"为了完成而完成的任务"。这种行为现象被统称为"重研轻教"。需明确的是，无论是在理论还是实践领域，大

---

① 威廉·冯·洪堡：《论国家的作用》，林荣远、冯兴元译，中国社会科学出版社，1998，第40页。
② 周川：《从洪堡到博耶：高校科研观的转变》，《教育研究》2005年第6期。
③ 陈洪捷等主编《国外高等教育学基本文献讲读》，北京大学出版社，2014，第132页。

学里的教学既包括研究生教学，也包括本科生教学。但"重研轻教"中的"教"主要是指本科生教学。这是因为研究生教学与大学教师们的科研活动直接相关，甚至教学中的研究生就是教师们最直接的科研"助手"或潜在的选择和培养对象。"研究生课程通常是教师们吸引和挑选研究生的关键环节。研究生们不仅可以帮助教师做科研，还可以帮助教师产生新思想，推动教师研究。"① 就学科组织成员个体的"重研轻教"而言，现实表现主要有两种。①"认知—行为"共向弱化教学选择，即学科组织成员个体在观念认知上，认为科研重于教学，并在时间和精力安排上以科研为重，忽略对教学的投入。"读博期间，我们主要接受的是科研训练，对教学没怎么接触过，这也就导致我们（博士毕业生）大多数对教学不知从何'下手'，也不怎么感兴趣。"（FSYL46）②"认知—行为"反向共轭教学选择，即学科组织成员个体在观念认知上，主张科研与教学并重，却在行为选择时遵照理性逻辑被动选择以科研为主，以获取体制和组织对个人"业绩"的认可。"教学与科学无疑是同等重要的，甚至教学才是一个大学的根本，但现在的（聘期）考核和（职称）晋升却以科研为导向，很多时候我们也很无奈。"（FSYL44）

2018年6月，教育部在成都召开新时代全国高等学校本科教育工作会议，会议强调，"坚持'以本为本'，推进'四个回归'，加快建设高水平本科教育、全面提高人才培养能力，造就堪当民族复兴大任的时代新人"。② "以本为本"的意涵在于坚守和维护本科教育在大学中的基础地位。③ 会议期间，四川大学等150所高校联合签署以"培养一流人才，建设一流本科教育"为核心的《一流本科教育宣言》（以下简称《成都宣言》）。④ 同年10月，教育部印发的《关于加快建设高水平本科教育全面

---

① 赵炬明：《失衡的天平：大学教师评价中"重研究轻教学"问题的制度研究——美国"以学生为中心"本科教学改革研究之八》，《高等工程教育研究》2020年第6期。
② 刘潇翰：《坚持以本为本 推进四个回归 建设中国特色、世界水平的一流本科教育——新时代全国高等学校本科教育工作会议召开》，教育部网站，http://www.moe.gov.cn/jyb_xwfb/gzdt_gzdt/moe_1485/201806/t20180621_340586.html，最后访问时间：2021年10月22日。
③ 王晋：《"以本为本"和大学治理结构》，《教育发展研究》2020年第7期。
④ 《建设一流本科教育：150所高校联合发出〈成都宣言〉》，人民网，http://edu.people.com.cn/n1/2018/0622/c367001-30076659.html，最后访问时间：2021年10月22日。

提高人才培养能力的意见》(以下简称《意见》) 明确指出,进入新时代以来,在高等教育发展中,"人才培养的中心地位和本科教学的基础地位还不够巩固,一些学校领导精力、教师精力、学生精力、资源投入仍不到位,教育理念仍相对滞后,评价标准和政策机制导向仍不够聚焦"。① 显然,新时代全国高等学校本科教育工作会议的召开和《意见》的发布,直接映射出当前我国高校普遍存在"重研轻教"问题。

(3) "重研轻教"的症结聚焦

学科组织成员个体"重研轻教"行为的发生,在人性供给上,具有明显的"复杂人"特性,即在认知和行为上并非都展现"理性经济人"特性,在"认知—行为"共向弱化教学选择上,既有"理性经济人"的一面,又有"自我实现人"的一面,两种人性特征交互出现,甚至还和其他人性特征共轭,没有明显的分类表现。在"认知—行为"反向共轭教学选择上,既有价值理性的一面,又有工具理性的一面,两者"共轭"出现,同时还内含自我实现的人性假设,总体以"复杂"的人性假设形态支撑行为选择。"教学是重要,我喜欢教学,总想把教学搞好。可要搞好教学,会花很多时间,科研会因此受到影响,科研不好职称评审就缺乏竞争力。这也是老师们最困惑的地方。"(SYL39) 当然,对学科组织成员个体行为更具形塑作用的,是源自外界的,具有明显科研导向和数字化操作特征的,能获取组织"认可"的职称晋升和聘期考核机制,以及职前规训养成的科研为主的观念认知。在考察职称晋升和聘期考核机制的现实状况时,以教学科研型5级岗位的聘期考核标准和职称晋升要求为聚焦对象。理由是,当前我国学科组织成员个体的职称晋升和聘期考核主要遵循的是"岗位分类"原则,即针对不同岗位类型学科组织成员个体制定不同的职称晋升要求和聘期考核标准。实践中,学科组织成员个体的岗位可细分为教学科研型岗位、教学型岗位、科研型岗位和产业型岗位四类,以教学科研型岗位这一大类为核心和主体。教学科研型岗位主要面向从事教学、科学研究工作的教师设置,主要设置在承担教学、科研工作的学科。教学型岗位

---

① 《教育部关于加快建设高水平本科教育全面提高人才培养能力的意见》,教育部网站,http://www.moe.gov.cn/srcsite/A08/s7056/201810/t20181017_351887.html,最后访问时间:2021年10月21日。

主要面向从事本科生、研究生的基础课和实验课教学工作的教师设置，主要设置在承担公共基础课和公共实验课的院系或学科专业。科研型岗位主要面向从事科学研究工作的教师设置，主要设置在国家和省部级重点实验室或工程中心、校级研究机构及承担国家和省重点科学研究任务的团队。同时，按照"分级"原则管理同一类型岗位。一般分为12级：1~4级为正高级岗位（教授/研究员），5~7级为副高级岗位（副教授/副研究员），8~10级为中级岗位（讲师/助理研究员），11~12级为初级岗位（助教/研究实习员）。其中5级岗位为副教授/副研究员晋升到教授/研究员职称的"关键节点"，其考核标准和晋升要求对学科组织成员个体在科研和教学上的时间安排与精力分配的影响具有典型性和代表性。据此，后文以科研教学型5级岗位的聘期考核和晋升要求为"抓手"，来审视学科组织成员个体"重研轻教"行为的机制诱因。

首先，是职称晋升要求。每个学科组织成员个体从副教授晋升到教授职称的要求，既涉及年度考核、继续教育与培训、学术研修等事项，还涉及教学和科研两方面的任务。此处对职称晋升机制的观照，是在审视学科组织成员个体对科研与教学行为选择的基本框架内进行，因此本研究对职称晋升机制的观照以关于教学和科研的任务要求为核心。

19B学科组织（理工类）的个体成员晋升4级岗位教授的教学和科研任务的具体要求如表5-1所示。19B学科组织成员个体要从5级岗位副教授晋升到4级岗位教授，在教学上，主要看课时量、教学效果、教学项目或教学获奖；在科研上，主要是看论文、科研项目、科研获奖；同时，还看教材、专著或专利。其中，课时量、教学效果、教学项目或教学获奖、科研项目、科研获奖、论文是必须项。

具体而言，课时量由P（选课人数）决定，绝大多数准备评四级岗位教授的学科组织成员个体都会达标，并将其简化为挣"工分"，而忽略对教学设计、师生互动、学生对教学的感知度等决定教学质量的内涵式要素的观照。"课时量其实就是一个技术活，对我们来讲没有多大压力。一般都会把课时数上满，这就是个走量的问题。其余的时间大家都忙着搞科研，因为课时量对职称评审不具竞争优势，它更多的是一种基础性的工作量。"（SYL13）教学效果评价一般由学生评价和组织评价两部分组成，其

表 5-1　19B 学科组织成员个体 5 级岗位副教授晋升 4 级岗位教授的教学和科研任务要求（2021）

| 大类 | 分项 | 分项归类 |
|---|---|---|
| 教学工作量 | 近 3 年每年均完成所在单位规定的教学定额要求<br>教学分类定额方式：<br>①本科课堂教学定额：<br>$Q=\sum C\times K\times P\times Y$。其中，Q 为当量学时，C 为计划学时，K 为课程系数，P 为人数系数（以个人为计算单位）。Y 为语言类型系数，中文授课 Y=1，双语课程 Y=1.5，全英文授课（除语言课和外教授课外）Y=3。P 对 Q 有决定性影响<br>②实践教学定额：<br>实验教学<br>$Q=\sum C\times K\times P$。其中，Q 为当量学时，C 为实际授课学时，K 为课程系数，P 为每组人数系数（以个人为计算单位）<br>实习教学<br>a. 集中实习<br>$Q=\sum 10\times C\times D\times P$。其中，Q 为当量学时，C 为实习学分数，D 为实习地点系数，P 为人数系数（以个人为计算单位）<br>b. 分散实习<br>$Q=\sum 2N$。其中，Q 为当量学时，N 为指导学生数<br>c. 课程设计<br>$Q=\sum_{i=1}^{2} C B_i$<br>其中，Q 为当量学时，C 为课程设计学分数，$B_i$ 为第 i 组工作量<br>d. 毕业设计（论文）<br>$Q=\sum_{i=1}^{N} C$<br>其中，Q 为当量学时，C 为毕业设计（论文）学分数；N 为指导学生数<br>e. 指导大学生创新训练计划<br>$Q=\sum K\times P$。其中，Q 为当量学时，K 为级别系数，P 为结题成绩数<br>上述定额方式中，P 对 Q 有决定性的影响 | 课时量 |
| 教学效果 | 受聘现岗位以来近 3 年教学效果综合评定均为"良好"及以上 | 教学效果 |
| 论文 | 发表 SCI 收录论文 3 篇（其中二区及以上 1 篇） | 论文 1 |
| 项目 | 主持 1 项国家自然科学基金项目面上项目，或国家社会科学基金项目（不含青年基金项目），或国家重点研发计划等项目（课题），或专项经费 100 万元以上的纵向国防科技类项目 | 科研项目 1 |

续表

| 大类 | 分项 | 分项归类 |
|---|---|---|
| 教学业绩 | 满足其中1项：<br>①获得省部级以上教学成果奖1项（国家级奖励有证书、省部级特等奖或一等奖排名前5、省部级二等奖排名前3），或获得学校教学贡献奖，或研究生教育成果奖1项（特等奖排名前3、一等奖排名前2、二等奖排名第1）；作为指导教师（排名第1）指导学生参加"挑战杯"全国大学生课外学术科技作品竞赛或"创青春"全国大学生创业大赛或中国"互联网+"大学生创新创业大赛等比赛并获得二等奖（银奖）以上奖励1项，或指导的博士/硕士学位论文获得省级以上优秀论文 | 教学项目 |
| | ②参加省级以上教改项目1项（排名前2）且通过验收，或主持校级及以上项目（不含青年项目）1项且通过验收 | 教学奖项 |
| 其他业绩 | 须满足下列2项：<br>①获科研成果奖励1项，其中国家科学技术奖（1等奖排名前9、二等奖排名前6），或省部级科学技术奖（一等奖排名前4、二等奖排名前2），或省部级人文社科优秀成果奖（一等奖以上排名前4、二等奖排名前2、三等奖排名第1），或教育部高等学校人文社科研究优秀成果普及读物奖或青年成果奖（排名第1），或具有国家科学技术奖推荐资格的社会力量设奖（一等奖以上排名前3） | 科研奖项 |
| | ②另外主持1项国家自然科学基金面上项目，或国家社会科学基金项目（不含青年基金项目），或国家重点研发计划等项目（课题），或重大横向科研项目（单项合同金额且到校经费300万元以上），或专项经费100万元以上的纵向国防科技类项目 | 科研项目2 |
| | ③另外发表本学科SCI（一区）收录论文2篇或SSCI/A&HCI收录论文2篇或CSSCI收录论文6篇，或第一主编并正式出版校级以上教材或教研专著1部，或第一作者出版专著1部（不少于20万字）（排名第一翻译外文专著并正式出版2部视同出版专著1部，或第一发明人授权国外发明专利1件或国内发明专利2件） | 论文/著作（教材）/专利 |
| | ④年均到校科研经费100万元，或科技成果转化收入（技术转让、知识产权许可等）累计到校经费200万元 | 科研项目3 |
| 通识业绩 | 在上述业绩基础上，须在学校认定的顶级中文期刊上发表1篇学术论文 | 论文2 |

资料来源：笔者的实证调研。

中的组织评价不同学校有不同的规定,但本质都是一样的,都由学校和学院共同组织评价。19B学科组织成员个体教学效果的组织评价就由校督导评价和院(系)评价构成。学生评价主要是由学生对所修课程及其任课教师进行评价,正因如此,实践中的学生评价会在学生和任课教师之间围绕学习成绩与教学评价形成一种合作博弈,即学生虚评教师的教学效果,教师人为地"考试放水"提高学生成绩,进而形成一种"合作共赢"的态势。①"学生评价对教师教学质量有监督和提升作用,但作用并非我们想象的那么大。具体而言,学生考试的分数是老师给的,学生都知道;加之我国自古就有'尊师重教'的传统,学生很少会在教学评价上'为难'老师。相应的,老师也知道学生要给自己的教学打分,也会在考试分数上适当'关照'学生。"(SYL39)

教学的组织评价在实施过程中主要遵循的是"恰当"逻辑,具体表现为在评价实施过程中受"人情—熟人"关系网的束缚,给评价对象"开绿灯"。"大家都是同事,只要没有迟到早退、违反政治原则等重大教学事故的发生,评价的结果一般都比较'和谐'。对学校来说,很重视科研成果,倒也不是说不重视教学,但学校有评估的压力,科研成果更能快速提升学校'显示度',所以这种现象在现实中比较常见。"(SYL15)"职称对老师很重要,教学方面一般都会过,学院也不会难为他们,主要还是看他们的科研成果。"(SYL04)职称晋升中的课时量和教学效果在制度框架、自上而下的"默认"下能如此"轻松"应付,进一步弱化了学科组织成员个体对教学的重视程度,客观上助长了"重研轻教"的风气。"相对而言,教学工作的竞争力不强,比较容易应付,从而人们就在不自觉中对时间和精力分配上产生了倾斜,尽可能多的时间投入到论文发表、获取项目、争取奖项上。"②

论文、项目、教学业绩、其他业绩和通识业绩4个大类对应的5项职称评审要求事项共12种组合(见表5-2),且每种组合中有关教学的事项

---

① 林光彬等:《大学生评价教学质量的逻辑——来自调查研究的证据》,《教育研究》2012年第10期。
② 王洪才:《高等教育评价破"五唯":难点·痛点·突破点》,《重庆大学学报》(社会科学版)2021年第3期。

只有 1 项（教学获奖或教学项目），其他均为科研事项。这明显表现出在职称晋升方面具有突出的科研导向。需要说明的是，专著（包括翻译的外文专著）、教材和专利本质上都是科研成果的一种展现，只是其展现的"形态"存在差异。教学项目或教学获奖、科研项目和科研获奖，本质上都是项目或奖项。总体来看，在职称晋升要求设置上，奖项、项目、论文被提及频次最多（9 次）、占比最大（81.82%），① 整体的"奖项""项目""论文"导向非常明显。其中，教学项目和教学奖项均只被提及 1 次，且是二选一，而非兼有。可见，在学科组织成员个体职称晋升要求中"奖项""项目""论文"导向非常突出。职称是学科组织成员个体最重要也是最基本的标签，代表了学科组织成员个体的自我认同与社会认同水平，进而成为学科组织成员个体职业身份构建不可或缺的部分。有关职称的晋升要求也就容易被学科组织个体成员奉为圭臬，导致其在教学和科研的选择中自然而然地重视对职称晋升最有利的事项。因此，具有明显科研导向的职称考核要求也就不可避免地形塑着学科组织成员个体"重研轻教"的行为选择。潜隐其下的引导逻辑在于大学组织基于算计理性，追求与学科排名位次相"匹配"的资源投入和社会认可，进而将学科建设窄化为对着学科排名系统的"指标"建设，而忽视对学科内涵式发展的观照，导致大学组织对其学科组织成员个体的科研和教学活动"厚此薄彼"式的引导和规训。

表 5-2 教学工作量和教学效果之外的其他职称评审大类事项的组合情况

| 序号 | 大类组合 | | | | 通识业绩 |
|---|---|---|---|---|---|
| | 论文 | 项目 | 教学业绩 | 其他业绩 | |
| 1 | 论文 1 | 科研项目 1 | 教学项目 | 科研奖项+科研项目 2 | 论文 2 |
| 2 | 论文 1 | 科研项目 1 | 教学项目 | 科研奖项+论文/著作（教材）/专利 | 论文 2 |
| 3 | 论文 1 | 科研项目 1 | 教学项目 | 科研奖项+科研项目 3 | 论文 2 |
| 4 | 论文 1 | 科研项目 1 | 教学项目 | 科研项目 2+论文/著作（教材）/专利 | 论文 2 |

① 源自对表 5-1 "分项归类"项的统计。其中的"论文/著作（教材）/专利"共占 1 项。

续表

| 序号 | 大类组合 ||||| 通识业绩 |
|---|---|---|---|---|---|
| | 论文 | 项目 | 教学业绩 | 其他业绩 | |
| 5 | 论文1 | 科研项目1 | 教学项目 | 科研项目2+科研项目3 | 论文2 |
| 6 | 论文1 | 科研项目1 | 教学项目 | 论文/著作（教材）/专利+科研项目3 | 论文2 |
| 7 | 论文1 | 科研项目1 | 教学奖项 | 科研奖项+科研项目2 | 论文2 |
| 8 | 论文1 | 科研项目1 | 教学奖项 | 科研奖项+论文/著作（教材）/专利 | 论文2 |
| 9 | 论文1 | 科研项目1 | 教学奖项 | 科研奖项+科研项目3 | 论文2 |
| 10 | 论文1 | 科研项目1 | 教学奖项 | 科研项目2+论文/著作（教材）/专利 | 论文2 |
| 11 | 论文1 | 科研项目1 | 教学奖项 | 科研项目2+科研项目3 | 论文2 |
| 12 | 论文1 | 科研项目1 | 教学奖项 | 论文/著作（教材）/专利+科研项目3 | 论文2 |

资料来源：笔者的文本分析。

其次，是聘期考核标准。5级岗位副教授聘期考核合格是学科组织成员个体从5级岗位副教授晋升到4级岗位教授的前提和基础。19B学科组织（工科类）的5级岗位副教授聘期考核标准如表5-3所示，其成员个体考核达标需在完成"基本教学工作量"的基础上，完成"项目与奖励""论文/教材/专著/专利""学科建设"3项中的2项，且这在2项中分别选择其中1个子项即可。"基本教学工作量"的计算方法与表5-1中的"教学工作量"大类计算方法一致，两者在本质和形式上都是统一的，因此其对教师在教学和科研上的时间安排和精力投入的影响是一样的，此处就不再赘述。其中的学位点建设、学科建设、人才引进、专业建设和实践基地建设统归于"学科建设"之下，主要是为有院行政职务的学科组织成员个体设置的。同时，在"项目与奖励"与"论文/教材/专著/专利"方面，以奖项和论文为主，其中虽有关于教学的奖项和项目，但由于这些奖项和项目的整个支撑体系尚不完善，在可申请的总量上相较于科研项目和科研奖励更为有限。所以，对于绝大多数没有行政职务的学科组织成员个体而言，在考核要求的完成上仍以科研项目、科研奖励和论文为核心。"在'学科与课程建设'方面，很多项目设置的标准不是我们普通教师能达到的。我们主要还是看论文和科研奖项。因为，当前教学方面的奖项和

项目很少。"(SYL24)

表 5-3　19B 学科组织 5 级岗位副教授聘期考核标准

| 基本教学工作量 | 项目与奖励 | | 论文/教材/专著/专利 | | 学科建设 | |
|---|---|---|---|---|---|---|
| | 具体事项 | 归类 | 具体事项 | 归类 | 具体事项 | 归类 |
| 100 | ①主持省部级及以上纵向科研项目或教学质量工程项目（省部级一流课程排名前2，其他项目排名第1） | 科研/教学项目 | ①第1作者（或通讯作者）发表2篇 CSSCI、SCI、SSCI 源期刊论文 | 论文 | ①作为学科负责人带领本学科在学科评估中提档进位，或新增博士学位授权点 | 学位点建设 |
| | ②校级及以上讲课比赛一等奖及以上 | 奖项 | ②第1作者（或通讯作者）在教育类核心期刊上发表1篇教学研究类论文 | 论文 | ②学科新增为省级及以上一流建设学科 | 学科建设 |
| | ③获得省部级及以上成果奖励1项 | 奖项 | ③发表 EI 收录论文 4 篇（核心期刊教学研究论文），且获得国家发明专利1项［含主编教材（省部级重点或规划教材前2）、专著（排名第1）］ | 论文+专利/（教材/专著） | ③学科建设项目通过上级部门组织的中期评估及期满验收 | 学科建设 |
| | ④校级成果奖特等奖（排名前3）或一等奖（排名前2） | 奖项 | ④发表 EI 收录论文 3 篇（核心期刊教学研究论文），且获得国家发明专利2项［含主编教材（省部级重点或规划教材前2）、专著（排名第1）］ | 论文+专利/（教材/专著） | ④引进国家级高层次人才1人及以上 | 人才引进 |

续表

| 基本教学工作量 | 项目与奖励 | | 论文/教材/专著/专利 | | 学科建设 | |
|---|---|---|---|---|---|---|
| | 具体事项 | 归类 | 具体事项 | 归类 | 具体事项 | 归类 |
| 100 | ⑤指导学生获得国家级或省部级（一等奖及以上）学科竞赛（学院认定）、优秀论文等教学科研成果奖励1项 | 奖项 | | | ⑤作为专业建设负责人（学院认定的专业建设骨干教师），负责（主要参与）完成专业认证（评估），或获批省级及以上的一流专业建设点（含中外合作办学项目） | 专业建设 |
| | | | | | ⑥新建国家级创新实践基地1个 | 实践基地建设 |

资料来源：笔者的文本分析。

最后，科研导向的职前规训形塑个体"重科研轻教学"认知倾向。学科组织成员个体在进入学科组织正式就职之前，绝大多数都会经历本科和研究生两个阶段的教育，其中研究生阶段的教育对学科组织成员个体正式就职后关于教学和科研的行为选择具有明显的规训影响。而在研究生培养阶段，尤其是在博士研究生培养阶段具有明显的以科研为主的培养倾向。"高校教师在教学、科研道路上的选择，早已受到研究生阶段其作为教学人员和科研人员的教育质量的影响……教学能力不应是进入学术职业以后才培养起来的，而应在研究生阶段就开始训练。因此，我们不能将学术职业教学-科研关系的矛盾完全归结于我们的评价体制，更应向我们现在的研究生培养方式、质量打一个大大的问号。"①

---

① 刘霄：《"谁"左右了高校教师的教学、科研选择——基于"能力"的认知而非"功利"的取向》，《中国高教研究》2020年第3期。

## 5.2.3 学术研究"仿真"凸显

(1) 学术研究"仿真"及其内在表征

本研究聚焦的"仿真"是法国哲学家、社会学家让·鲍德里亚所言的"仿真"。其源自让·鲍德里亚的老师列斐伏尔。列斐伏尔基于对日常生活的考察,提出了"不在场无罪证明结构"(structure d'alibi)和"仿真"(simulation),"不在场无罪证明结构"内含相互的合法性的逻辑,"仿真"则是一种补偿性的逻辑。前者是在共时性层面谈的,即体系彼此相互为无罪证明;后者是从历时性角度谈的,即某一物的大量出现,只是对前一个曾经存在过,但今天已经丧失的东西的仿真。这两个概念对让·鲍德里亚建构"仿真"的意义具有重要支撑作用。① 在让·鲍德里亚看来,"仿真"作为第三级"仿象",是对第一、二级"仿象"的反叛,并要求第一、二级"仿象"服从于它。其中,第一级"仿象"外显为仿造,内含对符号等级的僭越与对自然的拟像;第二级"仿象"的镜像为生产,是没有原型的生产与系列制作的再生产;第三级"仿象"即"仿真",聚焦于模式生成与差异性代码调制。② 本质上看,三级"仿象"都是一种社会再生产,只是随着第一级"仿象"到第三级"仿象"的演变,这种社会再生产变得越来越符号化,也因此而变得越来越虚拟化,并在第三级"仿象"即"仿真"阶段成为"比真实还要真实的伪真实"。因此,"仿真"具体是指"符号的自我繁殖和传播,完全脱离了人的控制,它自身复制自己,意义在复制中繁殖,人淹没在符号制造的意义中并被符号的意义所界定。符号自身大规律复制和传播,完全脱离了现实界和真理"。③

学术研究仿真问题本质是对仿真学术研究的一种表达和观照。根据

---

① 孔明安:《仿真与技术——鲍德里亚的技术哲学思想研究》,博士学位论文,中国社会科学院,2002,第21页。
② 让·波德里亚:《象征交换与死亡》,车槿山译,译林出版社,2006,第67~146页。让·波德里亚即让·鲍德里亚。
③ 成红舞:《仿真时代与超越仿真时代——解读波德里亚的〈象征交换与死亡〉》,载《2007年北京师范大学全国博士生学术论坛(中国语言文学)论文集》文艺学卷,无出版者,2007,第149~153页。

让·鲍德里亚对仿真的内涵解释和意义建构，参照董云川和李保玉的解释，此处将仿真学术研究界定为：在学术再生成过程中，不以发现真知并创造新知或探讨未知并化解实际矛盾为价值导向，而以外在的指标要求为根本追求，进而在学术研究中出现的偏离学术本真的一种行为镜像。[①] 这种行为镜像非一般意义上的学术模仿和学术失范。一般意义上的学术模仿是与学术创新高度相连的，是非"本我"的，即模仿并非为了模仿而模仿，而是学术创新的一种前端训练。一般意义上的学术失范是一种显性的学术不端，在现有学术不端监管机制下容易被识别并进行矫治。比较而言，"仿真"学术研究是一种更为隐晦的模仿和失范——既不能推动学术创新，也不容易被现有监督评价机制所识别。具体而言，"仿真学术有着与本真学术相同的面向，它五脏俱全，具有本真学术所特有的一切元素和条件。……这些元素和条件仅仅是本真学术的'镜像'，并不具备实际的价值和意义，也无法脱离原型而独立存在。换言之，仿真学术必须要依附于本真学术研究并借助其外壳才能得以存在"。[②] 因此，仿真学术研究可以看作是学术研究的"变种"，并具备学术研究所具有的目的、基点、过程与结果等要素，且与本真学术研究的差别就体现在目的、基点、过程与结果等要素承载的意涵上。在目的维度，仿真学术研究奉完成考核指标为"圭臬"，本真学术研究则以知识创新或阐释现实问题为导向；在基点维度，仿真学术研究主要遵循的是由外向内的生发逻辑，忽略对内在追求的坚守，本真学术研究则强调由外到内和由内到外相结合的生发逻辑，既关注内在追求又关注外在需求；在过程维度，仿真学术研究具有明显的趋同倾向，本真学术研究注重在求同的基础上寻找"存异"之处；在结果维度，受目的、基点和过程三个维度的影响，仿真学术研究顺理成章地演化成一种"符号"呈现，而不具有本真学术研究所具备的价值和意义。诚如让·鲍德里亚所言，第三级仿象不再有终点，也不再有确定性，终点和确定性已经预先存在，已经写入代码，其再生产活动往往是"为了生产而生产"。[③]

---

① 董云川、李保玉：《仿真学术：一流大学内涵式发展的陷阱》，《江苏高教》2018 年第 8 期。
② 董云川、李保玉：《仿真学术：一流大学内涵式发展的陷阱》，《江苏高教》2018 年第 8 期。
③ 让·波德里亚：《象征交换与死亡》，车槿山译，译林出版社，2006，第 83 页。

## （2）学术研究仿真的诱因浅描

"以刊评文""裹挟"聘期考核与职称晋升。"以刊评文"是指"在人才评价和机构评价等过程中，简单采用论文发表期刊的级别和数量来判断被评价对象的研究水平和贡献，而不注重论文研究内容和质量的一种现象"。① 其既是"唯论文"的重要表现，也是"唯论文"的工具。其表现，如 18A 学科组织的教授（研究员）职务评聘的基本条件中关于论文的规定为："发表 SCI、EI 论文或出版著作 7 篇（部）以上（其中工科 SCI 论文 4 篇以上，理、医科 SCI 论文 6 篇以上，或累计影响因子大于 20，或单篇影响因子大于 15）。出版著作只计 1 部。"② 05C 学科组织的副教授职称晋升的基本条件有关论文的要求为："5 篇国内和核心刊物论文。"③ 当然，这只是教授（研究）职务评聘和副教授职称晋升的基本条件。这也就意味着，这些基本论文数是学科组织个体职称晋升中的"门槛"，进入"门槛"后想要脱颖而出，往往需要更多的论文。"职称评审时，教学大都没问题，关键是科研成果，其中最关键的是论文。没有论文肯定不行，一般是入围条件要求 5 篇，那至少得准备 7~8 篇才保险。"（SYL40）这里谈及的论文，是指职称评审要求的相应级别的期刊论文。职称评聘中的"以刊评文"也相应地扩散至科研评价、项目结题等方面。

在这种高度同质化的制度规训下，具有明显趋利避害天性的学科组织成员个体在学术研究上必然会出现"重量轻质"的行为倾向。"考核压力那么大，现在就是'热点'好发（文章），自然而然地就盯着'热点'写（文章）了，有时候写得的确不怎么好，但也顾不了那么多，得'投出去'试个水才行。"（SYL13）显然，从制度层面看，这一问题的产生是"唯论文"所引发的。而正如前文所述，"唯论文"本质上是一个"五唯"问题。因此，学术研究仿真凸显从制度层面看就是"五唯"所引发的。不可

---

① 俞立平等：《"以刊评文"的局限、本质及其辩证应用研究》，《情报杂志》2021 年第 3 期。
② 《关于印发〈东南大学教授（研究员）职务评聘基本条件（试行）〉等 5 个文件的通知》，东南大学体育系，https://tyx.seu.edu.cn/93/80/c2192a103296/page.psp，最后访问时间：2021 年 10 月 26 日。
③ 民革东南大学总支委员会：《东南大学文科教师副教授职称晋升评审条例分析——六所高校评审条例对比分析》，东南大学统一战线，https://tzb.seu.edu.cn/2018/1129/c21482a247792/page.htm，最后访问时间：2021 年 10 月 26 日。

忽视的是，学术发表作为学术研究成果的一种传播和表达，在现实学术生活中其内在动机和行为表现能对学术研究行为产生直接的规训作用，也即"结果主导过程"。所以，学术研究行为失范的深层次制度诱因，在"根"上与学术发表行为失范的深层次的制度诱因是一致的。简言之，"五唯"是学术研究行为失范的表层原因，其深层次原因则是"潜隐"在学术发表行为失范之下的制度逻辑。对此，为避免重复，将在后文归因学术发表行为失范时展开讨论。

### 5.2.4 学术发表深陷"阿尔都塞式承认"

（1）学术发表的本质特征与历史渊源

学术发表是指以学术诚信为基础的科学研究成果通过学术期刊、学术会议、博客等途径向他人的公开呈现，本质是科学研究成果的一种表达和呈现。与学术发表极为相关的是伪学术发表和学术伪发表：伪学术发表指没有学术诚信或者非研究性成果向他人的公开呈现，包括抄袭、纯粹的模仿、非研究性成果、数据造假等；学术伪发表具体是指将研究性成果向他人进行没有诚信基础的呈现。另外，从发表的形式看，学术发表有正式发表和非正式发表之分：正式发表主要是指以纸质或电子形式由专业机构编校后对科学研究成果的公开呈现，学术出版和学术期刊发表是其典型代表；非正式发表主要是指通过电子邮件、自媒体（微信、博文、博客）、学术报告、会议论文宣读等途径对科学研究成果进行的呈现。本研究关注的学术发表主要是指正式发表中的学术期刊发表。

学术期刊发表作为科学研究成果呈现的一种形式，源自中世纪大学教师围绕教学进行的"业余活动"。这种活动只是个人出于一种知识上纯粹的好奇所为，围绕这一活动逐渐衍生出的学术发表是在当时学界逐渐成熟的交流和认可机制中获得声誉的一种方式，那时的绝大多数大学既未提供体系化的研究条件，亦无对教师相应的任职要求。[①] 同时，那时的学术发

---

① 罗雯瑶、周川：《大学教师学术发表的历史演变与动力机制》，《高教发展与评估》2021年第2期。

表主要是以非正式的交流、讨论、手稿等形式呈现，并非当前所论及的学术期刊发表，但却是学术期刊发表的原始形态。19世纪，随着德国柏林大学的建立，科学研究随之成为继人才培养之后的大学的第二大职能。这里的大学主要是当前经常论及的研究型大学。与之对应，"学术发表不再是少数杰出教授兼学者的自发活动，而是内化为大学教师的职责行为要求。大学以学术成就和能力作为评价教师的首要标准并外化为关于出版物的硬性规定进一步确立"。① 这里的出版物包括学术期刊，但不只学术期刊，还包括学者的书籍、小册子等。进入21世纪后，随着社会的发展和大学职能的不断扩张，大学逐渐演变成现代社会的知识轴心，注重学术研究的风气开始从研究型大学蔓延至普通型大学。在此背景下，大学学科组织成员个体受到越来越多的来自国家及社会科研投入、劳动力市场调节和大学治理技术的影响，增加包括学术期刊发表在内的学术产出的倾向愈加明显和突出，"publish or perish"（不发表，就出局）文化开始在西方现代大学中扩散。

在我国，改革开放之初，主观评价在整个科研评价体系中占主导地位，外显为个人或组织机构的科研水平与科研经费评审主要取决于上级领导的主观评价。为破解科研评价领域的这一"人治"难题，20世纪80年代中后期，南京大学物理系系主任龚昌德提出："搞基础研究一定要到国际舞台上去竞争，要在国际性学术刊物上发表论文，要有SCI论文，要以此作为衡量物理系教师科研成果和水平的标准之一。"② 受此启发，南京大学率先引入SCI指标体系来评价相关人员的科研水平。这种做法在当时具有进步意义，通过简单的SCI论文数考核，既可以避免过度的人为主观干扰，还可以避免"搭便车"，使科研评价更加客观公正。随后，南京大学的这一做法在国家认可下，成为国内高校争先模仿的对象，并逐渐演化出将SCI论文、SSCI论文、EI论文、CSSCI论文、北大核心期刊论文等的数

---

① 罗雯瑶、周川：《大学教师学术发表的历史演变与动力机制》，《高教发展与评估》2021年第2期。

② 《科技部原副部长程津培：以SCI论英雄，爱因斯坦、陈景润们会是英雄吗?》，人民政协网百家号，https://baijiahao.baidu.com/s?id=1650737921382902017&wfr=spider&for=pc，最后访问时间：2021年10月29日。

量"认定"为学科组织成员个体项目申报、评奖、职称晋升、聘期考核等方面的关键性"硬"指标。这种现象也就是当前以"唯论文"为首的"五唯"的直接表现。"不发表,就出局"文化也就随之流行于国内各个大学及其学科组织之中。

(2) 学术发表的"阿尔都塞式承认"陷阱

大学组织的科研评价、职称晋升等具有明显的"唯论文"倾向,致使大多数学科组织成员个体将学术发表视为"掌中宝"。"好文章如果不能发表在所谓的核心期刊上,不仅传播效果受限,而且价值折半,评职称进不了门槛,评奖也无门,甚至不能作为考核的成果对待,真是百口莫辩、欲哭无泪。"① 因此,现实中的学术发表更多地演化为以获得体制权威认可为核心的一种发表,而淡化了自身的交流和互动功能,呈现出一幅"为了发表而发表"的"繁忙画卷"。简言之,学术发表简化为"阿尔都塞式承认"——"学术发表不是为了参与辩论、分析实际问题,进一步提升学术水平和拓展学术视野,而更多是为了获得保证自己在学术体制内的生存和维护这个体系。"② 当然,这里并非否定学术发表的正当性和合理性,而是强调为了获得承认而"激发"出的"为了发表而发表"的"过激"行为,即本末倒置地强调和关注发表,忽略对研究方法、研究主题、行文逻辑、遣词造句等的反复推敲和打磨,学术论文写成之后就急于发表,并"积极"通过各种熟人网络和社会资本"暗箱操作"获取发表机会。2011年《中国法治发展报告》就指出:"学术论文记载创新成果,传播信息,交流学术思想,发表论文是科研工作者尤其是高级科研人员的应尽职责,也是科研工作不可或缺的重要组成部分。然而,各种学术不端行为恰恰发生在论文发表环节。"③

同时,这种"为了发表而发表"的倾向,在学科组织成员个体间围绕学术期刊资源分配,构筑起为发表而博弈的行为"罩面"。当然,这里的

---

① 陈颖:《论学术乱象的由来和治理——兼谈学术期刊主编的责任与作为》,《澳门理工学报》(人文社会科学版) 2017 年第 4 期。
② 项飙:《为承认而挣扎:社会科学研究发表的现状和未来》,《澳门理工学报》(人文社会科学版) 2021 年第 4 期。
③ 李林主编《中国法治发展报告 No. 9 (2011)》,社会科学文献出版社,2011,第 300~326 页。

博弈既包括零和博弈，也涉及合作博弈，不同的学科组织有不同的呈现。其一，零和博弈。学科组织成员个体以独享学科组织的公共学术期刊资源为出发点，展开非此即彼的竞争，且主要表现为拥有学科组织资源分配权的个体独享整个组织公共学术期刊资源；同时，还表现为"谁邀请谁受益"。"学院的行政副院长是我们学科的负责人，学院学术交流活动他会邀请一些自己熟悉的 C 刊编辑，所以他发文章就要相对容易些。"（SYL17）"这次会议的那个编辑是我们学院 A 老师邀请的，那个编辑来开会，他就全程'陪同'，学院其他老师很难接触到。"（SYL29）其二，合作博弈。整个学科组织"整体"行动，将学术交流活动窄化为与编辑对话的活动。"我们学院的学术交流，主要就是请编辑来做讲座，'顺便'给我们指导论文。"（SYL08）"编辑讲座是我们学院学术交流活动的核心，现在发文章太难了，学科的平台基础还不是太好，不给老师和研究生搭建点发表'平台'，老师评优评奖和学生毕业都会很'吃力'。"（SYL31）这里并非反对期刊编辑与学科组织及其个体成员间的学术交流，这种学术交流在现实语境下非常必要；只是强调不能"为了发表而发表"，而将学科组织的资源过度投入到学术期刊上。若任由其"野蛮扩张"，既会损害学科组织内部的和谐，又会进一步恶化整个学术发表的竞争生态，结果很可能会诱发更为直接和显性的学术发表不端行为。

2017 年 4 月 21 日，全球知名学术出版机构施普林格自然出版集团旗下的《肿瘤生物学》（*Tumor Biology*）期刊撤下所刊登的 107 篇论文，这些论文的作者全部来自中国，其中，有 18 篇还接受了国家自然科学基金资助。[①] "2017 年 5 月，某核心期刊原主编乌某，利用发文章之便，收取巨额财物，被'双开'逮捕。2018 年 6 月，又是该杂志，再次爆出学术腐败丑闻，其编辑部主任等，因受贿卖版面获利 200 万元左右，被判缓刑。"[②] 这些事件都直接折射出在"为发表而发表"诱使下存在的学术发表不端行

---

[①] 《国家自然基金委主任杨卫谈"中国论文撤稿"事件：将取消 50 多位责任人基金项目申请资格 1 到 7 年》，中青在线，http://news.cyol.com/content/2017-08/24/content_16429036.htm，最后访问时间：2021 年 10 月 28 日。

[②] 《核心期刊编辑巨额受贿被捕，学术腐败为何屡禁不止？》，搜狐网，https://www.sohu.com/a/243806656_177233，最后访问时间：2021 年 10 月 30 日。

为。当然，还存在大量尚未被揭发的、形式更为隐晦的学术发表不端行为。"手机里经常有熟人或朋友推荐的稿子，他们要么评职称用，要么是结项用，要么是帮自己的学生毕业……。有时候我们也挺难的，既不想得罪人，但稿子质量又不好，好的话还能做个'顺水人情'。"（QKBJ48）"我们处理'熟人'稿件，规则是要达到发表的基本要求。如果在基本要求之上，我们一般都会给处理的。"（QKBJ47）

（3）学术发表行为失范的症结深描

其一，"学术锦标赛"规训下"五唯"凸显。无论是学术研究"仿真"还是学术发表的"阿尔都塞式承认"陷阱，直接诱因均在于"唯论文"。"唯论文"是"五唯"的重要组成部分，因此本质上就是"五唯"问题。改革开放以来，中央通过以学科建设为重点内容的"985 工程"和"211 工程"，以及本质上作为"985 工程"和"211 工程"延续的同样以学科建设为基础的"双一流"建设工程，在学科组织顶层设计层面建立起锦标赛性质的行动框架，学科建设也就不可避免地具备鲜明的"工程"特征，政府主导则是其核心。[①] 政府层面对学科建设的调控主要是通过"整体式规划"进行。当前，中央和省级政府发布的"双一流"建设实施方案就是最好例证。在此范式下，在学科建设顶层设计层面的"学术锦标赛"中扮演代理人角色的大学组织，由于自身对政府的资源投入和合法性认可的高度依赖，通常能充分接受政府层面的学科建设的制度刺激并产生其所期望的行动。而政府对某一大学学科建设的资源投入量和合法性认可度，主要依据的是具有明显政府主导性质的学科评估。2017 年，教育部公布的465 个"双一流"建设学科中只有 32 个在 2016 年第四轮学科评估中未获A 类等级，即超过 90% 的"双一流"建设学科在 2016 年第四轮学科评估中获得 A 类等级，直接反映出政府在对学科建设进行资源配置和合法性认可时对学科评估的"依赖"。诚如杨光钦教授所言，"政府主导的学科建设评估……其初衷无不都是希望通过量化评估，使得政府投给大学的办学资金产生明显的效益，进而为大学进行新一轮的资源配置提供依据"。[②] 因

---

[①] 陈先哲：《学术锦标赛制：中国学术增长的动力机制与激励逻辑》，《高等教育研究》2017 年第 9 期。

[②] 杨光钦：《高校学术生产数量繁荣与学术制度的内在逻辑》，《教育研究》2015 年第 7 期。

此，在实践中，学科评估对各个大学的学科建设行为有强烈的刺激和规训作用。

论文或专著的数量与等级、引用率、转载率、课题项目的数量与等级、科研成果获奖数量与等级、科研经费额度等反映的"科学研究水平"，以及课程教学质量、导师指导质量、学生国际交流、学位论文质量、优秀在校生等展现的"人才培养水平"，是学科评估结果呈现的关键指标。其中，"科学研究水平"指标占比最大，且能最直接、最快地提升学科的"显示度"，因而在学科建设顶层设计层面的"学术锦标赛"中扮演代理人角色的大学组织往往将这些指标奉为"圭臬"。[①]"论文、奖项、项目等科研成果能最有效地提升学科'显示度'。学科'显示度'上不去，建设的经费就很难筹集，有时候对着指标做也是无奈之举，毕竟学科排名对拨款有重要影响。"（SYL03）在大学组织内部，大学组织亦会通过"委托—代理"机制将自身"意会"到的政府对学科建设行为和结果的期待，遵照"锦标赛"的逻辑，通过将其与聘期考核、职称晋升、评优评奖等与学科组织成员个体自身利益相关的事项相"融合"的方式，按比例分配给学科组织成员个体。这种融合是一种基于经济和科层理性的融入，即大学组织相关管理部门和机构在制定相关事项的标准和要求时，通常会简化处理并加码哄抬。[②]"学校的考核对我们来说是一项不小的挑战，我们一批进来的，去年就因为第一个聘期考核不合格被解聘了4个，压力还是很大的。"（SYL40）这种自上而下的锦标赛模式的"传导"，将政府、大学组织、学科组织及其成员形塑成"利益合谋体"，客观上实现了对学科组织成员个体行为的强力规训。这也就成为"五唯"问题的真实写照。

其二，行政权力主导学术评审。学科组织成员个体从事的专业活动，本质上是一种学术活动，而学术活动又是十分复杂和专业的高级精神创造活动，所以对学科组织成员个体的专业水平和能力的鉴定和评判也是极为专业和复杂的工作，只有同行专家或专业人士才能胜任。因此，由行政体

---

① 翟亚军、王晴：《"双一流"建设语境下的学科评估再造》，《清华大学教育研究》2017年第6期。

② 余利川、段鑫星：《理性的"诱惑"：加拿大大学学术治理的变革与启示》，《复旦教育论坛》2020年第3期。

系主导的学术体制的运行,必然会使对有关学科组织成员个体学术水平及与之对应的待遇和奖项等的鉴定和评判,简化为罗列论文数量、获奖数、项目数等。学科组织成员个体追求学术数量而忽视学术质量的行为"面相",在很大程度上就是这种自外而内的行政权力掌握学术评审权导致的。[①] 这也就是学科组织成员个体学术发表行为失范在制度层面的深层次原因。可见,学术发表与学术研究行为失范在显性的制度诱因层面共同指向"五唯",而深层次的制度原因则共同指向行政权力主导学术评审。需要强调的是,学术发表和学术研究的行为失范虽源自相同的制度逻辑,但这并不意味着学术发表和学术研究的失范行为只是由制度造成的。比较而言,学术研究行为失范与学科组织成员个体的学术道德意识更为相关。诚如陈颖教授所言:"学术研究环节所出现的学术造假行径固然与学术制度有直接关系,但更大程度还是当事者个人的道德品行出现了问题,而学术研究成果传播与评价中的学术乱象则应主要归咎于制度问题。"[②]

---

[①] 刘海洋等:《学术锦标赛机制下的激励与扭曲——是什么导致了中国学术界的高数量与低质量?》,《南开经济研究》2012 年第 1 期。
[②] 陈颖:《论学术乱象的由来和治理——兼谈学术期刊主编的责任与作为》,《澳门理工学报》(人文社会科学版)2017 年第 4 期。

## 5.3 学科组织群体行为的特征与冲突

### 5.3.1 学科组织群体行为的部落特征

(1) 部落及其本质特征

"在世界范围内,当代的'部落'(tribe)是19世纪西方人类学所确立起来的一个学术范畴,其沿革轨迹多变而可循。19世纪的单线进化论到20世纪前期已经式微,继而被功能主义的部落所取代,但'原始'的意象仍然像胎记一样印在部落身上。"① 正因如此,"部落"至今仍是一个极具争议的词汇和话题,在世界范围内对其尚未形成一个统一的认识。本研究关注的部落源自法国社会学家、后现代理论学家米歇尔·马费索利理论定义的"部落"。20世纪80年代,米歇尔·马费索利在《部落时代》中从后现代性角度对部落主义做了阐释。这里的后现代性不是对时间的关注和确认,而是强调"感性理性"对"工具理性"的超越,以否认"工具理性"的绝对权威和唯一性,也即米歇尔·马费索利所言的"积极寻根"(enracinement dynamique)。② 这一"部落"是一种隐喻,而非一个精准、明确的定义。同时,因为隐喻本质上作为一种描述,不寻求提供解释,故能帮助人们理解事物的意义,却不直接揭示事物的意义。③ 所以,米歇尔·马费索利所言的"部落"意指因相同感情集聚起来的人群和与此相关

---

① 吴晓黎:《印度的"部落":作为学术概念和治理范畴》,《世界民族》2014年第5期。
② 米歇尔·马费索利:《"生态哲学":野性的力量》,许轶冰、波第·于贝尔译,《江南大学学报》(人文社会科学版)2013年第4期。
③ 许轶冰、波第·于贝尔:《对米歇尔·马费索利后现代部落理论的研究》,《西北大学学报》(哲学社会科学版)2014年第1期。

的各种关系。这里的"感情"并非仅限于人们通常所理解的心理情感,还包括社会情感、责任情感、知识情感、文化情感等,总之,是一种宽泛的情感。同时,情感的内在指向也不是狭窄的,而是囊括了知识认知、价值取向和观念态度。另外,无论从哪个角度看,"部落"与"社群"都是两个极为相近的概念,厘清两者的区别对更准确理解部落尤为关键。社群就是社会中的群体、团体或集合,其特征中的核心在于"参与者拥有共同认同及互动",[1] 与部落的概念相似。比较而言,部落和社群本质是一样的,都是因某种情感聚集起来的人群及其之间存在的各种互动关系,只是在情感深度和互动频次上,部落群体要高于社群群体。简言之,部落是"加强版"的社群,内部成员的情感认同度更高、互动更频繁。

从组织角度看,"部落"有三个典型特征。一是个体的群体化趋势。后现代社会结构中的个人是有机整体的一部分,与他者是相互依赖的,时刻接受社会现实的发生。也即在这样的社会结构中,只有个人与群体发生关联时,个人才有价值,且这种关联是否真实并不重要。二是"游牧"性。部落对其成员没有强制或显性的"禁足"力,部落成员具有一定程度的交叉性和流动性。即部落是一个没有严格边界的组织,单个成员可以同时为多个部落的成员,与之相应的是各个部落间会因为成员的重复而具有交叉。[2] 三是异质的张力和伦理的黏合。后现代对"感性理性"的强调,必然会尊重部落个体成员的异质性。这是因为部落个体成员间唯有异质才能确保部落的内在黏合度。同时,部落个体成员不仅有部落角色扮演,还会与部落处所的整体环境共处,伦理就充当了这种共处情境中不同群体间的黏合剂。[3]

(2) 学科组织群体行为的部落表征

通过调研可以发现,学科组织群体行为以成员的情感和资本为纽带,形成了多类群体,且这类群体具有明显的部落特征。首先,是"师门"部

---

[1] 张培培:《重回"部落"?——互联网社群兴起的原因及其可能意义》,《东岳论丛》2017年第12期。

[2] 米歇尔·马费索利:《部落游牧性》,许轶冰译,《江南大学学报》(人文社会科学版) 2012年第2期。

[3] 许轶冰、波第·于贝尔:《对米歇尔·马费索利后现代部落理论的研究》,《西北大学学报》(哲学社会科学版) 2014年第1期。

落。一般意义上的师门是指由某个研究生(博士/硕士)导师和其指导的研究生(包括硕士和博士)组成的集合。本研究所言的"师门"并非一般意义的师门,而是指某一学科组织内部成员间因师承关系而形成的一种集合。这种集合因师生情感而集聚和互动,但并不具备太大强制力,其组成"元素"能自由退出和进入,还具有明显的个体异质性,并共同接受相关伦理的规制。因此,透过米歇尔·马费索利的部落主义看,这种因师生情感形成的内含师生互动关系的社群就是一种部落——"师门"部落。

其次,是课题部落。课题即我们通常所说的科研项目,具体是指开展科学研究的一系列独特、复杂并相互关联的活动。这些活动有明确的目标,需根据特定的规范在相应的时间和资源范围内完成。[①] 课题一般是通过公开招标的方式选定某一机构或组织来承担和实施,也有部分项目是通过定向委托方式招标,这部分项目一般都是涉密的科研项目。本研究论及的课题主要是指大学学科组织成员承担的科研项目。根据实地调研可知,这类科研项目的项目成员既有来自不同(一级或二级)学科的,也有来自同一二级学科不同学科方向的,还有可能是跨校的或是跨学院(学系)的。但就本研究而言,所关注的"课题"主要是指同一学科组织中相关成员开展科学研究的一系列独特的、复杂的并相互关联的活动。因此,这里所说的课题部落也就是在某一学科组织中围绕某一带有明确目标和任务分工的科研项目形成的集合,这一集合的"元素"来自不同的"师门"部落或就是一个个(2个及以上)"师门"部落。简言之,这里所说的课题部落,只涉及相同(一级)学科组织中由不同的"师门"部落[②]或是其成员,以及其他非任何"师门"部落的学科组织成员围绕某一科研项目形成的课题部落。

最后,是同辈部落。在世界范围内,美国社会心理学家西奥多·纽科姆最早关注到同辈群体及其影响力。[③] 此后,同辈群体作为一个概念范式

---

[①] 姚洁:《国家科研项目资金的监督问题研究》,博士学位论文,中央财经大学,2016,第22~23页。

[②] 本部分所说的"师门"部落不包括围绕本学科组织中知名学者(如院士、"长江学者"特聘教授)形成的"师门"部落,而围绕本学科组织中知名学者的"学生"形成的师门部落则包括在内。

[③] 周晓虹:《文化反哺:变迁社会中的代际革命》,商务印书馆,2015,第251页。

广泛应用于心理学、教育学等人文社科领域。根据周晓虹教授对它的界定，可以归纳出其本质特征和核心要素：同辈群体本质上是一个非正式群体；同辈群体成员因年龄、兴趣、爱好、价值观和行为方式大体相近而有限"聚集"；同辈群体往往没有明显的指向性，即"聚集"的目标或目的较为模糊；同辈群体的边界是模糊的，对群体成员没有明显的强制力，表现为群体成员具有"游牧"性，但群体成员的行为在一定程度上具有自发的同质性。① 从米歇尔·马费索利的部落主义视角看，同辈群体也就是一种部落群体，即同辈部落。就本研究而言，所关注的同辈部落主要是指在学科组织中，由年龄、职称、价值观相近的学科组织成员"松散"集聚而成的群体，明显具有同辈群体所具备的本质特征和核心要素。

群体部落的行为具有双面性，即部落的生成本身就是部落成员结盟的结果或是过程，内嵌着部落成员共享的价值观、情感归宿和行为范式，但在部落生成之后的演变过程中，部落内部及相互间又存在多种多样的博弈。

## 5.3.2 "师门"部落行动窄化

学科组织中的"师门"部落得以形成和维系的基础是师生情感，这种情感并非一种对称的情感，而是"导师"角色对"学生"成员拥有更强的长辈或师者情感上的支配权威；"学生"成员则限于就读期间，由于对"导师"角色的依赖，而在潜移默化中被濡化成的对"导师"角色的"服从"情感。因此，基于非对称的师生情感的"师门"部落中的"导师"角色对"学生"成员拥有实质性权威。这种实质权威在根本上源自"导师"角色的专业权威和道德感召，而非传统伦理道德的强权控制和绝对命令。也即"导师"角色与"学生"成员间存在基于"导师"专业权威和道德感召的非对称的情感，但"师门"部落中的"导师"角色与"学生"成员的互动仍需遵循以双方道德共识为内核的交往理性逻辑，以维持交往

---

① 周晓虹：《现代社会心理学——多维视野中的社会行为研究》，上海人民出版社，1997，第136页。

的有效性与话语的规范性。但"我国目前单一的导师负责制,研究生在校的几年中师承一人的指导,学生的培养质量极大地依赖于单个导师个人的学术造诣和学术道德,容易形成权威垄断"。① 这种权威垄断往往会因为师承关系在学科组织场域的延续而持续,加之进入职场的"学生"成员希望能借"导师"角色的资源实现自我发展,"导师"角色对"学生"成员的实质性权威也就因此被"共向"强化,致使"导师"角色和"学生"成员行动的窄化,具体有三种表现。

(1)"导师"角色的人际情感认知②影响"学生"成员的正常学术交往

"在单位里,大家都会和自己的导师及师门的人走得更近点,而与其他师门尤其是和导师关系不好的人(学科组织中的其他成员)保持距离。在学术合作时,也会首先考量合作对象与'师门'关系的质量。"(SYL13)毋庸置疑的是,"师门"导师角色情感认知对"与'师门'关系的质量"有决定性的影响。同时,"导师"行为期待对"学生"成员的影响会因为"导师"角色拥有(包括曾经拥有和现在拥有)行政职务、学术职务或学术头衔而"升级"为干涉或干扰。"现在的院长是我的博士生导师,我做很多事情都得先向他汇报。尤其是和与他关系不好的老师合作申报项目时,一般得非常'小心',要么不让他知道,要么就得事先给他'汇报'。这其实有损我的独立性和自主性,但(导师和我)又都在同一单位,抬头不见低头见,也没办法。而且,据我了解,这在我们'圈子'是普遍存在的。"(SYL40)

(2)"导师"角色的"师门"情感认知弱化自身行动理性

"导师"角色在进行学科组织或学院和学校有关"师门"部落"学生"成员的利益分配时,会基于"师门"情感而非理性地为"师门"部落"学生"成员争取更多的利益。"今年申报省教育科学科学规划项目时,学院有3个老师的项目进入校评,校评是3选2。其中,Y老师和X老师是一个'师门'的,又都是青年教师;另外1个老师 [N老师(学院副院

---

① 王燕华:《从工具理性走向交往理性——研究生"导学关系"探析》,《研究生教育研究》2018年第1期。
② 主要是指"导师"角色对人际关系的情感认知。

长）] 是学院的教授，年纪都 50 多了。Y 老师和 X 老师的导师是校学术委员会的副主任，也就是这个项目校评的专家成员。最后，我们学院通过校评的项目就是 Y 老师和 X 老师的。那天开会的（校学术委员会成员）说，当时 Y 老师和 X 老师的导师作为委员会副主任，在开会前就'强调'要扶持年轻人，但那个 N 老师的项目本子写得挺好的，没有上是挺可惜的。"（SYL27）长此以往，这些基于"师门"情感的"导师"角色和"学生"成员窄化的行为，自然会影响整个学科组织的文化氛围，损耗整个学科组织的凝聚力，进而会限制学科组织整体实力的提升。

（3）基于师生情感的"师门"部落一致"排外"与零和博弈并存

此处论及的师门"部落"在高水平大学中的 A 类学科中表现得尤为突出。其原因在于，这类学科组织往往具有较强的学术实力，其关键成员大都是由该学科最为知名的学者的"学生"构成，本质上是一种特殊的"近亲繁殖"。这种现象的出现有其现实客观原因，即高水平人才多产生于研究型大学。尽管如此，这样的"师门"部落会因内部高度的自我认同感而将自身异化成坚固的"利益联盟"，学科组织中其他成员的应得利益往往会被其"蚕食"，外显为其能左右整个学科组织的人事招聘、学术评奖等。这不仅会损害整个学科组织的和谐，还会导致组织内部学术原创力的衰减，更会造成整个组织因缺乏异质性而丧失应有的创新活力。[①]

## 5.3.3 课题部落"科层—人情"侵蚀

在实践中，一个单独的"师门"部落也可能会形成一个课题部落，但由于前文已经对"师门"部落及其行为做了论述，此处就不再赘述。课题部落本质上是基于知识应用或知识创新而形成的部落，因此也可以被看作一种较为狭隘的"学术部落"，具有明显的游牧性，会随着课题的结束而解散，且这种解散只是针对课题的解散，而非课题中同一"师门"部落的解散。其行为往往围绕对相关学术资源的挖掘和应用，以及由课题衍生出

---

[①] 阎光才：《高校学术"近亲繁殖"及其效应的分析和探讨》，《复旦教育论坛》2009 年第 4 期。

的利益博弈而展开。现实中，学科组织中的课题部落的内部结构如图 5-3 所示：a1 代表学科组织中的知名学者，是整个课题的总负责人，处于整个课题部落的最顶层（A 层）；b1、b2、b3 是整个课题下设的子课题的负责人，处于整个课题部落的第二层（B 层）；c1、c2、c3、c4、c5、c6 是整个课题下设子课题的分课题的负责人，处于整个课题部落的第三层（C 层）。当然，图 5-3 反映的只是一种较为普遍的课题部落的内部结构，且这种反映并非一种"一对一"的反映，而是一种隐喻，即现实中的课题部落的内部结构可能多于三层或只有二层；除第一层外，其余层次的负责人人数也可能并非图 5-3 中所示的人数，有可能多也有可能少（B 层的人数可能多于 3 个，也可能少于 3 个；C 层的人数可能多于 6 个，也可能少于 6 个）。图中线（虚线和实线）的粗细代表两个负责人间互动时对彼此的影响力的大小，如 a1 指向 b1 的箭头线比 b1 指向 a1 的箭头线粗，就代表 a1 和 b1 在互动时，a1 对 b1 的影响力要大于 b1 对 a1 的影响力；a1 指向 c6 的箭头线比 c6 指向 a1 的箭头线粗，意味着在互动中 a1 对 c6 的影响力要大于 c6 对 a1 的影响力。图中的虚线代表两个负责人间的互动频次较低甚至不直接互动。如 a1 和 c5 间的虚线就代表 a1 与 c5 互动频次较低，甚至不直接互动。

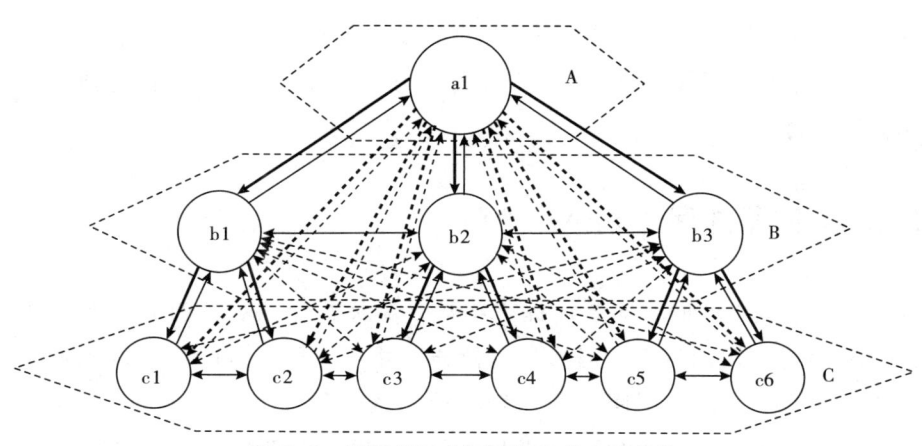

图 5-3 学科组织中课题部落的内部结构

资料来源：笔者的实证调研。

(1) 课题部落分层的人情圈限

课题部落分层的依据主要是个体的专业能力,但也会有部分是因为人情。"我们这个大课题当时在分子课题的时候,其实 L 老师的学术能力要比 Y 老师更强,但 Y 老师在学术团队中的辈分比 L 老师要高,于是团队负责人就让 Y 老师承担了一个主干课题,为这事 L 老师私下吐槽了很多次。"(SLY40)这种夹杂着人情的课题部落分层会在一定程度上损害部落本身乃至整个学科组织的知识生产力。

(2) 课题部落运行的科层束缚

在实践中,由于处于顶层的 A 对整个课题的经费有支配权,以及其自身拥有较为丰富的社会资源,因而其对 B、C 层个体的发展有至关重要的影响。整个课题部落除 A 层的 a1 外,其他层的个体在从事子课题研究时,除实现课题研究目标外,还想以此获取升迁、评优评奖的机会。"我在这课题组待着,课题经费虽然很重要,但最重要的是'老板'的资源。"(SYL13)"但竞争太明显也会影响课题目标的完成,有时候就是一个度的问题。所以,(课题)团队管理也是一门艺术。"(SYL32)

以知识为核心形成的课题部落基于专业能力的分层合理合法,在实践中却因为人情的渗透而面临一定程度的分层失衡的问题。同时,在课题部落实际运行中,由于缺乏多元参与、协商共谋的机制设计和氛围营造,而逐渐形成一种以"上层安排、下层服从"为核心的运转模式。两者共同作用,致使整个课题部落的和谐氛围和内聚力大打折扣,并最终内耗掉整个学科组织的生产力。

## 5.3.4 同辈部落"差序"分隔

学科组织中的同辈部落往往因年龄、职称、价值观等的分类而呈现出"差序"分层的特征。当然,这种分层并非一种完全的分层,而是一种相对的分层,即不同圈层间仍存在或多或少的交叉。这里的"差序"概念源自费孝通先生提出的"差序格局",但与费孝通先生所说的"差序格局"又有一定的区别。费孝通先生在《乡土中国》中并未对"差序格局"做一个精确界定,而是将其隐喻为展现社会关系的一个范式。他认为:"在差序格局中,社会关系是逐渐从一个一个人推出去的,是私人联系的增加,社会范围是一根根私人联系所构成的网络。"① 这种网络以"己"为中心,层层向外扩展,"己"与自身之外的"圈层"的联系随着"圈层"与"己"的距离增大而逐渐变弱,"就像石子一般,投入水中,和别人所联系成的社会关系,不像团体中的分子一般大家都立在一个平面上的,而是像水的波纹一般,一圈圈推出去,愈推愈远,也愈推愈薄"。② 而这种"波纹"的扩展则主要是以血缘和地缘为联系纽带。显然,费孝通先生所说的"差序格局"是一种平面的而非立体的社会关系,核心是以自我为中心,以血缘和地缘为联系纽带。本研究聚焦的"差序"源自费孝通先生的"差序格局"隐喻,却主要是基于尉建文等提出的以信任、结构和资源为核心构成的一体多维动态的"差序格局"进行意义建构。③ 据此,本研究聚焦的"差序"以"人的资本"(如职称、年龄、价值观等)为核心。由一个个"资本"(如职称、年龄、价值观等)相近的个体有限"聚集"形成的有一定分隔度的"圈子",就是本研究所言的同辈部落。由这些部落构成的"体系"就是学科组织中的社会关系的一种体现。

如图 5-4 所示,学科组织中的同辈部落主要分为 4 个圈层:Ⅰ圈层、Ⅱ圈层、Ⅲ圈层、Ⅳ圈层。这 4 个圈层同辈部落的话语权分布格局如图 5-5 所示。结合图 5-4 和图 5-5 看,Ⅰ圈层同辈部落由学科组织中拥有行政职务/学术职务/学术头衔的教授组成。这一圈层的同辈部落因其成员在职称、阅历、年龄、知识储备、学术声誉、可调控的学科资源等方面拥有非常明显的优势,而在学科组织中相对其他圈层的同辈部落在学术和行政两方面都拥有更强的话语权。"学院的人事招聘,存在明显的学术近亲繁殖问题。如 2019~2020 年我们学院连续两年进了我们学院的 4 个博士毕业生,这明显违背了'学缘'异质的进人要求。"(SYL35)

---

① 费孝通:《乡土中国》,上海人民出版社,2006,第 25 页。
② 费孝通:《乡土中国》,上海人民出版社,2006,第 22~23 页。
③ 尉建文等:《差序格局、圈子现象与社群社会资本》,《社会学研究》2021 年第 4 期。

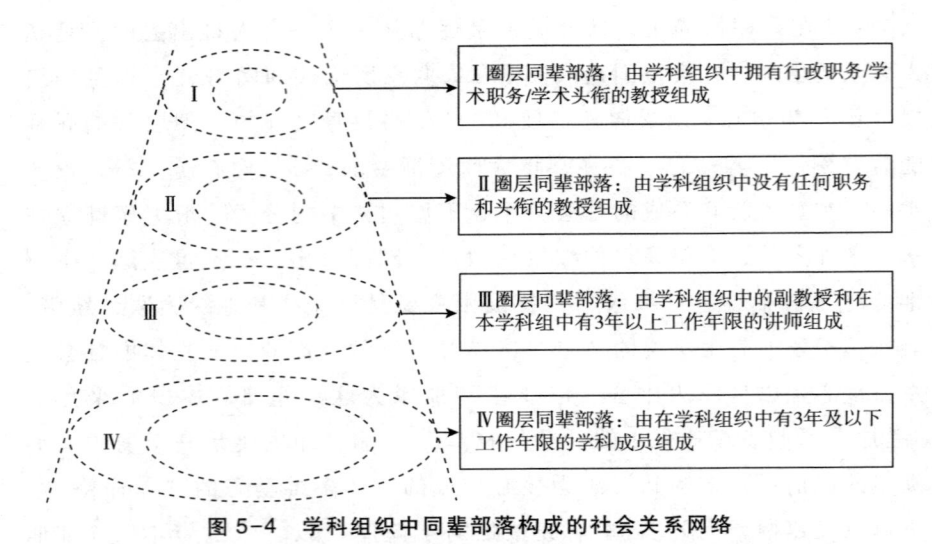

图 5-4 学科组织中同辈部落构成的社会关系网络

- Ⅰ圈层同辈部落：由学科组织中拥有行政职务/学术职务/学术头衔的教授组成
- Ⅱ圈层同辈部落：由学科组织中没有任何职务和头衔的教授组成
- Ⅲ圈层同辈部落：由学科组织中的副教授和在本学科组中有3年以上工作年限的讲师组成
- Ⅳ圈层同辈部落：由在学科组织中有3年及以下工作年限的学科成员组成

说明：图中圆圈的大小既不代表处于相应"圈层"的同辈部落成员的多少，也不表示处于相应"圈层"的同辈部落资本的多少，而只是一种符号。圆圈的位置则代表与之对应的同辈部落资本的多少。虚线表示各个圈层同辈部落并非封闭，以及各个圈层同辈部落间并非完全割裂。

资料来源：笔者的实证调研。

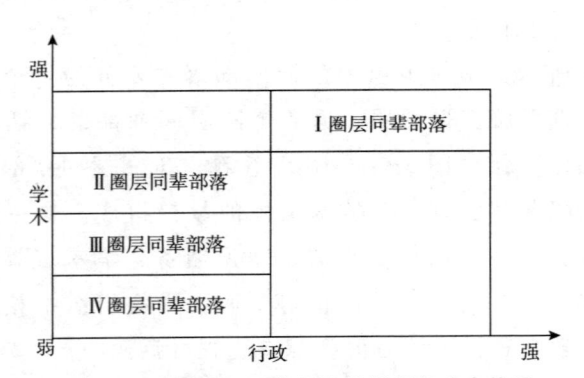

图 5-5 学科组织同辈部落的话语权分布格局

资料来源：笔者的实证调研。

Ⅱ圈层同辈部落由学科组织中没有任何职务和头衔的教授组成。这一圈层的同辈部落的成员在职称、阅历、年龄和知识储备等方面和Ⅰ圈层同辈部落的成员相差不大，但在学术声誉和可调控的学科资源等方面存在较为明显的差距，拥有的学术话语权和Ⅰ圈层同辈部落的话语权相差不多，但行政话语权非常有限。"我们都是学院的老同志了，但学院的事情我们话语权有限。"（SYL38）"学院现在这个情况，我们这批博导退了后，就有人才'断层'的危险。新人招聘我们没有多少发言权。"（SYL35）

Ⅲ圈层同辈部落由学科组织中的副教授和在本学科组中有3年以上工作年限的讲师组成。这一圈层同辈部落的成员在职称、阅历、年龄、知识储备、学术声誉、可支配的学科资源等方面与Ⅰ圈层、Ⅱ圈层同辈部落的成员相比存在明显的劣势，在整个学科组织中拥有的学术和行政话语权都很少。"我们在学院属于中下层，比新来的好点，学院很多事情我们都没有话语权，尤其是在资源分配方面。"（SYL14）

Ⅳ圈层同辈部落由学科组织中有3年及以下工作年限的学科成员组成。这一圈层的同辈部落的成员因在职称、阅历、年龄、知识储备、学术声誉、可支配的学科资源等方面处于整个学科组织的"最底层"，在学科组织中拥有的学术和行政话语权都是最少的。"我们系办公室平时就我们几个刚进的（老师）来，系里开学术会议接待专家、会场安排都是我们几个干。今年我们系办公室搬迁都是我们几个弄的，系里其他老师就'场面活'做得好。"（SYL39）"学院'老人'认为我们年轻人多干点也没啥，反而有利于我们的成长。"（SYL13）"我们年轻那会儿都是干活干过来的，系里的那些活他们年轻人是该多干点。"（SYL24）因此，整体来看，Ⅰ圈层、Ⅱ圈层、Ⅲ圈层、Ⅳ圈层的同辈部落在学科组织拥有的话语权依次递减，处在Ⅱ圈层、Ⅲ圈层、Ⅳ圈层的同辈部落的行政和学术话语权均少于Ⅰ圈层同辈部落，而Ⅱ圈层、Ⅲ圈层、Ⅳ圈层同辈部落的行政话语权一致，但学术话语权依次递减。其中，Ⅳ圈层的同辈部落的行政和学术话语权最少。

在学科组织中围绕个体资本形成的内含差序分层特征的同辈部落，因为行政和学术话语权的分布差异，不同圈层间的互动存在较为明显的分隔趋向。这一现象进而限制着学科组织内部整体氛围和竞争生态的建构，并在客观上阻碍着学科组织化的推进。

## 5.4 学科组织整体行为的格局与困厄

### 5.4.1 学科组织整体行为的格局形态

学科组织整体行为指不同学科组织整体间的互动。这种互动既包括校内和校际不同学科组织间的互动，也包括校际相同学科组织间的互动（如A大学的教育学学科与B大学的教育学学科间的互动）。整体来看，这种互动以竞争和合作为基本维度，外显为四种格局形态（见表5-4）：Ⅰ（竞争，合作）、Ⅱ（非竞争，合作）、Ⅲ（非合作，竞争）、Ⅳ（非竞争，非合作）。形态Ⅰ表示学科组织间的互动以非零和博弈为核心，在竞争的同时强调合作；形态Ⅱ表示学科组织间的互动以合作为核心，不存在竞争关系；形态Ⅲ表示学科组织间的互动以"零和博弈"为核心，只关注自身的利益，忽略对"对方"利益的关注；形态Ⅳ表示学科组织间的互动处于停滞状态。其中，形态Ⅰ、形态Ⅱ、形态Ⅲ的情形在现实中较为常见，形态Ⅳ的情形则比较少见。尽管如此，不同学科组织间的合作研究，即通常所谓的跨学科研究仍较为欠缺。这种跨学科合作研究既包括校内的，也包括校际的。本研究关注的是校内的跨学科研究。原因有二：一是校内不同学科组织间的跨学科研究实践对学科组织化有更为直接的推动作用，并能带动校际不同学科组织间的跨学科研究；二是研究者的研究精力有限。因此，本章关注的学科组织整体行为以校内不同学科组织间的合作研究为核心。

表 5-4　学科组织整体行为的四种格局形态

| 合作维度 | 竞争维度 | |
|---|---|---|
| | 竞争 | 非竞争 |
| 合作 | Ⅰ（竞争，合作） | Ⅱ（非竞争，合作） |
| 非合作 | Ⅲ（非合作，竞争） | Ⅳ（非竞争，非合作） |

资料来源：笔者的实证调研。

## 5.4.2　等级观念损害学科组织间的互动关系

　　万物的生存样态大都是一致的，在一个健康的生态圈里，多元才能共生，才能在价值交换的过程中再衍生新的价值。"好比热带雨林中千千万万的植物，草甸有草甸的价值、灌木有灌木的价值，针叶植被、阔叶植被亦是如此。正是由于不同经度、纬度、海拔所生长的植被有着巨大的差异，整个地球表面的生态系统才得以无声无息却又苍茫浩渺地进行着千丝万缕的能量交换。"① 学科作为一个开放循环的自生系统，有其内在价值和外在功能，往往能根据自身所处的外部环境的变化自发地做出相应的调整。但这并不意味着学科是一个完全的自生系统，当在外部环境的变化下其自发走向"衰亡"时，就需通过"外界"干预的方式对其进行撤销或改组。也即学科生存样态与万物的生存样态一致，是强与弱共生式的存在，而不是"非此即彼"的存在。

　　1983 年 5 月，教育部提出"重点学科建设"概念，并讨论了重点学科建设的意义，标志着国家在学科建设中的话语权的构建。1985 年，《中共中央关于教育体制改革的决定》明确提出"要根据同行评议、择优扶植的原则，有计划地建设一批重点学科"，② 1987 年，国家教委颁布的《关于评选高等学校重点学科的暂行规定》将以省级政府为代表的地方政府纳入学科建设的责任主体。在此背景下，校级重点学科评选和建设也相应

---

①　董云川、张琪仁：《动态、多样、共生："一流学科"的生态逻辑与生存法则》，《江苏高教》2017 年第 1 期。

②　《中共中央关于教育体制改革的决定》，《中华人民共和国国务院公报》1985 年第 15 号。

拉开序幕。至此，大学学科被人为地分割成"国家重点学科→省重点学科/优势学科→校重点学科→非重点学科"的等级序列，并随着政策的延续在大学主体及弱势学科和优势学科组织间形成了与之对应的学科等级观：重点学科的"身份"和"地位"总体要高于非重点学科，更细分为国家重点学科的"身份"和"地位"高于省重点学科/优势学科，省重点学科/优势学科的"身份"和"地位"高于校重点学科，非重点学科的身份和地位处于"最底层"，是被"藐视"的主要对象。2017年"双一流"建设方案实施以来，"国家重点学科→省重点学科/优势学科→校重点学科→非重点学科"的等级序列在形式上被转换为"'世界一流学科建设'学科→省'一流学科建设'学科/重点建设学科/优势学科→校重点学科→非重点学科"的等级序列，但实质上却进一步固化和加剧了与之对应的学科等级观。

这种由外部力量干预和主导形成的学科身份和地位等级观，客观上弱化了各学科组织间的交流与合作，更损害了各学科组织间的互动形态。在学科等级观裹挟下，处于学科等级序列前列的学科组织"自发"地否认或贬低处于等级尾列的学科组织的价值和功用；处于等级尾列的学科组织则被迫或"自发"地通过各种典型事例否认处于等级前列的学科组织的优越性。后一种情况在学科排名相近的学科组织间表现得尤为明显。

### 5.4.3 学科范式"裹挟"学科组织的行动偏好

当前流行的范式一词源自托马斯·库恩提出的"范式"概念。20世纪60年代初，托马斯·库恩在《科学革命的结构》（以下简称《结构》）一书中明确提及"范式"这一概念，并在序言中将其隐喻为公认的科学成就在一定时间里为实践共同体提供典型的问题和解答。[①] 但由于其在《结构》中并不是自始至终地坚持这样一种表述和阐释，因而遭到以玛格丽特·玛斯特曼（Margaret Masterman）为代表的一批学者"否定之否定"的批判。

---

① 托马斯·库恩：《科学革命的结构》第4版，金吾伦、胡新和译，北京大学出版社，2012，序第 xliii 页。

玛格丽特·玛斯特曼梳理出《结构》中的"范式"至少有 21 种不同的用法，进而对库恩的"范式"阐释和表述的模糊晦涩做了针对性的批判。① 对此，库恩从不同用法的角度做了回应。至今，历经多年对库恩"范式"的批判和探讨，学界普遍认为范式的本质是一种知识生产或知识存在的方式，内嵌着相应科学共同体一致遵循的世界观和方法论基础，并借此为这类科学共同体提供价值取向、实践标准和研究根据。② 学科作为一个以知识生产为核心的组织，其同时也是一种知识体系，因此，不同学科组织会因为学科知识体系内容和结构的不同而对组织内部成员形成一种特定的规训，这种规训源自学科知识体系的内容和结构及由其衍生出的价值观、认识方式和观念态度等。据此可以发现，这些知识体系的内容和结构及由其衍生出的价值观、认知方式和观念态度本质上就是一种范式。简言之，每一个学科组织都有基于自身知识体系特性的范式，即学科范式。在这种范式下，不同学科组织对学科成员会有不同的规训表现，学科组织整体的认知也就因此而具有明显的学科"烙印"。这里的学科"烙印"也即托尼·比彻和保罗·特罗勒尔所言的学术"部落文化"。③

不同的学科组织会因为学科范式的不同而在学科组织内部形塑起不同的认知偏好，且这种认知偏好具有明显的封闭性和排外性。"社会学部落的学者很少涉足物理学家的领地，也不知道他们的研究内容。如果社会学家走进英语系所在的大楼，即使没有英语学者'充满敌意的弹弓袭击'，也可能会遭白眼……学科带着独具特色的亚文化，以独立的状态存在。"④ "历来学工科的人常常看不起文科，学理科的人也看不起文科，理工科的学者认为自己在创造价值，而认为文科的人只是在空口说话。"⑤ 每个学科

---

① 玛格丽特·马斯特曼：《范式的本质》，载伊姆雷·拉卡托斯、艾兰·马斯格雷夫编《批判与知识的增长》，周寄中译，华夏出版社，1987，第 73~115 页。
② 曾令华、尹馨宇：《"范式"的意义——库恩〈科学革命的结构〉文本研究》，《武汉理工大学学报》（社会科学版）2019 年第 6 期。
③ 托尼·比彻、保罗·特罗勒尔：《学术部落及其领地：知识探索与学科文化》，唐跃勤等译，北京大学出版社，2015，第 53~56 页。
④ B. Clark, G. Neave, *The Encyclopedia of Higher Education* (V.4), Oxford: Pergamon Press, 1992, pp. 25-30.
⑤ 潘懋元、贺祖斌：《高等教育普及化背景下的大学治理——访著名教育家潘懋元先生》，《广西师范大学学报》（哲学社会科学版）2021 年第 5 期。

组织的认知偏好具有明显的历史传承性，往往不易被改变。受其影响，学科组织对外（其他学科组织）具有明显的"领地"意识，并会借此而建构起以"扼守"领地利益为核心的行动偏好。"学校在分配学科建设资源时，各个学科都在争取，我们（发展规划处）也觉得他们说得有道理，可资源毕竟是有限的，有时候也就不得不有所取舍。就因为这事，好几个院长都去找校长说理，但也不起作用。"（SYL21）"学科评估时大家都关注自己学科的事情，校内公共学科资源的共享还很不够。"（SYL24）更为严重的是，在校级层面进行学科资源分配时，拥有主导话语权的学科组织的成员个体往往会维护自己的学科领地资源，而排斥与其他学科组织共享相关资源。"我们学校的某些领导主要是来自'一流学科建设'学科及其相关学科，每次分资源的时候，这些领导所在的学科是有很大优势的。"（SYL31）

### 5.4.4 "单位主体"式考评结构阻碍学科组织间的交叉合作

大学院系是学科组织运行的依托，也是学科组织外在结构的一种表现形式。但大学院系的设置和调整并不仅限于学科逻辑，同时还需兼顾管理逻辑。因为院系作为学科组织运行的依托，同时也是大学内部直接践行人才培养、科学研究和社会服务等大学职能的实体性机构，必然会涉及自身内部及自身与大学组织之间的权力和资源配置问题，即人、财、物和权力的配置。① 当然，这里的人、财、物和权力也包括学科组织发展所需的人、财、物和权力。随着现代大学制度建设的推进，当前我国大学的人事管理和科研管理逐渐形成了"校管基本、院（系）管细则"的格局，外显为校人事和科研管理部门设计和制定学科组织成员职称评审、聘期考核和科研评价的基本原则和内容框架，院系在校设计和制定的基本框架内根据内嵌其身的学科的知识特性和内在规律，细化职称评审、聘期考核和科研评价等指标的具体内容。简言之，大学组织中的有关学科组织成员的各项考核

---

① 谢辉：《基于学科的中国研究型大学院系设置研究》，博士学位论文，华中科技大学，2012，第78~82页。

和管理制度都内嵌于其"栖身"的院系结构。因此，学科组织成员既是学科组织的一员，也是学科组织所栖身的院系的"结构人"，其职业发展依附于内嵌于院系结构的职称评审、聘期考核和科研评价等相关制度的认可。"学科组织是学科和院系的'链接点'，在以'校—院（系）'为核心的治理格局下，院系相对于学科组织有更高的显示度，而且最关键的是，职称评审、评优评奖等与我们（学科组织成员）利益直接相关的制度安排，往往依附于院系组织而存在。"（SYL11）同时，学校对各个院系机构开展的考核，潜移默化地强化了院系机构对栖身其中的学科组织及其成员的身份捆绑意识，并外显为院系机构在职称评审、聘期考核和科研评价中对学科组织成员成果的认定，需以院系组织为成果（一般是国家级、省部级奖项）第一或前列署名单位为前置性条件。

正是因为与学科组织成员个体利益直接相关的职称评审、聘期考核和科研评价等制度安排内嵌于院系结构而存在，以及学校对院系机构的考核而催生出的院系机构对学科组织成员学术成果的身份绑定，学科组织成员在开展跨学科合作时容易受到院系结构的限制。[①]"学校的某研究院是一个跨学科研究平台，这个平台很前沿，所以我们想去那个平台做点事。但研究院要求我们，要么每年给他们提供一定的项目经费，要么就以他们为第一单位发表几篇 SCI（论文）。这个就很麻烦，因为我们评职称审和评优评奖都得以自己正式编制单位来进行。所以，这个事情后面就没有持续下去。"（SYL40）对此，研究院院长谈道："我没办法，学校给我这个平台，不是让我'自娱自乐'和'做人情'的。这个是有考核的，前3年还好，3年后会越来越严。另外，你换个角度看，他们［其他学院（学科）的老师］来借我们这个前沿平台申项目和评奖都很方便，今年就有几个老师通过我们这个平台申请到了国家自然科学基金项目，这就是平台效益。就像你去'985'（高校）读书，学校能给你多少直接的支持呢？但就因为你的学校是'985'（高校），所以在同等条件下你有竞争优势。你通过平台'获利'了，那你就得付出，不然对学校其他老师就是一种不公平。其实，说到底还是学校的考评制度不完善所造成的。我们也没办法。"（SYL16）

---

[①] 于汝霜：《高校教师跨学科交往影响因素实证研究》，《中国高教研究》2015 年第 4 期。

# 6 结构—权力—文化：大学学科组织的环境肖像

大学是遗传和环境的产物，学科组织作为其组成细胞，自然也会受遗传和环境的侵染。对学科组织内部各要素维度下学科组织化的现状、困境及原因的探讨，可以映射出学科组织建设面临的整体外部环境困扰。基于此，本章聚焦学科组织外部环境，对其生成逻辑和当下表征进行解读，为营造良好的学科组织化外部环境提供实证"切口"。

## 6.1 学科组织环境的循证进路

### 6.1.1 学科组织环境的要素构成

(1) 决策结构

学科组织作为大学组织的组成细胞,在实际运行过程中以大学组织下设的院系组织为载体。换言之,学科组织以院系组织为"外壳",院系组织以学科组织为内在意涵,学科组织以院系组织为"中介"与大学组织发生联系。但这并非学科组织与大学组织发生联系的唯一方式,只是在实践中较为普遍而已。实践中,还存在学科组织(大学组织)"跳过"院系组织与大学组织(学科组织)直接联系的情形。学科组织与院系组织、大学组织间的联系如图 6-1 所示。

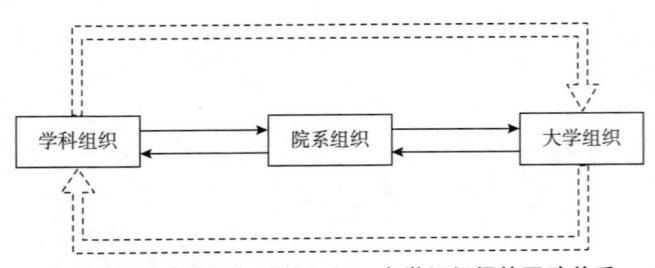

图 6-1 学科组织与院系组织、大学组织间的互动关系

说明:实线箭头线表示箭头和箭尾的组织互动在实践中频次较高,虚线箭头线表示箭头和箭尾的组织互动在实践中频次较低。

资料来源:笔者基于文献梳理的创新选择。

就本研究而言,关注的是常见情况,即学科组织以院系组织为"中介"与大学组织发生联系。治理结构实质是关于"冲突和多元利益"要求的决策权结构安排,即相关利益主体在与自身利益相关的事项上享有的决策权的分布结构。因此,结合学科组织与院系组织、大学组织的联系方式来看,学科组织的外部治理结构,主要涉及院系组织与学科组织间的决策权安排、院系组织与大学组织间的决策权结构。学科组织是院系组织承担的人才培养、科学研究和社会服务等大学职能的直接践行者,两者间因此形成了一种"委托—代理"关系,即院系组织将自身承担的大学职能委托给学科组织践行,学科组织作为代理者承担院系组织委托的大学职能。院系组织是大学组织人才培养、科学研究和社会服务等职能的"中介"践行者,与政府委托的办学者——大学组织间形成了一种"委托—代理"结构。随着高等教育管理体制改革的推进,我国大学办学体制改革已完成举办权与办学权的分离,政府作为大学举办者将自身的办学责任委托给大学组织,而大学组织以代理者的身份承担政府委托的办学任务。学科组织、院系组织与大学组织三者间镶嵌着的层层"委托—代理"关系,意味着对学科组织外部治理结构的分析不可脱离大学与政府的决策权安排,否则就不能触及其核心。因此,学科组织化的外部治理结构主要涉及"政府—大学"决策结构、"大学—院系"决策结构和"院系—学科"决策结构。众所周知,当前我国大学内部的学科组织作为院系组织的内核,尚不具有院系组织所具有的"地位"和显示度。由此,对学科组织外部决策结构的分析以"政府—大学"决策结构和"大学—院系"决策结构为聚焦对象。

(2) 权力关系

其一,政治权力。世界各国的大学的发展和运行都处于相应的政治制度框架内。政治制度框架存在和运行的核心是政治权力的存在和运行。因此,世界各国的大学都会受到政治权力的影响,只是其影响的程度不一而已。"高等教育越卷入社会的事务中就越有必要用政治观点来看待它。"[①]社会主义制度是我国的根本制度,中国共产党领导是中国特色社会主义最本质的特征。正因如此,自新中国成立以来,我国大学内部治理体制虽历经多次变迁,但始终以坚持中国共产党的领导为前提和核心。这就决定着

---

① 约翰·S.布鲁贝克:《高等教育哲学》,王承绪等译,浙江教育出版社,2001,第32页。

高校内部以校党委为核心的政党组织体系享有和践行的最核心的权力就是政治权力。因此，政治权力是我国大学内部权力场域不可忽视的重要因素之一。

其二，学术权力。学科组织作为大学的组成细胞，必然处于大学组织的权力场域。大学组织以学术为内在属性，并以学术生产为基本点践行着人才培养、科学研究和社会服务等职能。因此，其也就拥有附着于学术生产的权力——学术权力。换言之，学术权力是大学组织特性外化和大学内在逻辑的客观要求。这一权力的核心是学术人员或学术组织享有大学内部各项学术事务的决策权。因此，学术权力是学科组织化外部权力关系范式必须考量的要素。

其三，行政权力。现代大学肇始于中世纪大学，其最初的掌权者是学者（教师或学生）行会，这些掌权者的主要任务是从皇权或教权处获得大学特许状和组织教学，而没有现代意义上的行政事务，也没有许多管理任务，更没有当前大学组织中常见的行政机构和专职行政人员。[①] 但随着大学职能的扩展，大学学者开始向行政机构和专职行政人员让渡部分权力，以便其去处理相关大学内外部事务（这里的事务主要指经费管理、教学设备维护和管理、学生管理等具有明显"后勤"属性的事务）。同时，大学组织的公法人地位决定着国家公权力的执行代表——政府要授权大学进行某种程度的公共管理。因此，大学行政权力从大学自身在动态社会环境中的发展需求和政府的授权中获得了"历史与逻辑统一"的存在。[②] 并且，这种存在的合法性并非与生俱来或是自然而然的，而是基于其对政治合法、公共责任、科层理性、资源投入效益等的平衡坚守和合理回应。[③] 我国现代大学受历史环境的影响，自诞生之日起就承担着国家和民族振兴的重任，具有明显的实用主义和管理主义倾向，内部机构的设置和运行往往"脱胎"于政府机构，附着其身的权力——行政权力基本是对政府权力的

---

① 李从浩：《中国大学行政权力合法性辩护》，《中南民族大学学报》（人文社会科学版）2015年第1期。
② 李从浩：《中国大学行政权力的合法性研究》，博士学位论文，华中科技大学，2011，第1页。
③ 李从浩：《中国大学行政权力的合法性限度》，《高等教育研究》2012年第5期。

直接复制或"嫁接"。① 简言之，我国现代大学行政权力在起点上就处于政府权力的范式框架中，行政权力演变至今主要是指在学校党委领导下，以校长为核心的行政体系所有拥有的各项权力。

当然，由于大学的利益相关者众多，除了上述三种权力，大学权力场域中还有其他利益相关者的权力。但就学科组织化而言，政治权力、学术权力和行政权力三者间的关系对其影响最为直接，甚至决定着它的方向、路径和最终结果。因此，对学科组织化外部权力关系的审视，以政治权力、学术权力和行政权力三者间的关系为核心。

（3）文化氛围

学科作为大学的组成细胞，其组织化必然会受到大学组织场域的整体文化氛围的熏陶和渲染。同时，由于大学是遗传和环境的产物，所以其组织场域的整体文化氛围主要一种宽泛的隐喻，既包括从传统社会沿袭下来的对我国现代大学组织发展有深度影响的文化因子，也包括诞生于现代西方社会的对我国现代大学组织发展有重要濡化作用的文化范式。就本研究而言，所关注的大学组织场域的整体文化氛围，主要是指对学科组织方向引领、结构设计和行为范式产生明显束缚作用的理性文化所建构的一种"范式"。

## 6.1.2 学科组织环境的循证框架

学科组织环境的三类构成要素，并非割裂式的存在，而是互有"渗透"，在相互作用中形塑着学科组织置身的外部环境。因此，从决策结构、权力关系和文化氛围三个维度，构建学科组织环境的循证框架（图6-2），是为了更好地聚焦单一维度上学科组织所处的环境现状。同时，在分析单一要素维度上的学科组织环境时，也会关涉其与其他要素维度间的交叉作用关系。

---

① 李从浩：《中国大学行政权力的合法性实践》，《高教探索》2015年第5期。

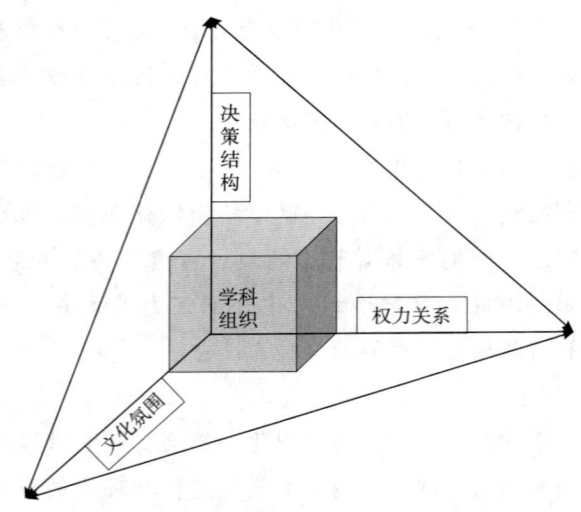

图 6-2 学科组织外部环境的循证框架

资料来源：笔者基于文献梳理的创新选择。

## 6.2 学科组织外部决策结构的特征与失衡

### 6.2.1 政府多维主导大学决策

现在的"政府—大学"决策结构并非一蹴而就的,而是依附于特定的宏观制度情境演化而来。新中国成立以来,我国的宏观制度情境以社会主义制度为核心,处于稳定发展态势。探讨此背景下的"政府—大学"决策结构的演变历程和阶段特征,对当前乃至未来"政府—大学"权责结构的调适具有重要参考价值。于此,从历史制度主义视角出发,梳理新中国成立以来"政府—大学"决策结构的变迁历程,揭示其阶段特征和内在缺陷,为学科组织化建构良好的"政府—大学"决策结构支持提供现实依据。

(1)政府全面主导与大学完全附属(1949~1978)

一是政府全面主导与大学完全附属的"政府—大学"决策结构的形成(1949~1951)。1949年新中国成立后,建立一个与新中国政治制度相适应的高等教育管理体制既是现实之需也是应然之选。在此背景下,对作为高等教育管理体制重要组成部分的政府与大学权责结构进行调整和重构也就成为重中之重。1950年6月,教育部根据《共同纲领》和新中国第一次全国教育工作会议的指引,组织召开第一次全国高等教育会议,讨论通过包括《高等学校暂行规程》和《关于高等学校领导关系问题的决定》在内的5项草案,[①]并经政务院审核通过。这5项草案加上1951年颁布的《政务

---

① 5项草案包括《高等学校暂行规程》《专科学校暂行规程》《私立高等学校管理暂行办法》《关于实施高等学校课程改革的决定》《关于高等学校领导关系问题的决定》。

院关于学制改革的决定》，初步奠定了新中国高等教育管理体制的基础。根据《高等学校暂行规程》和《关于高等学校领导关系问题的决定》的规定，教育部统一领导全国高等学校是基本原则，大学学院或学系的设立与变更，大学的建设规划，大学经费的使用和大学学生毕业，以及教务长、总务长、院系负责人的任命，大学课目的教学大纲和教学计划的制定等均需教育部审核或备案。《政务院关于学制改革的决定》则将大学毕业生的工作分配也纳入政府权责。这一系列规定和安排，将政府权力布局到大学教学和管理的方方面面，蕴含着政府权力对大学办学自主决策的全面主导，致使"政府全面主导与大学完全附属"的"政府—大学"决策结构开始显现。

二是政府全面主导与大学完全附属的"政府—大学"决策结构的固化（1951~1978）。1952~1956 年持续推进的以学习苏联模式为核心的全国性院系大调整和教学改革，构筑了高度一统化的高等教育管理体制，形成了中央政府统一领导和管理下的部门办学模式，① 强化了政府对大学的主导，固化了"政府全面主导与大学完全附属"的"政府—大学"决策结构。直到 1956 年 4 月《论十大关系》发表后，高等教育部才开始对苏联模式进行反思。次年 6 月，高等教育部发布《关于改变教学计划、教学大纲办法的通知》将专业教学计划和课程教学大纲的制订权赋予高校，但高校仍需遵守高等教育部制定的有关教学计划的基本原则和教学大纲的基本要求。可见，虽然政府将部分权限赋予高校，但赋权的力度极为有限，对"政府全面主导与大学完全附属"的"政府—大学"决策结构并未产生任何实质性的影响。"大跃进"期间的"教育大革命"及其结束后的调整阶段，即 1958~1966 年"政府—大学"决策结构的变革，始终聚焦中央政府进一步集权的问题。如在当时具有重要指导意义的《教育部直属高等学校暂行工作条例（草案）》（1961，以下简称"高教六十条"）明确将教学计划制定、专业设置等全部纳入教育部批准或直接执行范围。与之相应，高度一统化的高等教育管理体制又得以固化，"政府—大学"决策结构也就继续

---

① 姚宇华：《我国大学与政府关系的嬗变和展望——对新中国成立以来政策文本的分析》，《高校教育管理》2017 年第 1 期。

处于"政府全面主导与大学完全附属"的惯性中。此后 10 余年,也就是"文化大革命"期间及其结束初期,大学沦为政府的工具,政府权力完全"凌驾"于大学办学自主决策之上,导致"政府全面主导与大学完全附属"的"政府—大学"决策结构被进一步固化。

(2)政府主导放松与大学办学自主决策权扩大(1978~1992)

一是政府主导放松与大学办学自主决策权扩大的"政府—大学"决策结构的尝试(1978~1992)。1978 年召开的中共十一届三中全会提出,全党工作重心要转移到社会主义现代化建设上。这为改造和重构在"文革"期间被严重扭曲的"政府—大学"决策结构提供了背景支持。1979 年 12 月 6 日,复旦大学校长苏步青等 4 位大学校长、党委书记在《人民日报》上共同呼吁"给高校一点自主权"。《人民日报》还为此加了编者按:"学校(包括大专院校和中小学校)应不应该有点自主权,应该有哪些自主权,教育体制如何改革才能更好地适应工作重点的转移?"① 在此推动下,政府在指导高等教育发展时,就开始尝试着向高等学校下放办学自主决策权。1980 年《中华人民共和国学位条例》规定,国务院授权的高等学校可以授予学士、硕士和博士学位。但直到 1985 年《中共中央关于教育体制改革的决定》的发布,政府才开始重点关注高校办学自主决策权问题。在此基础上,中央相继出台《高等教育管理职责暂行规定》(1986)、《高等学校财务管理改革实施办法》(1986)、《关于高等学校各级领导干部任免的实施办法》(1987)等来落实和扩大高校办学自主决策权。但受历史惯性和政策范式的政府本位的影响,扩大高校办学自主决策权的改革在《中共中央关于教育体制改革的决定》等系列政策出台后并未取得实质性进展,甚至还出现了一放就乱的怪象,使政府在这一阶段末期对放权产生了"畏惧心理"。② 尽管如此,这一阶段"政府全面主导与大学完全附属"的"政府—大学"决策结构仍出现了松动,进而也就为后期"政府—大学"决策结构改革的推进奠定了基础。因此,概括来讲,这一阶段就是尝试着

---

① 《上海四位大学负责人呼吁:给高等学校一点自主权》,《人民日报》1979 年 12 月 6 日,第 3 版。
② 周光礼:《中国大学办学自主权(1952—2012):政策变迁的制度解释》,《中国地质大学学报》(社会科学版)2012 年第 3 期。

建构"政府主导放松与大学办学自主决策权扩大"的"政府—大学"决策结构。

二是政府主导放松与大学办学自主决策权扩大的推进（1992～2009）。1992年10月，中共十四大确定了建立社会主义市场经济体制的改革目标。为响应和落实这一改革目标，1993年1月国务院批转《国家教委关于加快改革和积极发展普通高等教育的意见》（以下简称《意见（1993）》）将"转变政府部门管理职能，扩大学校办学自主权"设定为高等教育改革和发展的主要任务之一。同年2月，改革开放后教育领域的第一个纲领性文件——《中国教育改革和发展纲要》（以下简称《纲要（1993）》）的发布，标志着扩大高校办学自主决策权的改革及与之相应的"政府—大学"决策结构的调整正式进入推进阶段。① 《纲要（1993）》提出："进行高等教育体制改革，主要是解决政府与高等学校、中央与地方、国家教委与中央各业务部门之间的关系，逐步建立政府宏观管理、学校面向社会自主办学的体制。"为贯彻实施《纲要（1993）》，1994年国务院发布《关于〈中国教育改革和发展纲要〉的实施意见》，其中涉及政府与大学权责结构调整的主要措施有：①通过立法，明确高等学校的权利和义务，扩大学校的办学自主权，使学校真正成为面向社会自主办学的法人单位；②政府要切实转变职能，改善对学校的宏观管理。② 在此基础上，1998年审议通过的《高等教育法》将大学界定为享有民事权利、承担民事责任的法人，并规定大学在招生、专业（学科）设置、教学、科学研究和社会服务、国际交流、人事管理、资产管理与使用等7个方面享有自主决策权。

《纲要（1993）》的出台为20世纪末21世纪初我国"政府—大学"决策结构的调整奠定了政策基础，《高等教育法》的颁布则为20世纪以后我国"政府—大学"决策结构的调整提供了法律依据。在此基础上，相继出台的《面向21世纪教育振兴行动计划》（1998）、《中共中央国务院关于深化教育改革全面推进素质教育的决定》（1999）和《2003—2007年教育

---

① 姚宇华：《我国大学与政府关系的嬗变和展望——对新中国成立以来政策文本的分析》，《高校教育管理》2017年第1期。
② 《国务院关于〈中国教育改革和发展纲要〉的实施意见》，安徽省人民政府网站，https：//www.ah.gov.cn/szf/zfgb/8107461.html，最后访问时间：2022年2月9日。

振兴行动计划》(2004) 等重要政策文件均对落实和扩大大学办学自主决策权做了强调。可见，自中共十四大召开以来，在建立社会主义市场经济体制的改革浪潮中，政府高度重视大学办学自主决策权问题，在政策顶层设计和法律建设方面为落实和扩大大学办学自主决策权提供了充分支持。在此推动下，政府和大学在大学具体事务上的权责边界越来越清晰，"政府全面主导与大学完全附属"的"政府—大学"决策结构的合法性基础被逐渐消解，客观上推进了新型"政府—大学"决策结构的形成。但这期间的变革主要是通过政府自主调整自身教育管理职能来展开，即政府既是变革的发起者和执行者，也是变革的监督者，缺乏必要的社会参与和监督，再加上历史惯性的阻碍，最终导致这一阶段的变革不足以形成与原有"政府—大学"决策结构合法性基础迥异的新型"政府—大学"决策结构。①因此，这一阶段只是单纯强调政府自主放权，而对社会参与缺乏关注的"政府主导放松与大学办学自主决策权扩大"的"政府—大学"决策结构的推进。

(3) 政府有限主导与大学自主办学的构建 (2010~2021)

调整"政府全面主导与大学完全附属"的"政府—大学"决策结构，不是要完全废除政府管理大学的权力，"放任"大学自主发展，而是要合理、清晰界定政府管治与大学自主的边界和范围，防止政府教育管理职能出现"越位"或"缺位"的问题，以保持政府权力与大学办学自主决策权的平衡。对此，《国家中长期教育改革和发展规划纲要（2010—2020年）》（以下简称《教育规划纲要（2010—2020）》）对调整"政府—大学"决策结构做了新的规划和安排，提出要"健全统筹有力、权责明确的教育管理体制。以转变政府职能和简政放权为重点，深化教育管理体制改革"，②并明确强调要通过改变直接管理学校的单一方式、制定重大教育决策时充分听取群众意见、成立教育咨询委员会、完善教育检测评估体系、培育专业教育服务机构等强调社会参与的措施，来推进政府教育管理职能

---

① 蒋达勇：《现代国家建构中的大学治理——基于中国经验的实证分析》，中国社会科学出版社，2014，第160页。
② 《国家中长期教育改革和发展规划纲要（2010—2020年）》，中国政府网，http://www.gov.cn/jrzg/2010-07/29/content_1667143.htm，最后访问时间：2021年12月17日。

转变和优化"政府—大学"决策结构。

2013年11月,以"完善和发展中国特色社会主义制度,推进国家治理体系和治理能力现代化"为总目标的《中共中央关于全面深化改革若干重大问题的决定》的发布,直接推动我国改革进入全面深化阶段。在此背景下,2015年5月,教育部印发《关于深入推进教育管办评分离促进政府职能转变的若干意见》,提出要推进管办评分离,构建政府、学校、社会之间新型关系,并从依法行政、政校分开和依法评价三方面,对建设权责分明、规范有序和多元参与的教育管理体制、办学机制和教育评价制度等做了强调和规范。① 2017年3月,教育部等五部门下发《关于深化高等教育领域简政放权放管结合优化服务改革的若干意见》,强调各级政府及其相关部门要切实通过转变自身职能和管理方式,来进一步扩大和落实大学办学自主权。2018年7月,专门成立国务院推进政府职能转变和"放管服"改革协调小组。可见,这一阶段政府高度重视通过社会参与和积极的自主作为来加快推进自身教育管理职能转变,切实落实和扩大大学办学自主权。与之相应,"政府全面主导与大学完全附属"的"政府—大学"决策结构的合法性基础被深度消解,强调多元参与的"政府有限主导与大学自主办学"的新型"政府—大学"决策结构开始在"政府主导放松与大学办学自主决策权扩大"的基础上被构建和完善。尽管如此,受历史惯性的影响,当前"政府—大学"决策结构仍以政府多维主导大学决策为基本特征,并借此限制着位于大学基层的学科组织自组织程度的提升。

## 6.2.2 大学多维限制院系自主决策

章程是大学的"宪法",是大学办学的指导性文件和重要依据,在一定程度上形塑着大学治理相关利益主体的决策行为和决策态度。它既对大学治理实践和学理研究做了概括,同时也对大学内部相关利益主体间的权责设计的基本思路、主要原则和关键路径做了界定。因此,透过对院系在

---

① 《教育部关于深入推进教育管办评分离 促进政府职能转变的若干意见》,教育部网站,http://www.moe.gov.cn/srcsite/A02/s7049/201505/t20150506_189460.html,最后访问时间:2021年12月19日。

大学治理体系中的地位、大学组织与院系组织间的关系等要素的描述,能较为客观地审视大学组织与院系组织在学科建设事项上决策权分布的制度建构情况。同时,结合对院系组织党政负责人的访谈,能更为客观和全面地揭示大学组织与院系组织在学科建设事项上决策权分布的实然形态。

(1) 院系组织相对独立的地位缺失

245个样本学科组织所在的102所大学的章程,也即样本章程数N=102。从章程的章节和条目构成看(见表6-1),102份章程共955章节、每份章程平均9.36章节,单份章程章节数最多13章节、最少7章节,变异系数为0.13;条目共8531条、每份章程平均83.64条,单份章程条目数最多141条,最少45条,变异系数为0.20。除去总则和附则后,102份章程章节总数为751章节、每份章程平均7.36章节,单份章程章节数最多11章节、最少5章节,变异系数为0.16;条目共7099条、每份章程平均69.60条,单份章程条目数最多127条、最少34条,变异系数0.23。整体来看,无论去除总则和附则与否,102份章程的章节数和条目数整体较为集中和稳定,不存在明显的离散情况;同时,无论去除总则和附则与否,章程条目的离散程度都要大于章程章节的离散程度。

表6-1 大学章程基本情况 (N=102)

| 项目 | 章节数（章节） | 去除总则和附则后的章节数（章节） | 条目数（条） | 去除总则和附则后的条目数（条） | 涉及院系的章/节数 | |
|---|---|---|---|---|---|---|
| | | | | | 章数（章） | 节数（节） |
| 总数 | 955 | 751 | 8531 | 7099 | 38 | 40 |
| 平均数 | 9.36 | 7.36 | 83.64 | 69.60 | 0.37 | 0.39 |
| 最大值 | 13 | 11 | 141 | 127 | 1 | 1 |
| 最小值 | 7 | 5 | 45 | 34 | 0 | 0 |
| 标准差 | 1.22 | 1.18 | 16.56 | 16.01 | | |
| 变异系数 | 0.13 | 0.16 | 0.20 | 0.23 | | |

资料来源:笔者的文本分析。

章程提及学院权责配置的章节数平均不足1章节,也即102份章程要么是单章关注院系权责配置,要么是以节或条目的形式包括在某一章节内进行关注。其中，102 份章程中专章关注院系权责配置的只有 38 份，占比 37.25%；以单节专门陈述院系权责配置的有 40 份，占比 39.22%；以包含在部分章节之下的条目的形式对院系权责进行安排的有 24 份，占比 23.53%。并且，这 23.53% 的章程，既有"双一流"建设高校的，也有非"双一流"建设高校的。从章程关于院系权责配置的呈现结构看，院系相对独立地位的制度确认仍有欠缺，单章/节彰显率尚不足 80.00%，直接折射出院系组织在大学组织中的自主办学地位有缺失。①

（2）院系组织自主权模糊

102 份章程中有 75 份（占比 73.53%）明确院系拥有相应自主管理权，但在这 75 份章程中只有 27 份强调按照事权相宜和权责一致的原则，在人、财、物等方面规范有序地赋予院系相应的自主管理权限。也即 102 份章程中只有 26.47% 强调按照事权相宜和权责一致的原则，在人、财、物等方面规范有序地赋予院系相应的自主管理权限。75 份中的另外 48 份章程则笼统地赋予院系"学校授权范围内的自主管理权"，但又没有明确授权范围到底包括哪些事项及其具体权限。而从章程关于院系自主管理权限的描述看，又主要聚焦的是院系的事权，而非规范意义上的人、财、物为一体的自主办学权。换言之，"高校的章程中最主要规定的是学院组织本单位的教学活动、科学研究、社会活动、思想品德教育，这表明实际上学院主要还是一个生产单位，是一个执行单位"，② 而非一个拥有相应自主权的办学单位。如某"双一流"建设高校的章程规定："学校本着事权相宜和权责一致的原则，深化综合改革，在人、财、物等方面赋予学院等教学科研机构相应的管理权限，指导和监督其相对独立地自主运行。学院的职责和职权是：在学校有关规章制度范围内自主开展人才培养、科学研究、社会服务和文化传承创新等活动；根据学校发展规划和学院实际制定学院发展规划，组织实施学科专业建设、师资队伍建设、课程建设与教学活动、科学研究及其他活动；提出设立学系、系级研究机构、院属教研室、实验室等机构的方案，报学校备案或审批；制定和执行学院规章制度和工作程

---

① 张德祥、李洋帆：《二级学院治理：大学治理的重要课题》，《中国高教研究》2017 年第 3 期。
② 宜勇：《论大学的校院关系与二级学院治理》，《现代教育管理》2016 年第 7 期。

序；管理并合理使用办学经费、设备和其他资产；开展国内外学术交流与合作；行使学校授权的其他职权。"① 显然，从章程描述看，院系组织的办学自主权在形式和内容上，尤其是在内容上具有明显的模糊性。同时，在大学一级包括学科建设在内的相关事项的决策中，院系组织作为关键利益主体之一的参与权在章程中明显被忽略。②

院系组织办学自主权在制度确认上形式和内容的模糊也就导致学校在实践中对院系组织授权时具有很强的"可操作性"和随意性。"章程虽规定学院能自主管理，但有个'授权'的前提，章程又没有说清楚授权的范围，到头来还是学校有很大的决策权。有很多条条框框的限制，学院更多的是执行。例如，去年有个非常优秀的'小伙子'来我们学院应聘，他成果很多，是 985 高校 A+学科毕业的，但第一学历不好，当时我们都觉得他很有潜力，想以'副教授'待遇留他，但学校人事部门就拿第一学历'卡着'，后面他就去了其他学校。"（SYL24）院系组织作为学科建设的最终践行单位，自主权的缺失也就导致其在学科建设方面缺乏相应的主动性，致使学科组织化缺乏外在活力。"学科建设最核心就是人权、财权、物权的分配，但学院都没有充分享有这些权力，又怎么给学科呢？"（SYL08）

---

① 《厦门大学章程》2020 年修订版，厦门大学，https://www.xmu.edu.cn/sdgl/smdxzc.htm，最后访问时间：2021 年 12 月 29 日。
② 沈勇：《院系治理的中观分析：章程建构、实践张力与路径优化》，《国家教育行政学院学报》2016 年第 7 期。

## 6.3 学科组织外部权力关系的演变与限制

### 6.3.1 学科组织外部权力关系的历史演变

不同国域政治制度对域内大学组织的权力关系具有宏观定向的作用，在稳定的政治制度下探讨大学组织权力关系的演变，才能更有针对性和恰适性地解释大学组织权力关系演变的内在逻辑和本质特征。传统社会终结后，我国政治制度自新中国成立后才趋于稳定。于此，分析新中国成立以来的法律法规和政策文本，考证高校内部领导体制的历史变迁，揭示大学内部政治、学术、行政三种权力不同时期的"显示度"，提炼三种权力的关系的演变历程及其阶段特征，揭示三种权力的关系模式的现实缺陷，为学科组织化外部权力关系的调适提供参考。

典型的学术系统没有权威性的顶点，只是在顶端有各种部、局和委员会。① 此处主要关注的是学科组织的外部权力关系，研究视角整体较为中观。在此意义上，学科组织外部权力关系的构建主要由践行政治权力的高校党委、践行行政权力的校务委员会（主要是指高校内部以校长为核心的顶层行政决策组织和机构，不同的高校有不同的设置，如有高校设置为校长办公会）、践行学术权力的校学术委员会构成。本研究从高校党委、校务委员会和校学术委员会三个组织拥有的权力所形成的关系及其演变，来描绘学科组织外部权力关系范式的变迁。大学组织作为具体的办学者，亦是遗传和环境的产物，其内部整体权力关系必然会受到相同政治制度下的

---

① 伯顿·R.克拉克：《高等教育系统——学术组织的跨国研究》，王承绪等译，杭州大学出版社，1994，第191页。

政府体制建构模式的影响。因此，自新中国成立以来，作为政治权力践行的组织主体——党委在高等学校始终处于领导地位，相关政策对党委权力的调整仅以党委的职能分工为核心展开，不涉及对党委领导地位的调整。

（1）政治领导下行政全面主导学术（1949~1956）

1950年，新中国成立后的第一份建构大学内部领导体制的文件——《高等学校暂行规程》（以下简称《规程》）规定大学实行校长负责制（俗称"一长制"），并要求在校长领导下设置校务委员会，负责审查各系及各教研组的教学计划、研究计划与工作报告，通过预算和决算及各项重要制度与规章，议决有关学生重大奖惩事项和全校重大兴革事项。这一规定将校务委员会"塑造"成处理大学行政事务和学术事务的最高权力机构，当前学术委员会的基本职责也都被包含其中。同时，《规程》未对党的领导做阐释和规定，而只是强调高等学校具体任务是"进行革命的政治及思想教育，肃清封建、买办的、法西斯主义的思想，树立正确的观点和方法"等。① 因此，这时的高校党委一般不领导学校的行政工作，只负责党的建设和思想政治工作。② 而且，正如前文所述，这些政策对政治权力与行政权力的调整以高校党委和高校行政的职能分工为核心展开，未涉及对高校党委领导地位的调整。整体来看，这时期高校内部政治、学术与行政三种权力间的关系呈"政治领导下行政全面主导学术"格局分布。

1956年5月，高等教育部颁发《中华人民共和国高等学校章程草案》（以下简称《章程草案》），首次提及学术委员会，并将副校（院）长、校（院）长助理或教务长等主要行政人员明确界定为其组成成员，而学术委员会的应然参与主体——教授的人数却只是被界定为模糊的"部分"，同时也未限定不同身份成员的来源比例。其具体人员的选择均由校（院）长提名；其权责范围虽广泛涉及学术事务，但除拥有提请授予教授、副教授学衔和学位的决议权外，对其他事务只有讨论权和审议权，校（院）长则掌握着所有其他事务的决策权；在具体运行方面，由校（院）长主持和由校长任命的秘书负责落实。从上述关于学术委员会的规定看，其尚未涉

---

① 《中央教育部高等学校暂行规程》，《福建政报》1950年第10期。
② 校史编写组编《华中理工大学的四十年缩影》，华中理工大学出版社，1993，第40页。

及学术委员会建设的具体定位和指向。很明显,"这时的学术委员会职权与校(院)长职权是浑然一体的,关于学术委员会职责的规定,意在强化'一长制'下的校长权力,而非当下意义上的学术权力"。① 因此,学术委员会虽在《章程草案》中被提及,却未被赋予应有的自主性,结果也就导致学术委员会承载和践行的学术权力依附行政权力而"萌芽"。需要强调的是,这时期的学术权力虽已"萌芽",但因为获得的自主性较为有限,也就处于未"破土"状态。政治、学术、行政三种权力间的关系仍以"政治领导下行政全面主导学术"为核心。

(2)政治领导显性化下行政全面主导学术(1956~1978)

从《章程草案》颁布到1962年,相关政策对大学内部权力关系的调整,以如何将党的领导权嵌入大学内部治理为核心。1958年9月,中共中央、国务院发布的《关于教育工作的指示》强调,在所有高等学校中,"一长制"容易脱离党委领导,是不妥当的,应当实行学校党委领导下的校务委员会负责制。② 这首次明确了党委在高等学校的领导地位,我国高等学校党委所践行的政治权力也就由此从"幕后"走到"前台",进入显性化阶段。1961年9月,经中央原则批准的、对我国高等教育影响深远的"高教六十条"明确指出,"高等学校的领导制度,是党委领导下的以校长为首的校务委员会负责制",③ 从而也就将高等学校的行政工作归于党委领导和监督之下。在此情形下,以服务"一长制"下的校长权力为旨归的《章程草案》下的学术委员会也就随之消亡。同时,《关于教育工作的指示》和"高教六十条"并未对学术委员会做新的规定,也未做出其他有关学术权力与行政权力关系调整的安排。总体而言,这一时期的学术权力依旧被行政主导,而党委的政治权力开始被强化。因此,这时期的政治、学术、行政三种权力间的关系已呈"政治领导显性化下行政全面主导学术"的分布态势。

---

① 蔡国春等:《我国高校学术委员会制度的演进与展望》,《华东师范大学学报》(教育科学版)2015年第2期。
② 《中共中央 国务院关于教育工作的指示》,《江苏教育》1958年第18期。
③ 《中共中央关于讨论和试行教育部直属高等学校暂行工作条例(草案)的指示(一九六一年九月十五日)》,载中共中央文献研究室编《建国以来重要文献选编》第14册,中央文献出版社,2011,第498~501页。

而后到改革开放前,有关大学内部权力关系调整的相关政策,都是在"政治领导显性化"下对学术权力与行政权力的关系进行调整。1963年1月,《关于发送直属高等学校自然科学研究工作会议有关文件的通知》提出:"高等学校可以试行在校务委员会下设立学术委员会,作为学校党委和行政在领导学术工作方面的助手。学术委员会由学术上造诣较深的教师组成。"① 相较于以往关于学术委员会的规定,这一规定的特别之处在于:第一,首次明文界定学术委员会的特殊地位,尽管这一地位仅限于学校党委和行政领导学术工作的"助手",但相较于之前已是一大进步;第二,将学术造诣较深的教师界定为学术委员会的核心成员,潜隐着对"教授治学"的期待。这些特殊之处,标志着学术权力已在行政权力的"笼罩"下开始"破防",但由于"破防"的深度较为有限,未能动摇原有的"行政全面主导学术"的权力关系的合法性基础。不久之后"文革"爆发,整个高等教育体系被严重破坏,大学内部的政治、学术、行政三种权力间的关系形态仍以原有的"政治领导显性化下行政全面主导学术"为核心。

(3) 政治领导显性化下的行政硬主导学术(1978~2003)

1978年10月,教育部印发《全国重点高等学校暂行工作条例(试行草案)》(以下简称《条例(试行草案)》),规定"今后高等学校实行党委领导下的校长分工负责制。……在系一级实行党总支领导下的系主任分工负责制"。② 这一规定将党对大学的管理扩展到大学内部基层组织,实质是强化了党委对高校的领导。尽管如此,党委领导下的校长分工负责制并未对高校党委和高校行政之间的权责分工做出明确界定,在实践中往往是"因校制宜"。同时,《条例(试行草案)》提出设立学术委员会,并将对学校教育事业发展规划、科学研究工作和研究生培养工作中的重大问题提出建议,审查、鉴定科学研究的成果等界定为它的权责,同时又强调其须在校长和副校长的领导和主持下开展工作。这时的学术委员会并非当前意义上的学术委员会,其在学术方面的作用被彰显和重视,自主性相较

---

① 何东昌主编《中华人民共和国重要教育文献》(1949年~1975年),海南出版社,1998,第1170页。
② 范跃进编《新中国成立以来高等教育元政策(1949—2016)》,中国社会科学出版社,2017,第554~555页。

于以前有所提升，但仍较为匮乏，甚至有学者认为"这一时期高校学术委员会的职责主要集中在学术事务方面，针对学术事务行使咨询权、审查权，但本质上还是学校行政权力在学术领域的延伸"。① 尽管如此，在这一系列规定的引导下，大学行政权力对学术权力的主导性有所弱化，只是弱化的程度不足以达到尊重学术权力自主性的程度，外显为行政权力对学术权力的"硬主导"。这里的"硬主导"是指在政策明文支持下的主导。

1985年的《中共中央关于教育体制改革的决定》（以下简称《决定》）拉开了新中国高等教育体制改革的序幕。《决定》以调整政府与高等学校间的权责结构、扩大高等学校办学自主权为核心，并对大学内部权力关系进行调整，只是调整的广度和深度较为有限。《决定》指出高等学校逐步实行校长负责制，学校中的党组织需改变原有的包揽一切的状态，主要负责加强党的建设和思想政治工作。② 在行政权力与学术权力关系调整方面，《决定》未给予明确关注。1989年后国家就要求高等学校统一实行党委领导下的校长负责制，为数不多的试行校长负责制的高等学校随即停止了试点。因而，《决定》中的高等学校校长负责制在实践中并未得到普遍实施。③ 1998年8月，经审议通过的《高等教育法》首次从法律层面将学术委员会定位为专门负责学术事务的机构，明确其主要负责审议学科、专业的设置，教学、科学研究计划方案，评定教学、科学研究成果等事项，内嵌着对学术权力所具有的独特价值与作用的认可。但由于该法未明确学术委员会的建设指向、成员构成规则、运行机制，以及在其后颁布的关于落实该法的指导性文件没有涉及学术委员会的建设问题，因此其对学术委员会的规定显得比较形式化。④ 当然，不可否认，该法在一定程度上促进了以教授为代表的学术人员参与学术决策的进程，消解了行政权力在学术事务中的主导。因此，整体来看，这一时期的政治、学术、行政三种权力间的关系呈"政治领导显性化下行政硬主导学术"格局分布。

---

① 蔡国春等：《我国高校学术委员会制度的演进与展望》，《华东师范大学学报》（教育科学版）2015年第2期。
② 《中共中央关于教育体制改革的决定》，《中华人民共和国国务院公报》1985年第15期。
③ 张斌贤：《我国高等学校内部管理体制的变迁》，《教育学报》2005年第1期。
④ 刘慧珍：《"学术委员会规程"与学术权力回归——政策规定及其落实的相关问题思考》，《北京教育》（高教）2014年第Z1期。

（4）政治领导显性化下行政软主导学术（2003~2017）

2003年7月，教育部印发的《关于加强依法治校工作的若干意见》首次将学术委员会与校长委员会等并列提出，要求明确校务委员会、学术委员会等各种机构的职责权限和议事规则，做到相互配合，权责统一，依法办事，① 蕴含着对学术权力相对独立于行政权力的地位的认可。2010年7月，《国家中长期教育改革和发展规划纲要（2010—2020年）》重点强调教授治学，指出要完善"教授治学"的管理体制，却未能将教授治学与学术委员会建设统整为一体。2011年7月，《高等学校章程制定暂行办法》（以下简称《章程暂行办法》）首次明文强调学术活动的独立性，要求各高校制定的章程要维护学术活动的独立性。2014年1月，教育部发布新中国成立以来首份专门针对高等学校学术权力组织的规范文件——《高等学校学术委员会规程》，将学术委员会建设与教授治学统合起来，规定学术委员会建设的细目有"积极探索教授治学的有效途径"，并将学术委员会定位为高校治理体系和组织架构的核心。这是相关政策首次明确学术委员会建设的具体指向和校内地位，并对学术委员会的权责事项、成员组织及来源、运行机制等做了明文规定。这一系列政策维护和增强了学术权力的自主性，但在实践中，受历史惯性和主体意识固化等因素的影响，行政权力对学术事务的决策仍具有主导性，只是这种主导性潜隐在政策明文规定之下，即学术委员会在形式上与相关政策规定相符应，但实质上仍被行政系统所主导。熊庆年教授的研究团队通过实证调研发现，高等学校在学术委员会制度建设中对学术事务与行政事务的边界还没有划得很清楚，制度本身不够健全。而且，在主体认知、权力配置和运行以及学术委员会自身建设上，还有不少问题需要解决。② 另外，如前文所述，自1989年后，党委领导下的校长负责制一直是我国大学内部领导体制。因此，这时期的政治、学术、行政三种权力间的关系呈"政治领导显性化下行政软主导学

---

① 《教育部关于加强依法治校工作的若干意见》，教育部网站，http://www.moe.gov.cn/s78/A02/zfs__left/s5911/moe_623/201001/t20100129_5145.html，最后访问时间：2022年11月21日。

② 熊庆年、蔡樱华：《高校学术权力组织的制度再造与政府规制》，《复旦教育论坛》2018年第4期。

术"样态分布。

（5）政治全面领导下行政软主导学术（2017~2021）

2017年2月，中共中央、国务院印发的《关于加强和改进新形势下高校思想政治工作的意见》强调："要完善高校党的领导体制，坚持和完善普通高校党委领导下的校长负责制，高校党委对本校工作实行全面领导，履行管党治党、办学治校的主体责任，切实发挥领导核心作用。"① 2017年10月，习近平总书记在党的十九大报告中指出，要"坚持党对一切工作的领导"，并将其作为新时代坚持和发展中国特色社会主义基本方略的第一条，提出新时代党的建设总要求首要的是"坚持和加强党的全面领导"。② 2021年4月，中共中央印发新修订的《中国共产党普通高等学校基层组织工作条例》，强调："高校实行党委领导下的校长负责制。高校党的委员会全面领导学校工作，支持校长按照《中华人民共和国高等教育法》的规定积极主动、独立负责地开展工作，保证教学、科研、行政管理等各项任务的完成。"③ 这一系列对大学党委全面领导的多维度强调和关注，直接将大学党委所践行的政治权力布局到大学治理领域的所有领导层面，显著提升了大学政治权力的显示度。

同一时期，国家按照《章程暂行办法》和《高等学校学术委员会规程》界定的学术委员会的权责和规范机制，分别在2017年3月发布的《教育部等五部门关于深化高等教育领域简政放权放管结合优化服务改革的若干意见》和2018年12月第二次修订的《高等教育法》中，对提升学术委员会建设水平和扩大学术委员会所践行的学术权力的职责范围做了强调，进一步提高了学术委员会的自主性，增强了学术权力的相对独立性。但正如前文所述，受历史惯性、制度建设滞后、主体意识等因素的影响，学术委员会及其所践行的学术权力仍缺乏相应的自主性和独立性，相关学

---

① 《中共中央 国务院印发〈关于加强和改进新形势下高校思想政治工作的意见〉》，中国政府网，http://www.gov.cn/zhengce/2017-02/27/content_5182502.htm，最后访问时间：2022年12月10日。
② 薛万博：《怎样认识"党是领导一切的"写入党章?》，中国共产党新闻网，http://cpc.people.com.cn/n1/2018/0125/c123889-29787340.html，最后访问时间：2022年12月10日。
③ 《中共中央印发〈中国共产党普通高等学校基层组织工作条例〉》，新华网，http://www.xinhuanet.com/politics/2021-04/22/c_1127362430.htm，最后访问时间：2022年12月15日。

术事务的决策往往被行政权力"悄无声息"地主导。有研究以学术委员会的学术权力效力为"焦点",对 69 所研究型大学的学术委员会章程进行分析,结果发现高等学校在根据《高等学校学术委员会规程》制定或修订学术委员会章程时,学术决策权缺位、学术权力客体混乱、学术委员会职责界分模糊等问题依旧存在。① 因此,当前大学内部政治、学术、行政三种权力间的关系也就演化为"政治全面领导下行政软主导学术"新格局形态。

## 6.3.2　学科组织外部权力关系的现实限制

如上所述,新中国成立以来我国大学内部政治、学术和行政三种权力间的关系的变迁,始终以坚持政治权力的领导地位为基本前提、以三者间的职能分工为核心展开,并内嵌着学术权力较弱的特征。在此基础上,结合实地调研,发现在当前的以"政治全面领导下行政软主导学术"为形态的政治、学术和行政三种权力间的关系格局下,学科组织化面临的现实限制主要有两点。其一,相关法律和政策对高校党委领导与校长负责的具体内容缺乏规定,使政治权力与行政权力的职能分工存在一定的模糊性,在实践层面很容易造成学科组织化面临多头领导的问题。"实际上,党委会和校长办公会之间没有明确的权责区划,往往取决于(大学)校长和(大学党委)书记的个人'能力'。"(SYL11)其二,行政系统主导学科组织的学术决策。新中国成立以来政治、学术和行政三种权力间关系范式的演变内嵌着学术权力较弱的特征,政治权力与行政权力通过行政体系主导学科组织的学术决策,这也就是通常所言的学术管理行政化。某位受访者指出:"政治权力和行政权力在实践中通过行政系统主导着学科建设的相关决策。"(SYL07)学科组织化的核心是学科自组织属性的彰显,而学术性又是一个学科组织的本质属性,因此学科组织化的本质在于对学科组织学术权力的彰显。行政系统主导学科组织的学术决策,自然就成为学科组织化在外部权力关系维度面临的现实限制之一。

---

① 郭腾军、方丽:《高校学术委员会学术权力效力研究——基于 69 所研究型大学学术委员会章程的内容分析》,《高教探索》2018 年第 2 期。

# 6.4 学科组织外部多元文化的生成与束缚

## 6.4.1 工具理性的显现与诱惑

（1）启蒙：理性的凸显

启蒙开启了现代化，造就了现代性。启蒙的目标是消除蒙昧、开启民智，其价值之源自然不是中世纪及其以前的时代所信奉的那样，来自上帝的启示，而是转到了个体自身的理性。康德认为"启蒙就是使人脱离自己加之于自己的不成熟状态。不成熟状态就是不经别人的引导，就对运用自己的理智能力无能为力"。① 而摆脱这种不成熟状态的关键在于人要勇于运用自己的理智，也即保持和践行理性是个体摆脱自身不成熟状态的核心选择。以赛亚·伯林认为启蒙的核心观念是：理性的自律性和以观察为基础的自然科学是唯一值得宣扬的可靠的求知方式，总监启示、神学经典及其公认的解释者、非理性的和先验的知识形式的权威是不存在的。② 2008年10月，由北京大学哲学系等多家机构合办的国际启蒙会议以"理性的命运——启蒙的当代理解"为名，表明"启蒙就是理性命运的一种表现，而启蒙其实是有多种维度的，启蒙的多种维度也就是理解启蒙的多种维度，理解的多样性乃是理性与启蒙的命运之一。……人们今天究竟如何理解启蒙，基本上也就等于人们如何理解理性。在一个更为中肯的词语被构想出来替代理性之前，启蒙就始终是理性的一个重要维度和层面——尽管人类是很晚才发现和意识到这一点的"。③ 可见，理性是启蒙的内核和本质，启

---

① 康德：《历史理性批判文集》，何兆武译，商务印书馆，2009，第23页。
② 伯林：《反潮流：观念史论文集》，冯克利译，译林出版社，2002，第1页。
③ 韩水法主编《理性的命运：启蒙的当代理解》，北京大学出版社，2013，前言第1~2页。

蒙则是对理性的一种表达和践行，两者互为表里，存在不可分割的联系。需要强调的是，启蒙与理性虽关系紧密，但理性本身并不是由启蒙所创生的，而是由启蒙所激发并凸显的。

(2) 现代化的本质：理性化

理性作为启蒙的内核，也就自然而然地因为启蒙与现代化、现代性的关系而成为现代化和现代性的基本要素。现代化和现代性是两个相互关联的概念，却有不同的学理属性。首先，就现代化而言，S.N. 艾森斯塔德从历史的角度，认为现代化就是社会、经济、政治体制向现代类型变迁的过程。① 罗荣渠教授将国内学界对现代化内涵的解读归纳为四大类。一、现代化是指在近代资本主义兴起后的特定关系格局下，经济落后国家通过技术革命赶超世界先进国家的历史过程。二、现代化的实质是工业化，是经济落后国家实现工业化的进程。这类观点的实质与第一类解读没有区别，只是第一类解释具有独特的政治情结。同时，这里的工业化并非特指18世纪后半期从欧洲肇始的工业革命所引起的工业化过程，而是一种宽泛的隐喻，与经常论及的"经济现代化"同义。三、指自科学革命以来世界整体及其组成部分急剧变动的过程。四、指社会态度、价值观和生活方式的改变过程，也即现代化代表当前时代的一种"文明的形式"。② 在此基础上，他从历史的角度对现代化做了广义和狭义层面的解读。广义层面的现代化是一个世界性的历史过程，是指人类社会从工业革命以来所经历的一场急剧变革。这一变革以工业化为推动力，促使工业主义渗透到政治、经济和文化等社会生活的方方面面，并在这些领域引发了广泛的变革。狭义层面的现代化指落后国家采取计划式的方式进行生产和学习，以推动社会广泛变革，实现对先进国家的追赶和对整个世界环境的适应的一个过程。③ 印度孟买大学社会学系主任 A.R. 德赛认为，西方话语在世界发展中占主导地位，因而学界关于"现代化"的认知具有明显的西方中心主义倾向，而

---

① S.N. 艾森斯塔德：《现代化：抗拒与变迁》，张旅平等译，中国人民大学出版社，1988，第1页。
② 罗荣渠：《现代化新论——世界与中国的现代化进程》（增订本），商务印书馆，2004，第9~15页。
③ 罗荣渠：《现代化新论——世界与中国的现代化进程》（增订本），商务印书馆，2004，第17页。

忽略了不同政治道路和历史文化背景下非西方国家发展模式的差异化特征。对此,他主张客观、全面理解"现代化"的前提是尊重资本主义路线和非资本主义路线存在的本质差异及其对现代化践行方式和表现模式的不同。① 显然,国内外学者对"现代化"的解读涉及多个学科领域,但内核都在于现代化是国家或人类从一个状态到另一个状态的演化,且后一个状态是对前一个状态的继承式超越,涉及政治、经济、文化等方方面面。同时,这种状态的演化,是一个过程,而非一种结果。概言之,现代化是动态的,而非静态的。

其次,就现代性而言,诚如有学者所言:"所谓的'现代性'是一个庞大的概念。"② 吉登斯从社会学角度出发,主张现代性蕴含于生产过程中物质力和机械的广泛应用所体现出的社会关系,且这种社会关系是现代性的一个制度轴。同时,他认为现代性还内含竞争性的产品市场和劳动力的商品化过程中的商品生产体系。此外,他认为现代性会产生不同的社会形式,其中最为显著的就是民族-国家。③ 海德格尔从存在哲学角度出发,认为"现代性的本质是'世界成为图像'。这里的'世界'是指'存在者整体',图像是指存在者整体仅是在被人所'摆置'、作为一种'被表象'的意义上,才是存在的"。④ 概言之,海德格尔理论中现代性的核心是人在存在者范围内对被表象对象进行表象,进而建构起自己的地位。如本段始所述,"现代性"是一个庞大的概念,是无法穷尽对其所有的解读的。从所列举的和笔者所见文献中的解读看,学界对现代性内涵的解读存在多种学科视角,但唯有哲学层面的"现代性"才是对"现代性"最根本和最深层意蕴的揭示和表达。这里的哲学指的是一种宽泛的哲学,而非一种狭隘的或是具有具体指向的哲学。诚如陈嘉明教授所言,"'现代性'主要是一个哲学范畴,从哲学的高度审视与批判文明变迁的现代结果,着眼于从传统与现代的对比上,抽象出现代化过程的本质特征,着眼于从思想观念与

---

① A. R. 德赛:《重新评价"现代化"概念》,载塞缪尔·亨廷顿等:《现代化:理论与历史经验的再探讨》,罗荣渠译,上海译文出版社,1993,第 26~45 页。
② 艾伟:《文学与现代性》,《扬子江文学评论》2021 年第 5 期。
③ 安东尼·吉登斯:《现代性与自我认同:现代晚期的自我与社会》,赵旭东、方文译,生活·读书·新知三联书店,1998,第 16 页。
④ 陈嘉明:《现代性与后现代性十五讲》,北京大学出版社,2006,第 164 页。

行为方式上把握现代化社会的属性，反思'现代'的时代意识和精神"。[1]也即现代性并非时间意义上的对比，而是对现代社会不同于传统社会的本质属性的一种表达和概括。

通过对"现代化"和"现代性"研究的梳理，可知现代化和现代性之间的关联性主要表现在"因—果"范式之下，即"现代化"属原因，"现代性"是其结果，是政治体制改革、经济发展方式转型、文化范式更新等现代化过程的推动，才产生了作为这些现代化过程及其结果的"属性"的现代性。简言之，现代化是不断获取和彰显现代性的一个过程，现代性的本质是对现代化独特的内在属性和本质特征的表达与概括。理性作为启蒙的内核，其也就自然而然地因为启蒙与现代化、现代性的关系而成为现代化和现代性的基本要素。这意味着以获取和彰显现代性为内核的现代化，深层的本质就是马克斯·韦伯界定的理性化的过程（见图6-3）。诚如学者所言："理性成为现代性的基本原则，构成了现代性的深层本质，是现代性的核心内容，这一原则既是现代社会革命性变革的结果，又引导人们去认识和建构现代世界。"[2]

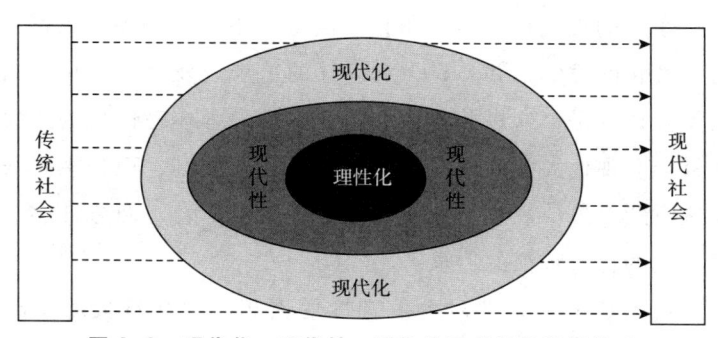

图 6-3 现代化、现代性、理性化三者间的逻辑关系

资料来源：笔者基于文献梳理的创新选择。

（3）现代大学的理性化及其失范

一是现代大学的理性化。我国现代大学源自对西方现代大学的模仿和

---

[1] 陈嘉明：《现代性与后现代性十五讲》，北京大学出版社，2006，第37页。
[2] 郑元景：《启蒙精神与现代性的内在关联》，《福建农林大学学报》（哲学社会科学版）2006年第3期。

移植，西方现代大学则起始于中世纪大学。从时间顺序看，欧洲启蒙运动是中世纪以后才开始的，由其开启的以表达和彰显现代性为本质特征、以理性化为深层内核的现代化进程拥有源源不断的内驱力，呈稳定发展态势。"现代性就是一个势不可挡的历史潮流，对于这一现实的反抗总是或者以构想一个与之截然相反的乌托邦，以'大拒绝'的理论立场表达出一种不妥协的理论'姿态'，抑或是以追踪描述式的语言阐发了这个不断进行自我突破的现代性逻辑的极限化发展，这种描述与其说是一种'批判'，不如说是一种隐蔽形态的妥协。"① 而作为现代性根本内核的理性化，由理性导演的对自己的审判来保障自身的合法性，并借此消除一切无根据的非分主张。② 现代大学作为遗传和环境的产物，必然会受到社会现代化进程的"侵染"，而彰显和表达现代性的本质特征，并在最深处遵循理性化的逻辑推动自身发展。简言之，现代大学的发展，本质上就是其理性化的过程。甚至可以说，现代大学是启蒙运动的产物，是人类理性的结晶。相应的，我国现代大学源自对启蒙运动之后的西方现代大学的模仿和移植，成长于自鸦片战争爆发以来就被卷入的世界现代化的进程中，并在新中国成立以后开启了新的现代化征程。在此"浸染"下，我国现代大学的最深处必然内含理性化的逻辑，并外显为对理性的追求以及由此而衍生出的理性设计。需要强调的是，这里并非认为我国现代大学在理性化的道路上是对西方现代社会和现代大学的理性化的直接模仿或复制，而是主张我国现代大学在思维方式、价值观念和精神气质等方面包含着对西方社会和西方现代大学理性化的普遍特征的追求。

二是现代大学工具理性对价值理性的僭越。理性自被启蒙凸显出来后，就一直是一个集合式的存在，而非单个元素式的存在。将理性当作一个集合进行探讨，最有影响力的是马克斯·韦伯。他在"目的-工具"与"价值"、"形式"与"实质"两对范畴的基础上，划分了"工具理性"与

---

① 夏莹：《现代性的极限化演进及其拯救》，《社会科学战线》2019年第3期。
② 理查德·卫克莱：《启蒙与现代性：对理性令人不安的审判》，载韩水法主编《理性的命运：启蒙的当代理解》，北京大学出版社，2013，第146页。

"价值理性"、"形式理性"与"实质理性"。① 这两对不同范畴下的概念，在实质、目的和价值等方面具有一定共通性，即形式理性与工具理性是一致的，实质理性与价值理性具有一致性。② 因此，可以将形式理性与实质理性分别统归于"工具理性"和"价值理性"范畴之下。工具理性以行为结果为导向，注重效率和算计；价值理性以行为过程内在价值自觉为核心，注重行为本身的价值和意义，而不管结果的成或败。③ 从更深处看，工具理性和价值理性的本质区别表现在人性假设和逻辑遵循两方面。在人性假设方面，工具理性以"理性人"假设为"圆心"，价值理性以"反思-利他人"假设为基础；在逻辑遵循层面，工具理性以算计为核心，价值理性以正当和合法为核心。④ 尽管理性是一个集合式的存在，但任何领域内的理性化进程，都应是工具理性与价值理性间的张力平衡，这才是其持续合法存在的基本前提和内在要求。但自人类社会开启现代化之后不久，现代化的进程就被工具理性所"裹挟"。"西方社会的现代化过程是人的觉醒和主体自我意识张扬的过程，也可以说是主体形而上学的过程。……吊诡的是，现代性的自反性迅速终结了主体性的凯旋，原本作为实体、本体的主体，却被'去主体化'，人所发明创造的技术体系，技术化、理性化的社会组织，无所不在的信息网络空间等反转成为实体和主体。"⑤

随着社会的发展和时代的演变，处于社会现代化"氛围"中的大学逐渐从社会的边缘走向中心，并在21世纪从原本的"象牙塔"转变为社会的"轴心机构"。因此，"尽管大学出于探索、追求、守护和传播知识和真理、坚守学术组织属性的需要，应当具有学术自由、大学自治等组织特性，但大学的根本利益应当与民族和人类社会的根本利益是一致的，这也是大学存在和发展的最基本理由"。⑥ 这也就要求现代大学必须坚持理性

---

① 马克斯·韦伯在《经济与社会》中以"合理性"呈现和表达"理性"，即他认为合理性即理性，为与前文的表述保持一致，此处以理性替换合理性。
② 陈嘉明：《现代性与后现代性十五讲》，北京大学出版社，2006，第108页。
③ 马克斯·韦伯：《经济与社会》第1卷，阎克文译，上海人民出版社，2006，第144~145页。
④ 董礼胜：《西方公共行政学理论评析：工具理性与价值理性的分野与整合》，社会科学文献出版社，2015，第44~63页。
⑤ 孙利天：《现代性的追求和内在超越》，《中国社会科学》2016年第2期。
⑥ 眭依凡：《理性捍卫大学》，北京大学出版社，2013，第24页。

化,并在理性化过程中保持价值理性和工具理性的平衡。唯有如此,现代大学才能在维护自身学术本性的基础上,充分践行自身所承担的人才培养、科学研究等社会责任。现实中,随着现代大学理性化的推进,社会整体现代化被工具理性所裹挟的氛围的"浸染",无论是在西方还是在东方,现代大学都不同程度地出现了工具理性与价值理性的失衡,并表现为工具理性对价值理性的僭越。具体而言,西方大学在工具理性对价值理性的僭越下,突出表现为大学课程的科技实用化,大学科技素养培养与人才精神塑造割裂,人文教育逐渐处于边缘地位。此外,表现为在国家主义的渗透下,大学内部基于算计、管控的逻辑,以回应国家和社会短期功利为导向的组织管理的官僚科层化趋势愈加明显,客观上消解了大学组织的学术特性。[①] 正因如此,哈佛大学哈瑞·刘易斯撰写《失去灵魂的卓越:哈佛是如何忘记教育宗旨的》一书,以追问"哈佛大学的办学目标如何从真正的教育向迎合消费者需求方向发展"展开,对哈佛大学背离教育的价值理性,滑向工具理性的陷阱做了深刻批判。

西方大学出现的理性化失范现象,即工具理性对价值理性的僭越,在我国也同样存在。首先,国家理性对大学发展的"裹挟"。我国现代大学源于19世纪末期晚清政府开启的"西学东渐"的洋务运动,其一直承担着"强国"的责任。在发展中始终内嵌着国家理性的规训。在此影响下,上至宏观层面的大学战略规划,下至微观层面的大学章程、学术委员会章程和各类监测与评估,无不受国家及其教育主管部门的"引导"和"规划"。其次,热衷大学排行榜下的学术量化评价。"双一流"建设方案实施以来,我国大学尤其是"双一流"建设高校和水平接近"双一流"建设高校的大学对学校的排名越来越重视。这是因为在"双一流"建设背景下,与学校排名相关的利益被凸显:一是排名的高低与政府分配的教育资源的多少直接挂钩,排名越高,获得的资源越多,反之,就越少;二是排名的高低还与政府、社会、家长、学生等相关利益主体认可度相关,排名越高获得的认可度越高,反之,就越低,进而会直接影响学校的社会声誉,并

---

[①] 彭荣础:《理性主义与大学发展——大学演进的哲学与文化审读》,厦门大学出版社,2016,第33~37页。

最终对学校的招生和学生就业等产生影响。诚如有学者言："不夸张地说，大学排名已经是几乎所有大学尤其是高水平大学关注的头等大事，实际成为中国大学教育评价的指挥棒（尽管口头上谁都不承认）。我们也经常会看到，当学校在大学排名中有了进位，哪怕是一两名的上升，大学的管理者们都会欣喜若狂，大力宣传。他们会在开学典礼、毕业典礼、校内大会乃至所有的重要场合宣扬，以大学排名指标中他们学校的骄人之处来强调学校的办学质量和发展成就。"①

从现有的国内外知名大学排行榜看，其排名指标均以可量化的科研成果数尤其是论文数（SCI、EI 等）为核心。同时，在实践中，由于论文等科研成果能最快产出，且能更直接地对照排行指标提升学校排名，因此各大学对论文都异常重视。当然，这里并非否定论文的重要性，而是强调大学作为一个以知识生产为核心的组织，其组织成效并非仅靠重视论文等科研成果就会有显著提升。正是因为大学对排名指标如此"迷恋"，大学内部日常进行的学术评价经过层层加码，也就随之陷入"五唯"困境。显然，这是大学中工具理性对价值理性僭越的最直观体现。透过布迪厄的学说看，排名和"五唯"背后都是一串串指标或数字符号，其对以人才培养和真理探索为使命的大学组织而言就是一种"暴力"威胁。学科组织作为大学的组成细胞，其建设必然会受到大学层面工具理性的裹挟，当前突出的对准学科评估和排名指标建设学科的问题就是其最好体现。

---

① 黄梓根：《排行追逐：大学"五唯"破而未除的根源所在》，《大学教育科学》2021 年第 4 期。

# 7 破旧—立新：大学学科组织化的路径选择

"破"与"立"是事物发展过程中互相联系的两个方面:"破"固然可以为"立"创造前提条件;但是,没有"立",就不可能达到真正、彻底的"破"。本章根据梳理出的学科组织化在学科组织方向引领、组织结构、组织行为和组织环境四个要素维度面临的现实困境及其内在原因,按照宽泛的一一对应逻辑,探讨学科组织化的具体策略。

## 7.1 学科组织化的具象理路

### 7.1.1 学科组织化的具象原理

前文以学科组织的方向引领、组织结构、组织行为和组织环境四个要素为核心构建学科组织化的分析框架,并循此框架从"个别考察"与"整体观照"相结合的维度对学科组织化的现状、困境及其原因进行分析。发现,学科组织化遭遇的困境主要源自外部环境和内部结构的限制,同时也和相关主体的认知和行为存在关联。此外,学科组织化在学科组织方向引领、组织结构、组织行为和组织环境四个维度遭遇的现实困境及其深层原因,并非一一对应的割裂式存在,也即学科组织化在学科组织四个要素维度遭遇的困境及其深层原因存在交叉。其原因在于,学科组织的四个组成要素是一种相互嵌入、相互影响、相互关联式的存在。

因此,学科组织化的具象需遵循三条基本原理。第一条是"破旧"与"立新"统一。"破旧"主要是指破解学科组织化遭遇的现实困境。学科组织化作为一种过程或结果,始终是动态发展的,"破旧"只是其前提条件,在"破旧"的同时进行"立新"才是其兴盛之道。这里的"立新"主要是指针对"破旧"提炼出的改进策略。如上所述,学科组织化遭遇的困境主要源自外部环境和内部结构设计的限制;同时也和相关主体的认知和行为存在关联;此外,学科组织化在学科组织四个要素维度上遭遇的困境及其深层原因存在交叉。这也就引出了学科组织化具象的另外两条基本原理:制度与人的平衡、由外及内与非一一对应的结合。制度与人的平衡主要是指学科组织化的"立新"在重视"硬"的制度建设的同时,还需考量与相关主体认知和行为相关的"软"举措,① 进而才能从"软""硬"结合的维度确保"立新"措施真正有效。由外及内与非一一对应的结合主要是指学科组织化的"立新"以优化学科组织环境为起点,再是学科组织的方向引领、组织结构和组织行为等内部要素的创新;同时,"破旧"的具体对象与"立新"的措施并非严格的一一对应,存在一对多的情形,但都以"破旧"与"立新"的整体统一为根本。

## 7.1.2 学科组织化的具象框架

以下根据学科组织化具象的三条基本原理,以学科组织的方向引领、组织结构、组织行为和组织环境四要素为核心,构建学科组织化的具象框架。如图7-1所示,学科组织化的"立新"先从学科组织环境着手,带箭头的虚线表示学科组织化的"破旧"与"立新"相统一,却又并非严格的一一对应。

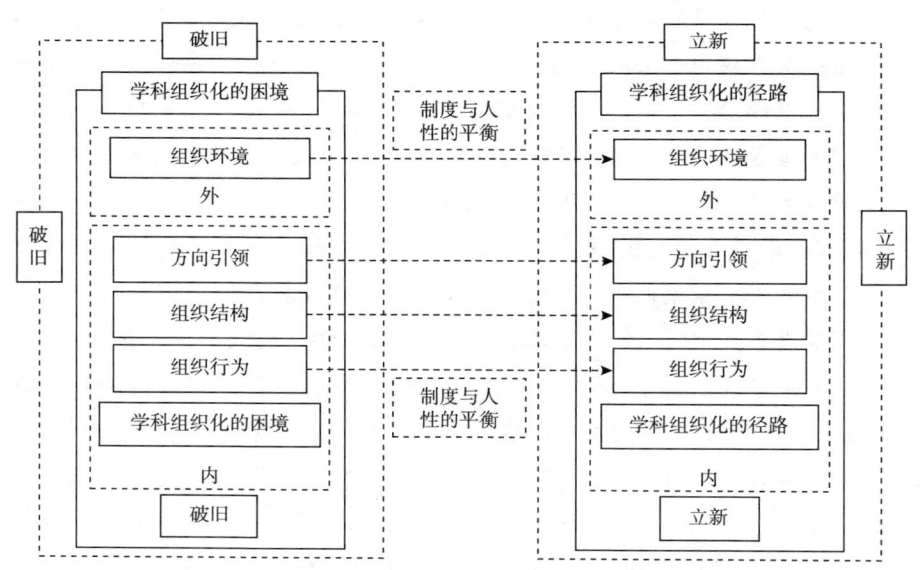

图 7-1 学科组织化的具象框架

资料来源:笔者基于文献梳理的创新选择。

---

① 李立国、王梦然:《制度与人:大学治理的建构与演进》,《中国高教研究》2021年第9期。

## 7.2 优化学科组织外部环境

### 7.2.1 调适外部决策结构

学科组织作为大学的基层组织，其外部决策结构主要涉及政府与大学、大学与院系间的权责结构。需要强调的是，学科组织作为大学的基层组织，政府与大学、大学与院系围绕学科组织基本权力事项形成的权责结构往往内嵌于政府与大学、大学与院系间的整体权责结构，甚至是政府与大学、大学与院系间的整体权责结构决定着政府与大学、大学与院系围绕学科组织基本权力事项形成的权责结构。于此，对学科组织外部决策结构的优化，以政府与大学、大学与院系间的整体权责结构为核心展开。

（1）基于"放管服"一体化原则改进政府与大学的权责结构

教育部等五部门 2017 年联合发布的以谋划和布局高等教育领域的"放管服"改革为核心的《关于深化高等教育领域简政放权放管结合优化服务改革的若干意见》，被学界一致认为是对高等教育领域综合改革的一种纵深推进。其中，"放"是指政府在高等教育领域简政放权，这种"放"并非"一放了之、撒手不管"，而是强调改变政府原有的对高等教育的直接管理方式，将自身管理职能转变到资源供给与调配、高等教育法规修订和政策制定等宏观层面。这是因为，"任何脱离历史背景和现实环境盲目照搬西方治理模式，一放到底的管理，很可能效果甚微，甚至适得其反"。[①] 简言之，政府的"放"和"管"是一体的，是需要充分结合的。

---

[①] 张东、张绍荣：《"放管服"背景下大学外部治理路径选择》，《现代教育管理》2018 年第 4 期。

再者，有效推动政府在高等教育领域的放管结合，需要政府以服务教育发展为价值导向，优化自身管理教育的模式和方法，为改革营造良好的氛围。因此，对我国政府与大学权责结构的调整和优化需以"放管服"一体化为基本原则。基于此，本研究提出以下具体策略。

一是通过"三张清单"区划政府与大学的权责结构。高等教育领域权责结构调整不能完全遵循以"教育行政部门放多少权，大学获得多少自主权"为核心的"正面清单"思路，还需正本清源回到"负面清单"思路，即政府部门秉持"法无授权不可为"进行管理，大学秉持"法无禁止即可为"进行办学。据此，教育行政部门应制定大学权力清单、大学责任清单、大学负面权利清单。具体而言，权力清单和责任清单以"法无授权不可为"为基本原则，从《宪法》《教育法》《高等教育法》《教师法》等与大学改革和发展紧密相关的法律法规中，梳理和明确政府被法律明确授权的权力项目和责任事项。负面权利清单是"大学不得……"的禁止性事项清单，在这份禁止性事项清单以外的各种可能权利都处于大学自主权利范畴之内。具体而言，根据《宪法》《教育法》《高等教育法》《高等学校学术委员会规程》《教师法》等的相关规定和党的相关要求，明确清单的具体事项。进而，教育行政部门、大学皆依清单践行相关权责。同时，应参照政府与大学权责规范的清单思路，明确社会第三方组织参与大学治理的权责事项，以此来推动政府与大学权责结构改革的"落地"。

二是建构政府与大学间的互动机制，保障政府与大学权责结构及时更新。大学与政府间的整体权责结构并非固定不变的，其关键在于大学会因为宏观政治、经济和文化等的变化产生不同的自主权诉求。同时，界分政府与大学的权责不是为了将两者完全割裂开来，而是强调通过职责分工来确保两者践行好自己承担的职责，确保政府和大学更好地践行自身承担的职责与回应国家、社会等的现实需求。因此，要确保政府与大学权责结构合理有效，就需畅通大学与政府间的沟通渠道，确保彼此在不同时代背景下的诉求能在"三张清单"制定所依据的相关法律法规中得到充分体现。据此，应从以下两方面着手。其一政府强化自身的依法治教意识。政府以教育部直属高校工作咨询委员会等平台为模板，针对大学的不同权责事项，建设以大学为主要参与主体的专委会平台，确保大学的各项权责诉求拥有"专项"表达的机会；同时，借助"互联网+"等技术拓展大学在"两会"的参与空间和"发言"机会。其二，大学通过"两会"、教育部直属高校工作咨询委员会等平台，理性表达自身办学自主权的诉求。

(2) 明确大学与院系的职责定位

院系作为大学职能践行的最终基层组织——学科组织的载体，同时更是大学职能践行的关键"中间"基层主体，在学科组织与大学间发挥着"承上启下"的作用。因此，在政府与大学权责结构得以优化的前提条件下，要提升学科组织的自组织程度，并彰显其学术属性，理顺大学与院系的关系就显得尤为重要。而要理顺大学与院系的关系，关键是明确两者的职责分工。从理论和实践看，大学作为"底部沉重"的组织，其生命力源自底部组织。因此，"学院办大学而非大学办学院"才是调适大学与院系关系的本质要义。同时，学院的学术机构性质决定了其拥有的权责以与学术直接相关的事项为核心。[①] 两者结合构成了大学与院系权责界分的基本原则。据此，应建构和完善"校—院系"二级管理体制，并在此框架下按照"学校统筹规划、院系学术自决"的原则，从招生、专业（学科）设置、教学、科学研究和社会服务、国际交流、人事管理、资产管理与使用等方面，界分大学与院系的权责事项。在此基础上，双方通过大学内部最高"法"——大学章程对其进行制度确认，为大学与院系权责结构的调整和两者间关系的疏通提供顶层支持和实践空间。

## 7.2.2 平衡"权力三角"关系

(1) 构建以多元平衡为核心的权变权力观

观念是行为的先导，对行为有内生的形塑力。具体而言，一是跳出固有的"学术—行政"二分权力观，高度重视政治权力在大学治理话语体系建设中的价值和作用。"政治是中国大学治理绕不开的话题。脱离了政治讨论中国大学治理，无论是在理论上还是在实践中，都存在缺陷。"[②] 从大

---

[①] 胡建华：《大学内部治理中的校院关系》，《江苏高教》2021 年第 12 期。
[②] 周作宇、刘益东：《权力三角：现代大学治理的理论模型》，《北京师范大学学报》（社会科学版）2018 年第 1 期。

学的本质属性看，政治权力在大学组织中的存在形态以在组织建设、思想和行动领域的领导权为核心，辅之以纪律监管权配合领导权的规范行使。二是基于行政服务学术的原则重构行政权力与学术权力的关系。大学组织学术权力场域由早期的"权力独享"到19世纪以来的"权力共享"，是大学组织自身制度变迁导致学术权力场域过渡到学术权力场域和科层权力场域并存的结果，只不过科层权力场域是依附于学术权力场域而衍生的。①简言之，大学行政权力源自对学术权力行政责任的分担。因此，大学行政权力的存在价值以服务学术权力为要。但这并不意味着学术权力比行政权力"高贵"，而是强调大学行政权力的职责分工在于服务学术权力的有序运行，学术权力则为行政权力的生存和发展提供最深的合法性。两者间是一种相互支撑的"一元二体"的关系，是相互包容的。

（2）勾勒权力责任制度谱系

政治、学术和行政三种权力的践行及其关系的形成需以相应主体为载体。具体而言，应以坚持党的全面领导为基本前提，政治权力以围绕高校党委为核心建构的政党组织体系为践行载体，行政权力以围绕校长办公会（校务委员会）为核心形成的行政团队为实践载体，学术权力以围绕校学术委员会为引领的学术治理组织体系为施行载体。要确保这些载体合法、有效地践行相应权力，并借此重塑政治、学术和行政三种权力间的关系，就需通过制度建设，确认其权力施行的具体事项，形成权力责任制度谱系，确保其"有章可循、有法可依"。于此，从思想领导、组织领导、行动领导和纪律监管四个方面，具象政治权力具体的责任事项；从招生、专业（学科）设置、教学、科学研究和社会服务、国际交流、人事管理、资产管理与使用等大学自主事项中界分学术权力和行政权力的具体责任事项；并通过大学章程和校学术委员会章程对这些具体责任事项进行制度确认。在此基础上，对学术权力的具体责任事项，应按照事项的专业程度和关涉范围的大小，在校学术委员会统领下建设院系学术委员会（教授委员会）、学位委员会、学科建设委员会等"子"委会，成体系地提升学术权

---

① 吴丁玲、胡仁东：《大学组织内部治理中行政权力的制度设计——兼论学术权力与行政权力的关系》，《江苏高教》2018年第9期。

力在学术事务决策中的显示度。

(3) 推动权力纪律建设

从宽泛角度看,纪律建设也是一种制度建设,但纪律主要强调对人的行为的监管和对权力行使的约束,是对权力的监督和违反纪律之后的强力惩罚手段。历史和实践的经验表明,任何没有监督的权力最终都会异化。政治、行政和学术权力均是如此,无一例外,①即通常所言的"权力导致腐败,绝对权力导致绝对腐败"。②权力纪律建设是指政治权力纪律建设、学术权力纪律建设、行政权力纪律建设。其中,政治权力纪律建设旨在减少政治权力在大学场域践行面临的失败现象,其最突出的表现是政治权力的缺位;学术权力纪律建设主要针对的是学术权力主体用权失范的问题,根本目的在于扭转大学内部学术行政化问题;行政权力纪律建设主要关注的是行政主体履权过程中出现的失范行为和行政规章制度异化的问题。③在政治权力纪律建设方面,将政治纪律明确置于高校监管最高层,夯实政治权力行使失范的常态化预警和监督基础;并基于大学的组织特性,创新党建形式,确保党建与大学日常教学和科研等工作融为一体。④ 在学术权力纪律建设方面,由于学术是一项高深的知识生产活动,对由其衍生出的权力的行使进行纪律监管,依靠以相关专业人士为主体的纪律监管组织才是根本之策。只有这样,才能保证对学术权力行使进行的纪律监管专业有效。于此,构建以教授为核心主体、党政等相关人员多元参与的学术纪律执行委员会,是学术权力纪律建设的实践构想。⑤ 在行政权力纪律建设方面,应以构筑"服务第一"的大学行政纪律为逻辑起点,创建政治、学

---

① 周作宇、刘益东:《权力三角:现代大学治理的理论模型》,《北京师范大学学报》(社会科学版) 2018 年第 1 期。
② 约翰·埃默里克·爱德华·达尔伯格-阿克顿:《自由与权力》,侯健、范亚峰译,译林出版社,2014,第 294 页。
③ 刘益东等:《现代大学治理的协调机制:权力三角的视角》,《复旦教育论坛》2021 年第 2 期。
④ 刘益东、杜瑞军:《大学政治纪律建设的调查研究》,《复旦教育论坛》2018 年第 1 期。
⑤ 刘益东等:《学术纪律建设:破解学术失范的"系统"力量》,《国家教育行政学院学报》2017 年第 6 期。

术、行政三种权力间的沟通机制,破除其主体间沟通和协调的机制障碍;①同时,应大力引导"指令"式行政权力践行方式向"平等、对话"式的权力践行方式转变。

## 7.2.3 培育新型大学治理文化

大学及其学科组织以知识生产为内核,并以此承担着人才培养、科学研究、社会服务和文化传承创新等职能。概括而言,学术生产及大学教师和学生等主体的发展是大学及其学科组织存在和发展的核心要义。治理本质上是一种服务手段,其现代化也是为了更好地为学术生产及大学教师和学生等主体的成长服务。因此,在大学治理中的工具理性对价值理性的僭越亟须被调和,否则大学治理就会背离应有的服务旨向。

(1) 消解宏观层面的过度规划

从历史和经验的角度看,认识论哲学和政治论哲学作为高等教育存在的哲学依据已获各界广泛认同。认识论视野下的大学的发展是内在的,是按照自身本质规律发展的独立的有机体,指向"为了自我而自我"。政治论视野下的大学的发展是外在的,需对国家、社会等外部利益主体的相关诉求做出回应,即通常所言的对外部环境的适应。尽管如此,认识论与政治论并不是割裂的,政治论视野下的大学责任承担以认识论为依托,认识论视野下的大学发展离不开政治论的支持,两者间是一体两面的关系,在博弈中相互支撑。概言之,纯粹的自治与过度的政府管控都不是高等教育发展的最佳选择。因此,政府宏观调控高等教育发展时,基于对大学及其学科组织本质特性的尊重,为避免被公共权威的工具理性所裹挟,以差异化的、数字量化与质性观照相结合的管理方式替代以"标准统一、数字量化"为核心的管理方式是不二之选。同时,在大学内部顶层规划层面,如大学发展规划、学科专项规划的制定与实施等,大学要充分与院系、学科等基层学术组织沟通交流,按照"上下结合、多元协商"的方式来推进,

---

① 刘益东等:《大学有效行政:价值基础与纪律建设》,《清华大学教育研究》2020年第5期。

而不能唯管理方便而行。① 这将从大学外部和内部两个维度的顶层规划,为超越工具理性僭越价值理性的旧范式,创建工具理性与价值理性平衡的新范式提供"模板"。

(2) 培育大学治理主体的公共精神

公共精神作为一种具有独立主体人格的个人在处理与他人、社会、国家、自然等共在他者的关系时,自主融入公共生活,积极关怀公共利益,广泛参与公共事务,主动承担公共责任,以实现所有共在他者的生存与发展为依归的观念、态度与行为取向,是学科组织化乃至整个大学治理现代化的应有价值,同时也是大学及其学科组织生存和发展的价值原点。② 公共关怀和公共参与是其内蕴的两个核心要素。其中,公共关怀是"里",公共参与是"表",两者相互支撑不可分离。因此,要培育大学治理主体的公共精神,需从以下两个核心要素入手。第一,强化公共关怀,夯实大学治理的精神基础。政府、大学、学术委员会等治理主体在践行自身治理职责时,需以自身承担的公共职责为指引,充分关注其他相关主体的利益诉求,形塑以回应公共责任为基点的"我中有你、你中有我"的治理文化基因。第二,重视多元参与,推动公共精神的践行。政府、大学、学术委员会等治理主体在践行治理职能时,应重视构建多元协商机制,畅通其他主体的利益表达渠道,通过协商与互动将公共关怀做到实处,以充分践行公共责任。这将有利于消解工具理性对价值理性的僭越。

(3) 营造"学术—人"一体化的文化

从本质上看,大学及其学科组织的发展以学术生产为核心,同时也指向学科成员等主体的成长。因此,在大学治理中营造"学术—人"一体化文化,是对破除原有的以工具理性对价值理性的僭越为核心的文化的一种新的替代,更是对原有治理文化范式的一种超越。③ 具体而言,政府和大学作为大学治理和学科组织化的关键主体,在大学场域里进行的一切治理

---

① 陆根书:《对高质量高等教育体系建设的思考》,《江苏高教》2022 年第 1 期。
② 崔建利、崔华华:《公共精神:大学治理现代化的应然诉求》,《内蒙古社会科学》(汉文版) 2019 年第 1 期。
③ J. L. Bess, *Collegiality and Bureaucracy in the Modern University: The Influence of Information and Power on Decision-Making Structures*, New York: Teachers College Press, 1988, p. 104.

活动均应以推动学术生产、促进学生和教师等主体的成长为核心,以此从大学外部治理和内部治理的顶层营造"学术—人"一体化的文化氛围。在此基础上,大学内部的相关治理主体,如院系、行政部门等在具体决策时均需以"学术—人"一体化发展为要。借此,将由外及内地为学科组织化提供良好的文化氛围。

## 7.3 强化学科组织方向引领

### 7.3.1 实化学科组织使命陈述

学科组织作为大学的基层组织，必然以践行大学的使命为最高指引。随着时代的发展，当前大学的使命已从单一的人才培养演变为集人才培养、科学研究、社会服务、文化传承创新与国际交流合作为一体的"网络体系"。同时，由于院系组织是学科组织生存和发展的载体，因此学科组织使命建设需以院系组织使命建设为依托。据此，针对学科组织使命建设存在的现实问题，本研究建议应从以下四个方面改进。一是提高学科组织使命的陈述率。各大学应自上而下地引导和监督各院系以院系组织使命建设为载体，提升学科组织使命的陈述率，并将其纳入院系考核，切实推动学科组织使命建设。二是充分赋予院系组织使命学科特色。以院系学科带头人、学术委员会中的非学科带头人成员为核心，组建学科组织使命建设小组，并在广泛征求学科组织成员意见的基础上，结合对院系内部学科组织的典型特征的观照，明确院系使命的学科特色，确保其在"人才培养、科学研究、社会服务、文化传承创新与国际交流合作"基本框架下内含本学科特色。三是建立院系组织使命常态化扩散机制。利用院系教职工大会、新教职工入职典礼等平台，宣讲院系组织使命的内涵。四是建立院系组织使命的更新机制。学科组织的使命依附于大学组织的使命而存在，学科组织的使命也因此和大学组织的使命一样，是动态演化的。据此，应建立以跟踪大学组织使命扩展为核心的院系组织使命更新机制，确保院系组织使命合法有效。如此，方能充分提升学科组织使命陈述的效力，实现对学科组织发展的价值引领，更能夯实学科组织化的合法性基础。

## 7.3.2 具象学科组织愿景表达

学科组织愿景对学科组织成员具有较强的价值引领作用，能有效增强学科组织成员对组织的认可度和忠诚度。由于学科组织与院系组织间存在"表—里"一体的关系，因此学科组织愿景建设也需以院系组织愿景建设为依托。对此，应从以下五个方面回应学科组织愿景建设遭遇的现实困境。一是提高学科组织愿景表达率。参照提高学科组织使命陈述率的方式，以院系组织愿景建设为载体，由大学自上而下地提升学科组织愿景表达率。二是增强院系组织愿景的学科特色。院系应基于学科组织的历史传统和现有基础，结合对当前国家长远规划和未来 10~20 年学科发展前沿的观照，提炼具有学科特色的院系组织愿景。三是提高院系组织愿景的学科凝聚力。在提炼院系组织愿景时，应广泛征求学科组织成员尤其是教授群体的意见，避免院系组织愿景制定行政化，以增强院系组织愿景在学科组织成员中的认可度，实现对院系组织愿景学科凝聚力的提升。四是建立学科组织愿景常态化扩散机制。参照院系组织使命扩散机制，利用院系教职工大会、新教职工入职典礼等平台，扩散院系组织愿景，推动其对学科组织及其成员的价值引领。五是建立院系组织愿景更新机制。以院系组织使命为根本引领，根据国家、社会发展趋势和学科发展前沿，研判院系组织愿景更替时机，并据此在原有院系组织愿景基础上进行继承式创新。

## 7.3.3 调整学科组织目标范式

（1）消解学科组织目标制定的行政主导惯性

学科组织目标的实现，最终依靠的是学科组织成员的实践。学科组织成员要充分践行好学科组织目标，其对学科组织目标的认同度是首要变量。因此，在学科组织目标制定中，以充分听取和尊重学科组织成员的意见为核心进行改建，既是应然之选亦是实然之策。同时，学科组织作为大学的基层学术组织，其目标的制定必然统归于学校整体学科规划之下，但仍需保持自身特色和内在规律。概言之，学科组织目标制定是一个系统工程，整体上需要学校顶层、院系中层、学科基层的协作推进。据此，要消解学科组织目标制定的行政主导惯性，应从以下三个方面着手。一是在学校整体学科规划中，校职能部门（如学科规划处、发展规划处等）需按照"上下结合"的思路，畅通院系及其学科组织参与学科规划的路径，动态接受院系及其学科组织的意见诉求，并予以充分回应。如此，将在学校整体学科规划层面充分彰显基层学科组织的特性，为学校整体学科规划目标的层层分解及提升其在基层中的认可度奠定基础。二是院系制定学科组织发展目标时，应遵照校学科规划的基本思路和具体操作，按照"上下结合"的思路，广开言路，充分听取学科组织及其成员的意见，结合对学科特征的观照，进一步细化承接的校规划目标。在此基础上，引导学科带头人按照相同思路和方式将学科组织目标"分解"到每个学科成员。[①] 三是在学科组织目标内容的提炼和表达上，应摒弃"五唯"取向，重视学科组织体系完善和学科组织知识生产成果创新等内涵式要素。这一系列操作将最大程度调和"上下"之间的目标冲突，确保学科组织目标制定在"顶层"和"基层"两个维度获得充分认可，为学科组织目标的有效执行奠定基础。

（2）破除学科组织目标执行与考核的数字化与同质化倾向

考核对行为有直接引导作用，是行为取向的"指挥棒"。因此，对学科组织目标执行与考核的完善需协同推进。一是分类制定学科组织目标的考核标准。不同的学科组织内嵌不同的学科特征，且这种特征是学科组织本质特征。同时，学科组织目标的发展，并非论文、奖项等"显性"要素所能全部展现的，组织氛围、知识生产成果的创新程度等亦是其关键展现"指标"。因此，在学科组织发展目标指引下，基于对学科组织学科特色的观照，分类构建不同学科类型的学科组织目标考核指标体系，并在具体指标项选择上既重视论文、奖项等易量化的"硬"要素，也重视学科组织的结构体系建设、文化氛围营造和知识生产成果创新等不易量化的"软"要

---

[①] 李立国、冯鹏达：《从学科建设到学科治理：基于松散耦合理论的考察》，《华东师范大学学报》（教育科学版）2022年第2期。

素，是一种现实选择。① 二是强化学科目标考核职能部门间的沟通协作，杜绝"令出多门"、重复收集相关数据的问题，切实减轻基层考核的"后勤"压力。三是建构以同行评议为核心的学科组织目标考核方式。学科组织作为以知识生产为内核的劳动组织，对其目标的考核必然是一种基于高深专业知识的科学研判，依靠相关学科领域的同行专家来具体执行学科组织目标考核任务是实然之策。四是改进学科组织目标考核结果的反馈方式。摒弃考核部门将考核结果直接传达给被考核对象，并直接要求其改进的简单粗暴式反馈方式，代之以考核部门按照"上下"结合的思路，围绕考核发现的问题，检视和纠正自身及院系和学科组织等主体在学科组织目标执行中的不足，在多主体协商中提炼改进策略。

---

① 蒋洪池、张洁：《我国大学学科评价研究：历程、热点及反思》，《中国地质大学学报》（社会科学版）2022年第1期。

## 7.4　完善学科组织结构设计

学科组织结构以其"位置—角色"的结构安排和运行机制建设为核心。从学科组织的不同"位置—角色"主体的基本特征和作用价值看,学科组织结构最终又以学科带头人这一"位置—角色"的结构安排和运行机制建设为核心。另外,学科组织作为大学的基层学术组织,以院系组织为直接载体。因此,从相关度看,学科组织化与大学院系组织内部治理改革直接相关,甚至是大学院系组织内部治理改革的核心部分。这就意味着,学科组织结构设计作为学科组织化的重中之重,理应在院系内部治理体系改革的"牵引下"推进。也即在学科组织外部环境优化的根本前提下,院系内部治理体系的调整,是学科组织结构设计的直接前提。因此,对学科组织结构的完善,需在外部环境优化的根本前提下,以院系内部治理结构和治理机制的调整为逻辑起点。需要强调的是,学科组织虽以院系为直接载体,但大学才是其成长的母体。因此,完善学科组织的结构设计,必然需要大学层面的顶层支持。

### 7.4.1　提升学科组织整体显示度

(1)树立协作治理理念

协作治理是 20 世纪后期发展起来的管理理念,它强调多元主体基于共同目标的参与,并成为真正意义上的决策者。它与共同治理理念最大的不同在于其不排斥实践的领导者存在。[①] 在我国现实语境中,坚持中国共产

---

① 郭道久:《协作治理是适合中国现实需求的治理模式》,《政治学研究》2016 年第 1 期。

党的领导是一切事务的基础和前提，协作治理理念更贴合我国实际。协作治理理念"浸润"在大学院系治理结构中的具体表现有两点。其一，以院长（系主任）为核心的行政系统、以院系党委书记为核心的党委系统、以院系学术委员会为代表的学术系统间的相互协作。即院长（系主任）领衔的院系行政系统整体负责学院的发展和为学术做好"后勤"服务，推动院系与学校的双向互动，为学科组织发展提供行政支撑；院系党委书记领衔的党委系统负责院系政治建设和对院系各项事务的监督等，促进学院内部权力组织结构之间的有序互动；院系学术委员会领衔的学术系统专攻院系学术事项，推动院系学术事业健康有序发展。其二，院系内外所有利益相关者的相互协作。[①] 政府、社会、大学、院系、学科组织等主体应避免在观念认知上排斥其他利益主体的参与，确保一切共同利益事项能协商决策，实现对协作理念的践行和坚守。

（2）明确学科组织的权责及其支撑载体

学科规划权、学科建设经费分配权、学科成员评聘权是学科组织理应享有的基本权力，对提升学科组织的自组织程度和彰显其学术属性具有基础性支撑作用。这意味着，要提升学科组织在院系内部治理结构中的显示度，关键是确保学科组织享有这三项基本权力。与这三项基本权力对应的事项分别是学科规划、学科建设经费分配和学科成员评聘。其中，学科规划和学科成员评聘是以学术为内核兼具行政和学术特性的事务；学科建设经费分配则主要是以资源分配为内核的兼具行政和学术特性的事务，且是各相关利益主体极为重视的事项，也就是通常所说的重大事项。因此，学科组织在学科规划、学科建设经费分配和学科成员评聘上拥有的权力以决策权为主。需要说明的是，本研究聚焦的学科组织是一级学科组织，而一级学科组织一般又内含二级学科组织。所以，此处的学科组织既包括一级学科组织，也包括二级学科组织。实践中，我国大学二级院系现有的学术机构以院系学术委员会（教授委员会）[②] 为代表，有关院系重大事项的决

---

① 于杨等：《美国常春藤联盟大学二级学院治理结构模式、特征及其启示》，《复旦教育论坛》2019 年第 5 期。

② 不同的院系，在最高学术机构设置上有不同的选择，但整体以学术委员会和教授委员会为主，即不同院系的最高学术机构要么是学术委员会，要么是教授委员会。

策组织以党政联席会为核心。基于此，结合对学科规划、学科建设经费分配和学科成员评聘事项的内核与重要性的审视，可将学科组织享有学科成员评聘的决策权具象为院系就学科成员评聘形成最终决议前，须经有学科组织参与的院系学术机构的决议；将学科组织拥有的学科规划和学科建设经费分配决策权，具体化为学科中期规划与短期目标、学科建设资源分配方案须经以"党政联席会+学科组织"为核心的院系学科建设委员会的决议方可生效。

（3）优化学科组织结构设计的顶层制度

学科组织结构设计本质上是一种制度建设，但从实践来看，其被缺位和被边缘化的现象异常明显，缺少自上而下的制度支持是关键原因之一。有鉴于此，应在学校章程中明确将学科组织界定为以学科规划、学科成员评聘和学科建设经费分配为基础的学科建设相关事项的治理主体之一，为学科组织结构设计提供校内"宪法"支持，并明确要求院系参照这种模式，在结合自身特色的基础上，在院系内部进一步细化。

## 7.4.2 优化学科带头人"位置—角色"结构

学科带头人作为学科组织内部核心"位置—角色"的主体要素，其权责的合理安排是学科组织结构建设的关键，更是提升学科组织自组织程度的重要着力点。从组织建设角度看，学科带头人"位置—角色"权责主要源自学科组织的"赋权"。因此，学科带头人"位置—角色"权责配置需以学科组织在学科规划、学科成员评聘和学科建设经费三面享有的基本权力为核心。

（1）建设学科带头人"位置—角色"权责配置的校级"样板"

学科组织作为大学的基层学术组织，深受大学整体场域的"侵染"，对作为其核心"位置—角色"主体的学科带头人的权责配置，自上而下的推动更契合实际。同时，为避免同质化，在推动方式上应以宏观引导为主，破除对指令式方式的依赖。具体来说，应在校学术委员会的统领下，成立以学科带头人、校院党政机构核心成员为参与主体的校学科建设专委会，负责校级学科规划和学科建设经费分配决议；同时将学科带头人"位置—角色"纳入校级教师职称评定委员会等与学科成员评聘相关的学术机构,并赋予学术机构审议权;最后再通过校学术委员会章程予以制度确认。在此基础上,应支持院系以此为基本"模板",根据自身特色和现状进行创新构建。

(2) 明确学科带头人"位置—角色"的权责及其组织载体

在校章程和校学术委员会的顶层支持下,院系应在本级组织的党政联席会权责界定中,将学科带头人界定为学科组织学科建设经费分配权责践行的主体代表,在具体执行层面将学科建设专委会具象为以"学科带头人+院系党政领导人"为核心的组织载体。同时,在院系学术委员会(教授委员会)章程中将学科带头人界定为践行学科组织成员评聘权责的主体代表。在此基础上,进一步优化院系学科建设专委会和学术委员会(教授委员会)的整体成员构成,平衡学科建设专委会的学术成员、行政成员的人数构成,以及学术委员会中学术成员与行政成员的比例;并同步创新学科建设专委会和学术委员会运行机制,确保学科带头人"位置—角色"权责践行路径通畅。

(3) 重构学科带头人"位置—角色"素质结构认定标准

从组织建设角度看,学科带头人"位置—角色"在学科组织中主要扮演的是领导者角色。因此,学科带头人"位置—角色"素质结构认定标准需以学科带头人的个体素质和组织领导能力为核心展开。具体来说,应以破除学科带头人"位置—角色"素质认定标准窄化和标签化抓手,基于身体资本、学术资本、技术资本三个基本维度,从身心健康、学术水平、人才培养能力、组织领导和协调能力、学科战略规划和管理能力、学科资源整合能力、道德品质、学科抱负和理想八个维度重构学科带头人"位置—角色"素质结构认定标准,保障其能精准识别学科带头人"位置—角色"的最佳人选,确保其认定对象具有"想干事、能干事、干成事"的素质标准。

### 7.4.3 健全学科带头人"位置—角色"机制

从结构与机制的关系看,学科组织的学科带头人"位置—角色"结构是组织构成的"躯干",为组织运行提供"硬件"支撑;学科带头人"位置—角色"机制是学科组织运行的"软件",起着调动学科带头人"位置—角色"践行主体积极性的作用。因此,在优化学科带头人"位置—角色"结构的同时,需同步推进学科带头人"位置—角色"机制建设。

(1) 建设内嵌民主性的学科带头人"位置—角色"遴选机制

学科带头人"位置—角色"结构的优化,为学科带头人"位置—角色"践行自身承载的组织权责提供了"硬件"支撑。进而,通过何种方式和程序按照既定素质结构要求遴选出相应主体来践行学科带头人"位置—角色"的权责就成为关键。由于学科带头人"位置—角色"对其践行主体的学术水平和组织领导能力的要求较高,且具有较强的专业性,因此对潜在"候选人"是否符合学科带头人"位置—角色"素质结构要求最为了解的一般都是本学科组织成员。因此,学科带头人"位置—角色"遴选机制的建设,需按照"自下而上"的基本逻辑,以学科组织内外部成员的广泛参与为核心进行。对此,按照"个人申请/他人推荐→院系最高学术机构初审→院系公示→学校最高学术机构审议→学校公示"的具体程序开展不失为一种选择。

(2) 调整学科带头人"位置—角色"的利益搭配

学科组织以学术性为本质属性,其内部学科带头人"位置—角色"践行相应权责的根本目的是彰显学科组织的学术性。但毋庸置疑的是,学科带头人"位置—角色"本质上都是由人在承担,而人本质上作为一种社会关系的总和,在践行相关权责时,必然有相应的个体需求。因此,在给予学科带头人"位置—角色"适当物质利益的同时,更需赋予其相应的荣誉,且需以学术荣誉为主。如此,方能避免将学科带头人"位置—角色"庸俗化,实现对学科带头人"位置—角色"的精神引领。

(3) 改进学科带头人"位置—角色"考核流程

考核对相关主体的行为具有明显引导作用,即通常所说的"考核就是'指挥棒'"。学科带头人"位置—角色"在学科组织内部居于核心地位,对整个学科组织发展具有带头作用。其功能的发挥以带领学科组织的整体发展为核心。因此,对学科带头人"位置—角色"权责践行情况的考核就需以推动学科带头人"位置—角色"聚焦学科组织整体发展为核心来进行。其一，分类确定学科带头人"位置—角色"考核频次。学科带头人"位置—角色"以带动学科组织整体发展为核心，而学科组织的整体发展并不是"一蹴而就"的，往往需要3~5年的积累，甚至有的学科组织如历史学学科组织等的发展周期更长。因此，对学科带头人"位置—角色"的考核应根据不同的学科类别，确定考核频次，并辅之以年度总结。其二，以学科组织整体知识生产能力为核心制定考核标准和确定考核方式。应破除学科带头人"位置—角色"考核中的个体化、数字化倾向，以同行评议为主要考核方式，聚焦能展现学科组织整体知识生产能力变化的"变量"，如学科组织是否有持续性的高质量学术成果产生、学科组织的前沿方向是否合理、学科组织成员的整体合作态势如何等，以推动学科带头人"位置—角色"功能的充分发挥。

## 7.5 调节学科组织行为范式

### 7.5.1 规范引导学科组织成员个体的异化行为

（1）扭转"重研轻教"的评价倾向

学科成员"重研轻教"的制度原因既在于职称晋升和聘期考核以科研为主，又在于对学科成员教学兴趣和教学能力职前培养不足。对此，一是要切实减轻学科成员的科研考核压力。具体而言，在学科成员职称晋升和聘期考核中，应平衡科研与教学指标的权重偏差，避免过分重视科研成果，应深入到教学过程中，将教学过程、教学方式等对教学质量有重要影响的要素全部纳入考核体系。二是破除过于注重量化考核和考核指标过分统一的问题。不同学科组织有不同的学科特色，更有不同的知识生产方式和生产周期。因此，构建基于不同学科特征的分类考评体系，并聚焦学术成果质量评价而非数量"堆砌"，是从更深处破解学科成员科研考核压力过重的选择。三是建构研究生人才培养的"教学—科研"一体化模式。该模式将科研作用机制、教学促进机制、"专业学习—科学研究—社会实践"联动机制整合为有序互动的共同体，以充分带动科研资源向教学事务的有序转移并及时扭转研究生培养中的"唯科研"导向，实现在学科成员职前培养期间提升学科成员个体对教学工作的认可度和适应力的目的。①

（2）建立以学术共同体为核心的同行评议制度

学科成员个体存在的学术研究"仿真"和学术发表失范行为莫不与行

---

① 黄建洪、张洋阳：《研究生人才培养的"教学—科研"一体化模式研究》，《研究生教育研究》2018年第6期。

政主导下的"五唯"评价制度相关。建立以学术共同体为核心的同行评议制度是破解这一现实困境的实然构想。学术共同体是产生科学知识的科学家集团，集团的成员有经常性的充分的学术交流，他们的专业判断比较一致，拥有共同的范式。① 因此，以学术共同体为核心的同行评议制度的建立需从以四方面着手。其一，在学科组织外部环境调适背景下，将行政主体在学术评价领域的权责具象在宏观资源调配方面，为以学术共同体为核心的同行评议制度的建立创造空间。其二，建立代表性成果评价机制。聚焦代表作的内容和质量，以同行专家的专业评审为核心，将定量指标数据和丰富多样的案例等作为支撑，使学术成果、学术活动过程与学术影响的证据能够相互印证，确保评价主体能触及评价材料的本质"全貌"。其三，健全学术共同体评议程序与规范。以学术伦理准则和制度规范约束同行专家的评议行为，建立利益相关主体规避准则，可以确保评价过程的公正性，提升学术共同体评议的公信力。其四，建立同行评价追溯和信誉制度。包括完善对学术评价主体及评价结果的监督和评估，打造高素质的同行评议专家队伍。② 进而，从学术评价制度角度为学科组织成员个体回归学术研究本真和摆脱学术发表"阿尔都塞式承认"的束缚提供动力。

（3）塑造学科组织成员个体学术品德

无论是学术研究，还是学术发表过程中出现的各种乱象，归根结底都是学科组织成员个体的行为，因此，强化道德约束，建立健全学术惩戒机制显得尤为必要。诚如有研究所言："如果违反学术道德的行为屡次得逞，而没有得到应有的惩处，这其实是对那些具有良好学术德行研究者们的一种伤害和不公。"③ 具体而言，在价值观念多元交合和利益错综复杂的现代社会，吸收儒家文化的优秀"因子"，重建包括学科组织成员个体在内所有学人的道德秩序，以学术法律纪律的刚性约束代替形式化和空洞化的道德说教，是建立健全学术不端惩戒机制的关键。制度对人的行为具有较强

---

① 梁庆寅：《学术共同体的基本特征》，《开放时代》2016年第4期。
② 肖国芳、彭术连：《破"五唯"背景下高校学术评价的理性思考与改革路向》，《科学管理研究》2021年第2期。
③ 龙献忠等：《论构建研究生学术道德教育的"三不"机制——基于"三不"反腐机制思想的启示》，《研究生教育研究》2018年第1期。

的规训作用，但人的行为也会对制度产生反作用。换言之，仅靠制度建设很难使人的行为达到理想"境地"。因此，在强化学术不端惩戒机制建设的基础上，辅之以道德教化，是应然之选。据此，将学术规范、学术不端的内涵等学术道德培养的核心内容融入大学整个党建工程，不失为一种操作手段。

## 7.5.2 调解学科组织群体行为的部落冲突

学科组织内部的群体部落由单个学科组织成员个体构成，其本身又是学科组织整体的组成"因子"。从宽泛角度看，学科组织内部群体的部落行为是学科组织成员个体行为与学科组织整体行为的"联系中介"，对学科组织成员个体行为和学科组织整体行为具有"承上启下"的规范引导效力。同时，学科组织内部群体部落的形成及其特征，均由学科组织成员个体间的情感纽带为核心衍生而来，故其行为范式具有较强的"抵御力"和排外性。这种行为范式就是一种新制度主义理论范式下的文化—认知制度。因此，对学科组织群体行为间的部落冲突的调和，既有利于增强学科组织成员个体间的互动与合作，也有利于改进学科组织的整体氛围和提高知识生产力；在具体调和策略选择上，可以从文化—认知层面着手。

首先，以院系工会为核心平台，开展以促进交流与协作为核心的丰富多彩的"课外"活动，吸引院系学科组织成员广泛参与，在活动中增强学科组织群体部落间的感性认知，淡化学科组织群体部落间的"零和防范"思维。其次，以增强院系决策的民主性为核心，畅通院系基层学科组织及其个体和群体成员在相关利益事件决策上的参与通道，保障院系内部资源共享，借此调和学科组织内部群体部落间的"黑箱猜忌"，避免学科组织内部群体间竞争行为失范。最后，引导学科组织群体部落建立"按劳分配"的内部资源协调机制。学科组织群体部落虽以学科组织成员个体的情感纽带为核心，但也并不排斥学科组织成员个体对加入群体部落的"利益"期待。因此，在学科组织群体部落内部建立按劳分配的资源协调机制，无疑是确保群体部落尤其是课题部落有序运转的关键。

## 7.5.3 破除学科组织整体合作的结构障碍

随着知识生产模式变革的深化、社会问题与学理问题的复杂化，跨学科合作既是一种现实选择，更是一种前沿趋势。从组织层面看，跨学科合作就是指学科组织整体间的交叉与融合。但正如前文所述，学科组织整体间交叉融合的不畅，内嵌于学科组织中的等级观念、学科范式及内含于其中的"单位主体"式考评结构是关键原因。对这一障碍，其破解方法，一是由上而下地畅通各学科组织在学科建设资源分配中的参与渠道，确保其在资源分配中享有充分的话语权，在制度层面彰显各学科组织的主体地位，为消除学科组织间的等级观念创造良好的制度环境。与之对应的具体措施在"7.4 完善学科组织结构"部分已做论述，此处就不再赘述。二是以校、院系为主体搭建校内外学科交叉论坛，在互动交流中彰显不同学科组织的特色与魅力及内隐其下的知识类型和文化范式，提升不同学科组织对"本我"和"他者"的认可度，潜移默化地夯实学科组织整体间交叉融合的认知基础。① 三是建立"自主选择、单位共享"式的学科交叉成果评价机制。学科组织交叉融合最大的体制机制障碍在于学科交叉成果的评价和认定的"单位主体"操作，即从事学科交叉研究的学科成员只能在"本原单位"② 接受职称评审和聘期考核，且其成果也只能用于支撑一个单位接受相关职能部门的考核和评价。因此，应打破从事学科交叉研究的学科成员的职称评审和聘期考核的"本原单位"限制，支持其按照研究成果的学科类型在"本原单位"和"跨学科"支撑单位间自主选择，且这种选择不是"非此即彼"的选择。同时，改变原有的单位成果不共享的单位考评规定，允许"本原单位"和"跨学科"支撑单位共享从事学科交叉研究的学科组织成员个体的跨学科研究成果，破除学科组织整体间交叉融合的院系利益结构障碍。这既有利于学校学科的整体发展，又有利于激活学科组织成员个体从事跨学科研究的内生动力。

---

① 陈亮：《新时代学科治理的发生机理》，《高校教育管理》2022 年第 2 期。
② 学科组织成员个体档案所在单位。

## 7.6 研究结论与展望

### 7.6.1 研究结论

本研究以学科组织化为研究对象，基于由内及外的技术逻辑，在"总—分—总"整体框架下建构"总—分—总"具体分析框架。据此，对学科组织的方向引领、组织结构、组织行为和组织环境四个要素进行"个别考察"和"整体观照"，挖掘不同要素维度下学科组织化的现状、困境及原因。进而，以学科组织的构成要素为核心，按照由外及内的技术径路，提炼学科组织化的创新策略，以期实现对学科组织知识生产力的有效提升。从中可以得出三点结论：

（1）组织环境优化是学科组织化的前提。大学是学科组织"寄生"的载体，把握着学科组织发展的资源供给，对学科组织的生存与发展有重要影响。学科组织作为大学的内核，是人才培养、科学研究、社会服务等大学职能的最终践行主体，对大学的质量有决定性的影响。因此，学科组织化离不开大学内外部环境的改善。大学需主动为学科组织化营造良好的氛围，才能有利于学科组织更好地践行大学职能，进而，才能实现学科组织与大学的"共赢"。

（2）完善学科带头人"位置—角色"的结构和机制设计是学科组织化的关键。学科组织作为多要素构物，核心是其内部"位置—角色"的结构设计和机制配置。只有合理的"位置—角色"结构设计和机制配置才能确保对应"位置—角色"功能的充分发挥，进而才能充分吸收和转化外部资源，实现知识生产能力的提升。学科带头人"位置—角色"在学科组织内部居于核心地位，是学科组织内部所有"位置—角色"的领导者和"发动机"。因此，在现阶段学科组织结构整体设计尚不完善的现实情形下，完善学科带头人"位置—角色"的结构设计和机制配置也就成为学科组织化的关键。

（3）学科组织化是一项系统工程。学科组织作为大学的基层学术组织，是人才培养、科学研究、社会服务、文化传承创新和国际交流合作等大学职能的最终践行主体。从治理角度看，其组织化就是彰显其自组织属性的过程，需要政府、大学、学院等的系统谋划和共同参与，因此具有系统性。另外，从组织建设角度看，学科组织化既包括学科组织方向引领的强化和结构设计的完善，还包括行为范式和外部环境的优化。这本身就是一个系统工程，需要政府、大学、院系、学科组织成员等相关主体的统筹谋划和通力协作。因此，综合来看，学科组织化是个系统工程。

## 7.6.2 一点展望

学科组织作为以知识生产为内核的组织，通过自组织化彰显其学术本性是其组织化的本质。因此，学科组织化推进的关键是学科组织内部"位置—角色"结构和机制的设计，前提是学科组织环境的优化。但受主客观条件的限制，本研究对学科组织内部不同"位置—角色"间的权责区划和占据学科带头人"位置—角色"的个体学术与行政"双肩挑"时的角色规制的分析尚不深入，后续将以此为核心进行拓展。同时，本研究对学科组织化的个案环境差异观照也不足。对此，后续将基于已有研究设计，调整问卷具体题项的选择和设计，改进调查方案，将相关性分析、回归性分析引入问卷数据分析，实现对不同类大学的学科组织和不同类学科组织的组织化的差异和共性的充分挖掘。

# 附录

# 附录1  32份与学科带头人权责利等相关的政策文件

| 序号 | 政策文件名 | Word文件命名 |
|---|---|---|
| 1 | 北京大学讲席教授职位管理办法 | 《bjdx》 |
| 2 | 中国海洋大学"繁荣人才工程"实施办法（修订） | 《zghydx》 |
| 3 | 兰州大学萃英学者发展计划实施办法 | 《lzdx》 |
| 4 | 西南石油大学引进国内人才实施办法（暂行） | 《xnsydx》 |
| 5 | 上海大学浩清特聘讲座教授席管理实施办法（试行） | 《shdx》 |
| 6 | 中国矿业大学重点学科体系建设管理办法 | 《zgkydx》 |
| 7 | 南京林业大学重点学科带头人遴选及管理办法 | 《njlydx》 |
| 8 | 南京邮电大学重点学科建设管理办法（试行） | 《njyddx》 |
| 9 | 河南中医药大学重点学科建设管理办法 | 《hnzyydx》 |
| 10 | 苏州大学重点学科建设与管理办法 | 《szdx》 |
| 11 | 东北师范大学科带头人管理制度 | 《dbsfdx》 |
| 12 | 扬州大学学科带头人遴选与管理办法（试行） | 《yzdx》 |
| 13 | 江苏大学学科带头人管理办法 | 《jsdx》 |
| 14 | 郑州大学学科特聘教授岗位设置和实施办法（试行） | 《zzdx》 |
| 15 | 成都中医药大学优势特色学科带头人 | 《cdzyydx》 |
| 16 | 上海师范大学重点学科建设管理办法（修订） | 《shsfdx》 |
| 17 | 福建师范大学高层次人才引进办法 | 《fjsfdx》 |
| 18 | 四川师范大学引进高层次人才管理办法 | 《scsfdx》 |
| 19 | 河南理工大学重点学科带头人选任管理办法（修订） | 《hnlgdx》 |

续表

| 序号 | 政策文件名 | Word 文件命名 |
|---|---|---|
| 20 | 安徽农业大学关于做好学科方向凝练、学科团队组建及学科带头人遴选工作的通知 | 《ahnydx》 |
| 21 | 南京中医药大学重点学科带头人岗位聘任管理办法（试行） | 《njzyydx》 |
| 22 | 西南政法大学学科建设管理办法 | 《xnzfdx》 |
| 23 | 南京财经大学学科带头人遴选细则 | 《njcjdx》 |
| 24 | 江苏科技大学学科带头人遴选及考核办法 | 《jskjdx》 |
| 25 | 安徽理工大学学科"二带"人才遴选与管理办法 | 《ahlgdx》 |
| 26 | 江西理工大学学科（术）团队遴选及管理办法 | 《jxlgdx》 |
| 27 | 河北农业大学重点学科带头人遴选及管理办法 | 《hbnydx》 |
| 28 | 河南农业大学重点学科建设管理办法 | 《hnnydx》 |
| 29 | 中国医科大学学科带头人管理办法 | 《zgykdx》 |
| 30 | 徐州医科大学学科带头人遴选与考核管理办法（试行） | 《xzykdx》 |
| 31 | 山西医科大学学科带头人管理办法 | 《sxykdx》 |
| 32 | 安徽中医药大学重点学科建设与管理办法 | 《ahzyydx》 |

# 附录 2  大学学科组织化调研访谈提纲

## 附录 2-1  大学学科组织化调研访谈提纲（校领导班子成员）

尊敬的先生/女士：

您好！

因课题研究需要，现对学科组织化展开调研。诚邀您参与此次访谈，回答没有对错之分，所得信息仅用于学术研究。请您根据实际情况回答，恳请您支持。祝您工作愉快、生活幸福。

2020-07-28

### 一、基本信息

| 访谈目的 | 学科组织化调研 | 访谈时间 | | 访谈地点 | | 访谈序号 | |
|---|---|---|---|---|---|---|---|
| 访谈对象基本信息 | | 年龄 | 性别 | 职称 | 职务 | 职责分工 | |

### 二、访谈提纲

1. 在领导学科建设多年后，您有什么样的体会？哪些事让您记忆深刻？
2. 学科建设中，您认为采取的哪些措施有明显效果？
3. 您认为学校的 A 类学科建设有哪些特色？采用了哪些典型建设方法？
4. 学科建设中，您认为存在哪些难点？
5. 您认为是什么原因制约了学校学科平衡发展？

6. 您是怎么看待学校弱势学科与强势学科的？

7. 学校在分配学科建设资源时，通常是怎么考虑的？

8. 二级学院对学校建设资源的分配有异议时，是怎么处理的？

9. 学校在引导学科组织建设方面做了哪些尝试？

## 附录 2-2　大学学科组织化调研访谈提纲（发展规划处）

尊敬的先生/女士：

您好！

因课题研究需要，现对学科组织化展开调研。诚邀您参与此次访谈，回答没有对错之分，所得信息仅用于学术研究。请您根据实际情况回答，恳请您支持。祝您工作愉快、生活幸福。

2020-07-16

### 一、基本信息

| 访谈目的 | 学科组织化调研 | 访谈时间 | | 访谈地点 | | 访谈序号 | |
|---|---|---|---|---|---|---|---|
| 访谈对象基本信息 | | 年龄 | 性别 | 职称 | 职务 | 职责分工 | |
| | | | | | | | |

### 二、访谈提纲

1. 您制定学校规划时主要关注的是什么？

2. 您怎么看待学校规划与学科建设规划之间的关系？

3. 您做学校规划时是怎么与学科建设处互动的？

4. 您做学校规划时与学院怎么互动的？

5. 您做学校规划时与学科怎么互动的？

6. 学校规划落实得如何？落实得好/不好的原因？

7. 您做了哪些工作来保障学校规划的落实？

8. 学校制定了哪些学科建设管理制度？

9. 在学科建设管理工作中，存在哪些突出问题和难题？

10. 您是怎么对学院学科建设进行管理的？

## 附录 2-3　大学学科组织化调研访谈提纲（学科建设处）

尊敬的先生/女士：

您好！

因课题研究需要，现对学科组织化展开调研。诚邀您参与此次访谈，回答没有对错之分，所得信息仅用于学术研究。请您根据实际情况回答，恳请您支持。祝您工作愉快、生活幸福。

2020-07-15

### 一、基本信息

| 访谈目的 | 学科组织化调研 | 访谈时间 | | 访谈地点 | | 访谈序号 | |
|---|---|---|---|---|---|---|---|
| 访谈对象基本信息 | | 年龄 | 性别 | 职称 | 职务 | 职责分工 | |

### 二、访谈提纲

1. 您制定学校规划时主要关注的是什么？
2. 您做学科规划时是怎么与发展规划处互动的？
3. 您是怎么看待学院学科规划和学校学科规划的关系的？
4. 您做学科规划时是怎么与学院互动的？
5. 您做了哪些工作来保障学科规划的落实？
6. 学校是怎么考核学科建设成效的？
7. 学校规划落实得如何？落实得好/不好的原因？
8. 学校制定了哪些学科建设管理制度？这些制度运行的效果如何？
9. 在学科建设管理工作中，存在哪些突出问题和难题？
10. 您是怎么对学院学科建设规划进行引导的？

## 附录 2-4  大学学科组织化调研访谈提纲（院系行政人员）

尊敬的先生/女士：

您好！

因课题研究需要，现对学科组织化展开调研。诚邀您参与此次访谈，回答没有对错之分，所得信息仅用于学术研究。请您根据实际情况回答，恳请您支持。祝您工作愉快、生活幸福。

2020-07-08

### 一、基本信息

| 访谈目的 | 学科组织化调研 | 访谈时间 | | 访谈地点 | | 访谈序号 | |
|---|---|---|---|---|---|---|---|
| 访谈对象基本信息 | | 年龄 | 性别 | 职称 | 学科 | 职务 | 一或二级学科带头人 | 职责分工 |

### 二、访谈提纲

1. 在学科建设与管理中，您有什么心得体会？
2. 学院制定了哪些学科建设管理制度？
3. 学校对学院的学科建设管理是怎么协调的？
4. 在学科建设管理中存在哪些问题？
5. 学科建设管理中重点关注的是什么？
6. 学院学科发展的目标和使命是什么？
7. 学科带头人或学科成员在学科建设管理中的参与度如何？
8. 学科带头人是怎么产生的？
9. 学院的学科规划是怎么制定的？学科人员（学科带头人）在学科规划设计和制定中的参与度如何？
10. 学校在做学科顶层设计和整体规划时，与学院/学科是怎么互动的？
11. 您怎么看待学科评估对学科建设的影响？

## 附录 2-5 大学学科组织化调研访谈提纲（学科带头人）

尊敬的先生/女士：

您好！

因课题研究需要，现对学科组织化展开调研。诚邀您参与此次访谈，回答没有对错之分，所得信息仅用于学术研究。请您根据实际情况回答，恳请您支持。祝您工作愉快、生活幸福。

2021-07-06

### 一、基本信息

| 访谈目的 | 学科组织化调研 | 访谈时间 | | 访谈地点 | | 访谈序号 | |
|---|---|---|---|---|---|---|---|
| 访谈对象基本信息 | | 年龄 | 性别 | 职称 | 学科 | 职务 | 一或二级学科带头人 |
| | | | | | | | |

### 二、访谈提纲

1. 在引导本学科发展中，您觉得哪三件事让您最有成就感？
2. 在引导本学科发展中，您觉得哪三件事让您最有失落感？
3. 作为学科带头人，哪些学科事务占用您的时间最多？
4. 您在引导本学科发展过程中遇到的问题和困惑有哪些？
5. 您对学科的发展使命、愿景和目标是怎么看的？
6. 您参与学院/学校学科建设规划的情况如何？
7. 在带领学科发展过程中，您最关心的事项有哪些？
8. 在学院学科师资队伍建设中，您扮演的是什么角色？
9. 在有关学科建设经费分配中，您的参与度如何？
10. 您对校/院行政人员兼任学科带头人有什么看法？
11. 学院/学院对您提出了哪些职责要求？赋予了哪些权力？

## 附录 2-6　大学学科组织化调研访谈提纲（学科成员和期刊编辑）

尊敬的先生/女士：

您好！

因课题研究需要，现对学科组织化展开调研。诚邀您参与此次访谈，回答没有对错之分，所得信息仅用于学术研究。请您根据实际情况回答，恳请您支持。祝您工作愉快、生活幸福。

2021-07-09

### 一、基本信息

| 访谈目的 | 学科组织化调研 | 访谈时间 | | 访谈地点 | | 访谈序号 | |
|---|---|---|---|---|---|---|---|
| 访谈对象基本信息 | | 年龄 | 性别 | 职称 | 学科 | 职务 | |
| | | | | | | | |

### 二、访谈提纲

1. 您觉得您所在的学科发展得如何？
2. 哪些因素影响了本学科的发展？
3. 您学科的带头人是怎么产生的？
4. 您认可本学科现在的带头人吗？
5. 您感觉学科带头人在学院的学科建设资源分配中的话语权如何？
6. 您参与了哪些学科组织事务？
7. 您觉得学科组织要发展好，有哪几个关键要素？
8. 您觉得您所在学科组织的内部氛围如何？
9. 您在日常工作中，遇到的"人情稿"情况如何？一般是怎么应付的？（编辑）

# 附录3 大学学科组织化调研问卷

尊敬的老师：

您好！

因课题研究需要，现对大学学科组织化相关问题进行调研。请您根据自身知识和实践经验回答下面的问题。若您对下列题项设计有不同意见，恳请您不吝赐教。问卷收集的信息仅用于科研，请您放心作答。恳请您在百忙中填写此份问卷。感恩您的付出与支持。

"大学学科治理机制研究"课题组

2021年5月

## 一、基本信息

1. 性别（　　）

A. 男　　　　　B. 女

2. 您所在的学校是（　　）

A. "世界一流大学"建设高校

B. "世界一流学科"建设高校

C. 其他

3. 职称（　　）

A. 教授　　　B. 研究员　　　C. 副教授　　　D. 副研究员

E. 讲师　　　F. 其他

4. 曾任职务（　　）

A. 校正（副）职　　　　　B. 校（院）学术职务

C. 二级学院（系）正（副）职　　　D. （副）处长

E. 其他

5. 现任职务（　　）

A. 校正（副）职　　　　　　　　B. 校（院）学术职务

C. 二级学院（系）正（副）职　　　D. （副）处长

E. 其他

6. 曾是几级学科带头人（　　）

A. 一级　　　　B. 二级　　　　C. 不是

7. 现是几级学科带头人（　　）

A. 一级　　　　B. 二级　　　　C. 不是

8. 您所在的学科在第四轮学科评估中的表现（　　）

A. A 档　　　　B. B 档　　　　C. C 档　　　　D. 不知道

9. 您所在的学科为（　　）

A. "世界一流学科"建设学科　　　B. 省重点/优势学科

C. 校重点/优势学科　　　　　　　D. 其他

## 二、问题

（一）使命与愿景部分

10. 学院是否有明确的使命（　　）（选择 B 或 C，则跳过 11 题）

A. 有　　　　　B. 没有　　　　C. 不知道

11. 学院的使命具有学科特色（　　）

A. 非常不同意　B. 不同意　　C. 比较不同意　D. 不确定

E. 比较同意　　F. 同意　　　G. 非常同意

12. 学院是否有明确的发展愿景（　　）（选择 B 或 C，则跳过第 13、14、15 题）

A. 有　　　　　B. 没有　　　　C. 不知道

13. 学院的发展愿景具有明显的学科特色（　　）

A. 非常不同意　B. 不同意　　C. 比较不同意　D. 不确定

E. 比较同意　　F. 同意　　　G. 非常同意

14. 学院谋划发展愿景时征求您意见的频次（　　）

A. 从未　　　　B. 很少　　　　C. 偶尔　　　　D. 经常

E. 几乎总是

15. 学院愿景传播流畅（　　）

A. 非常不同意　　B. 不同意　　C. 比较不同意　　D. 不确定

E. 比较同意　　F. 同意　　G. 非常同意

（二）学科建设规划部分

校学科建设规划部分

16. 校学科建设规划的流程清晰合理（　　）

A. 非常不同意　　B. 不同意　　C. 比较不同意　　D. 不确定

E. 比较同意　　F. 同意　　G. 非常同意

17. 校学科建设规划意见表达渠道畅通（　　）

A. 非常不同意　　B. 不同意　　C. 比较不同意　　D. 不确定

E. 比较同意　　F. 同意　　G. 非常同意

18. 您（曾经/当前）参与校学科建设规划的频次（　　）

A. 从未　　B. 很少　　C. 偶尔　　D. 时常

E. 几乎总是

19. 对校学科建设规划提出意见后，收到反馈的频次（　　）

A. 从未　　B. 很少　　C. 偶尔　　D. 时常

E. 几乎总是

20. 校学科建设规划在平衡各学科发展方面做得（　　）

A. 非常不好　　B. 不好　　C. 比较不好　　D. 不知道

E. 比较好　　F. 好　　G. 非常好

21. 校学科建设规划目标设定的合理度（　　）

A. 非常不合理　　B. 不合理　　C. 比较不合理　　D. 不知道

E. 比较合理　　F. 合理　　G. 非常合理

22. 对学校学科目标考核的感知（　　）（可多选）

A. 考评很恰当　　B. 过于频繁　　C. 过于数字化　　D. 行政主导

E. 其他

学院（系）学科建设规划部分

23. 学院（系）学科建设规划的流程清晰合理（　　）

A. 非常不同意　　B. 不同意　　C. 比较不同意　　D. 不确定

E. 比较同意　　F. 同意　　G. 非常同意

24. 学院（系）学科建设规划意见表达渠道通畅（　　）

　　A. 非常不同意　　B. 不同意　　C. 比较不同意　　D. 不确定

　　E. 比较同意　　F. 同意　　G. 非常同意

25. 您（曾经/当前）参与学院（系）学科建设规划的频次（　　）

　　A. 从未　　B. 很少　　C. 偶尔　　D. 时常

　　E. 几乎总是

26. 学院（系）学科建设规划在平衡各学科发展方面做得（　　）

　　A. 非常不好　　B. 不好　　C. 比较不好　　D. 不知道

　　E. 比较好　　F. 好　　G. 非常好

27. 学院（系）学科建设规划目标设定与学科已有基础的契合度（　　）

　　A. 非常不契合　　B. 不契合　　C. 比较不契合　　D. 不知道

　　E. 比较契合　　F. 契合　　G. 非常契合

（三）学科带头人

28. 您认为学科带头人（　　）素质比较重要（限选5项）

　　A. 有组织领导和协调能力　　B. 学术水平显著

　　C. 道德品质优良　　D. 拥有学科战略规划和管理能力

　　E. 有学科抱负和理想　　F. 有学科资源整合能力

　　G. 人才培养能力　　H. 身心健康

29. 学校是否有制定学科带头人管理制度（　　）

　　A. 有　　B. 无　　C. 不知道

30. 您所在的学院是否有制定学科带头人管理制度（　　）

　　A. 有　　B. 无　　C. 不知道

（四）学科组织行为

31. 您认为教学和科研的关系是（　　）

　　A. 教学比科研重要　　B. 科研比教学重要

　　C. 同等重要

32. 学校的绩效考核制度推动您将时间和精力主要投入到（　　）

　　A. 教学工作　　B. 科研工作　　C. 社会服务工作　　D. 其他

33. 学校的职称晋升制度推动您将时间和精力主要投入到（　　）

　　A. 教学工作　　　B 科研工作　　C. 社会服务工作　　D. 其他

34. 您在教学工作中最关心的是（　　）（可多选）

　　A. 教学工作量　　B. 教学事故　　C. 自己能否被学生认可

　　D. 教学效果　　　E. 其他

35. 在研究生（硕士和博士）阶段受到的学术训练主要有（　　）（可多选）

　　A. 科研　　　　　B. 教学　　　　C. 其他

# 附录 4  问卷调研对象选择的学科分布情况

| 一级学科 | 学科来源高校 | 名称编码 | 学科档类 | 一级学科 | 学科来源高校 | 名称编码 | 学科档类 | 一级学科 | 学科来源高校 | 名称编码 | 学科档类 |
|---|---|---|---|---|---|---|---|---|---|---|---|
| 01 哲学 | BJDX | 01A | A | 03 法学 | ZGZFDX | 03A | A | 05 教育学 | QHDX | 05B | B |
| | DNDX | 01B | B | | NJSFDX | 03B | B | | BJLGDX | 05C | |
| | SCDX | 01C | C | | XNCJDX | 03C | C | | SZDX | 05D | |
| | XNMZDX | 01F | | | BJLGDX | 03E | | | ZYMZDX | 05E | C |
| 02 理论经济学 | ZGRMDX | 02A | A | 04 马克思主义理论 | ZGRMDX | 04A | A | | YZDX | 05F | |
| | XNCJDX | 02B | B | | NJDX | 04B | B | | JSDX | 05G | |
| | SCDX | 02C | C | | YZDX | 04C | | 06 中国语言文学 | BJSFDX | 06A | A |
| | ZGZFDX | 02E | | | ZGJYDX | 04D | | | XNMZDX | 06E | C |
| | | | | | BJLGDX | 04E | C | | NTDX | 06G | |
| | | | | | NJCJDX | 04G | | | | | |

续表

| 一级学科 | 学科来源高校 | 名称编码 | 学科档类 |
|---|---|---|---|
| 07 中国史 | SCDX | 07B | B |
|  | NJSFDX | 07D |  |
|  | YZDX | 07F |  |
|  | SCSFDX | 07G | C |
| 08 数学 | SZDX | 08B | B |
|  | CDLGDX | 08F |  |
|  | XNSYDX | 08G | C |
| 09 物理学 | BJSFDX | 09B | B |
|  | SZDX | 09C |  |
|  | NJSFDX | 09D |  |
|  | SCSFDX | 09F | C |

| 一级学科 | 学科来源高校 | 名称编码 | 学科档类 |
|---|---|---|---|
| 10 化学 | SCDX | 10A | A |
|  | SZDX | 10B | B |
|  | NJSFDX | 10C |  |
|  | NJGYDX | 10F |  |
|  | ZGKYDX | 10G | C |
| 11 地质学 | CDLGDX | 11D | B |
|  | ZGKYDX | 11E | C |
| 12 生物学 | BJDX | 12A | A |
|  | NJSFDX | 12B | B |
|  | SCNYDX | 12D |  |
|  | YZDX | 12E | C |
|  | JSSFDX | 12F |  |

| 一级学科 | 学科来源高校 | 名称编码 | 学科档类 |
|---|---|---|---|
| 13 力学 | NJHKHTDX | 13A | A |
|  | DNDX | 13C | B |
|  | ZGKYDX | 13D |  |
|  | JSDX | 13F | C |
| 14 机械工程 | QHDX | 14A | A |
|  | ZGKYDX | 14B | B |
|  | XNSYDX | 14C |  |
|  | NJLYDX | 14E |  |
|  | SZDX | 14F | C |
|  | JSKJDX | 14G |  |
| 15 仪器科学与技术 | BJHKHTDX | 15A | A |
|  | BJLGDX | 15C | B |
|  | NJLGDX | 15D |  |
|  | JSDX | 15E | C |
|  | XNSYDX | 15G |  |

续表

| 一级学科 | 学科来源高校 | 名称编码 | 学科档类 | 一级学科 | 学科来源高校 | 名称编码 | 学科档类 | 一级学科 | 学科来源高校 | 名称编码 | 学科档类 |
|---|---|---|---|---|---|---|---|---|---|---|---|
| 16 材料科学与工程 | BJHKHTDX | 16A | A | 18 控制科学与工程 | DNDX | 18A | A | 20 测绘科学与技术 | HHDX | 20D | B |
|  | SZDX | 16B | B |  | NJLGDX | 18B | B |  |  |  |  |
|  | NJLGDX | 16C | B |  | JSDX | 18C | B |  | DNDX | 20E | C |
|  | XNKJDX | 16E | C |  | ZGKYDX | 18D | B | 21 地质资源与地质工程 | CDLGDX | 21B | B |
|  |  |  |  |  | NJYDDX | 18E | C |  |  |  |  |
| 17 电子科学与技术 | DZKJDX | 17A | A |  | NTDX | 18G | C |  | XNSYDX | 21C | B |
|  | NJYDDX | 17B | B | 19 土木工程 | DNDX | 19A | A | 28 基础医学 | BJDX | 28A | A |
|  | NJLGDX | 17C | B |  | ZGKYDX | 19B | B |  | SCDX | 28B | B |
|  | SCDX | 17F | C |  | NJGYDX | 19C | B |  |  |  |  |
|  | SZDX | 17G | C |  | CDLGDX | 19D | B |  | XZYKDX | 28E | C |
|  |  |  |  |  | BJHKHTDX | 19E | B |  |  |  |  |
| 22 矿业工程 | ZGKYDX | 22A | A |  | NJLYDX | 19F | C |  | JSDX | 28G | C |
|  |  |  |  |  | NJLGDX | 19G | C |  |  |  |  |
|  |  |  |  | 25 作物学 | NJNYDX | 25A | A |  |  |  |  |
|  |  |  |  |  | SCNYDX | 25B | B |  |  |  |  |
|  |  |  |  |  | SZDX | 34G | C |  |  |  |  |

续表

| 一级学科 | 学科来源高校 | 名称编码 | 学科档类 | 一级学科 | 学科来源高校 | 名称编码 | 学科档类 | 一级学科 | 学科来源高校 | 名称编码 | 学科档类 |
|---|---|---|---|---|---|---|---|---|---|---|---|
| 23 环境科学与工程 | HHDX | 23A | A | 26 农业资源与环境 | NJNYDX | 26A | A | 29 公共卫生与预防医学 | SZDX | 29E | C |
|  | DNDX | 23B | B |  | SCNYDX | 26C | B |  |  |  |  |
|  | ZGKYDX | 23C | B |  |  |  |  |  |  |  |  |
|  | JNDX | 23D |  |  |  |  |  |  |  |  |  |
|  | NJNYDX | 23E | C |  |  |  |  | 30 口腔医学 | SCDX | 30A | A |
| 24 安全科学与工程 | ZGKYDX | 24A | A | 27 畜牧学 | ZGNYDX | 27A | A |  | NJYKDX | 30B | B |
|  | NJGYDX | 24B | B |  | NJNYDX | 27B | B | 35 音乐与舞蹈学 | NJSFDX | 35C | B |
|  | NJLGDX | 24E | C |  | YZDX | 27C | A |  | XNMZDX | 35G | C |
| 31 中药学 | NJZYYDX | 31A | A | 33 公共管理 | ZGRMDX | 33A | A |  |  |  |  |
|  | CDZYYDX | 31B | B |  | NJDX | 33B | B |  |  |  |  |
|  |  |  |  |  | ZGKYDX | 33C |  |  |  |  |  |
|  |  |  |  |  | SZDX | 33F | C |  |  |  |  |
|  |  |  |  |  | NJZYDX | 33G |  |  |  |  |  |

续表

| 一级学科 | 学科来源高校 | 名称编码 | 学科档类 | 一级学科 | 学科来源高校 | 名称编码 | 学科档类 | 一级学科 | 学科来源高校 | 名称编码 | 学科档类 |
|---|---|---|---|---|---|---|---|---|---|---|---|
| 32 工商管理 | ZGRMDX | 32A | A | 34 艺术学理论 | DNDX | 34A | A | | | | |
| | SZDX | 32C | B | | SCDX | 34C | B | | | | |
| | | | | | ZGRMDX | 34D | | | | | |
| | ZGKYDX | 32D | | | SZDX | 34G | C | | | | |

注：字母申是大学名称的缩写，如"BJDX"就代表"北京大学"，"ZGRMDX"就代表"中国人民大学"。

## 附录 5  有关学科带头人素质结构建构的 CSSCI（含扩展版）文献

| 序号 | 文章 | Word 文件命名 | 来源期刊及发文刊期 | 作者 |
|---|---|---|---|---|
| 1 | 《高校学科带头人的类型、特征及成长路径》 | M1 | 《教育理论与实践》2016 年第 21 期 | 郑友训、黄金煜 |
| 2 | 《高校学科带头人的学术特征及其差异分析》 | M2 | 《黑龙江高教研究》2016 年第 6 期 | 张意忠 |
| 3 | 《世界一流学科带头人的科学遴选和培养机制研究》 | M3 | 《中国高教研究》2016 年第 5 期 | 方阳春、贾丹、陈超颖 |
| 4 | 《领导型教师：高校学科带头人的角色选择》 | M4 | 《研究生教育研究》2015 年第 5 期 | 郑友训、黄金煜 |
| 5 | 《师承效应——高校学科带头人的成长规律》 | M5 | 《高教发展与评估》2014 年第 5 期 | 张意忠 |

续表

| 序号 | 文章 | Word 文件命名 | 来源期刊及发文刊期 | 作者 |
|---|---|---|---|---|
| 6 | 《论大学学科带头人的成长》 | M6 | 《教育发展研究》2014年第1期 | 钱佩忠 |
| 7 | 《高校学科带头人选拔、培养和考核评价机制的构建》 | M7 | 《教育探索》2010年第5期 | 蔡亮 |
| 8 | 《高校学科带头人队伍建设研究》 | M8 | 《东南大学学报》（哲学社会科学版）2009年第S1期 | 王乾 |
| 9 | 《学科带头人的能力与学科组织成长——基于国家重点学科的问卷调查分析》 | M9 | 《高等工程教育研究》2007年第6期 | 宣勇、黄扬杰 |
| 10 | 《高校学科带头人综合素质特征实证研究与培养思路》 | M10 | 《学位与研究生教育》2006年第9期 | 杨群华、吴绍琪、李红立 |
| 11 | 《创建和谐学科生态环境培育优秀学科带头人和创新团队》 | M11 | 《教育理论与实践》2006年第12期 | 郑湘晋、李易青 |
| 12 | 《小议学科带头人培养问题》 | M12 | 《教育发展研究》2006年第11期 | 陈智敏、林海燕、颜宏 |
| 13 | 《论高校学科带头人队伍建设》 | M13 | 《高等工程教育研究》2005年第4期 | 沈传缘 |

续表

| 序号 | 文章 | Word 文件命名 | 来源期刊及发文刊期 | 作者 |
|---|---|---|---|---|
| 14 | 《高校学科带头人能力因素研究及其反思》 | M14 | 《学位与研究生教育》2005 年第 1 期 | 吴绍琪、杨群华 |
| 15 | 《试论学科带头人在高等学校科研工作中的重要作用》 | M15 | 《科技进步与对策》2003 年第 11 期 | 肖引 |
| 16 | 《充当学科带头人：意涵与要件》 | M16 | 《南京师大学报》（社会科学版）2002 年第 2 期 | 吴康宁 |
| 17 | 《高校学科带头人队伍考核与激励机制的创新与完善》 | M17 | 《中国高教研究》2001 年第 8 期 | 杨潮、艳虹、刘红、徐晓忠 |
| 18 | 《高校学科带头人考核中应注意的几个问题》 | M18 | 《中国高教研究》2000 年第 3 期 | 燕红、杨潮 |
| 19 | 《高校跨世纪学科带头人培养的对策》 | M19 | 《科学学研究》1999 年第 1 期 | 郭耀邦、吕庆良 |
| 20 | 《论高校高水平学科带头人队伍建设系统工程》 | M20 | 《科技进步与对策》1998 年第 6 期 | 陈昌华 |
| 20 | 《跨世纪学科带头人的现代化素质初探》 | M21 | 《苏州大学学报》1998 年第 4 期 | 金薇吟 |
| 22 | 《试论高校学科梯队建设的科学评估与管理》 | M22 | 《科研管理》1998 年第 3 期 | 杨潮、胡方茜、邢以群 |

# 致　谢

在本研究思路设计、框架搭建、调研资源获取上，中国矿业大学段鑫星教授和西华师范大学赵鹏程教授给予了全面的支持和帮助。每次和他们探讨研究开展的具体思路和方案细则，他们都会知无不言言无不尽；同时，也会毫不吝啬地将自己拥有的学术资源分享给我，让我能够接触到更加前沿和全面的学术观点，并为我获取相关学术资料提供方便。另外，在本研究文本数据、访谈数据和问卷数据的收集和整理上，四川师范大学张鑫老师、西华师范大学硕士研究生李瑶和曾玲老师做了大量工作。李瑶和张鑫老师协助我搜集和整理学科组织愿景与使命文本、学科带头人素质结构认定与权责利分配及考核管理等相关政策文本、大学章程和校学术委员会章程，并直接参与这些本文的技术分析。曾玲老师全程参与本研究访谈问卷和调研问卷的制作、数据搜集与整理，并协助我进行数据分析。最后，本研究的顺利开展离不开上海市教育科学研究院南钢教授、厦门大学王洪才教授、四川师范大学刘世民教授和卢德生教授、浙江外国语学院宣勇教授、南京师范大学胡建华教授和王建华教授、江苏师范大学周继良教授等的点拨和帮助。在此，向他们表达我最诚挚的敬意和谢意！

## 图书在版编目（CIP）数据

大学学科组织化研究／赵智兴著.--北京：社会科学文献出版社，2024.5
ISBN 978-7-5228-3203-6

Ⅰ.①大… Ⅱ.①赵… Ⅲ.①高等学校-学科建设-研究-中国 Ⅳ.①G642.3

中国国家版本馆CIP数据核字（2024）第023717号

---

### 大学学科组织化研究

著　　者／赵智兴

出 版 人／冀祥德
责任编辑／李　晨
责任印制／王京美

出　　版／社会科学文献出版社（010）59367161
　　　　　地址：北京市北三环中路甲29号院华龙大厦　邮编：100029
　　　　　网址：www.ssap.com.cn
发　　行／社会科学文献出版社（010）59367028
印　　装／三河市尚艺印装有限公司
规　　格／开本：787mm×1092mm　1/16
　　　　　印张：21　字数：321千字
版　　次／2024年5月第1版　2024年5月第1次印刷
书　　号／ISBN 978-7-5228-3203-6
定　　价／89.00元

读者服务电话：4008918866

版权所有 翻印必究